Torsten Passie

Ekstatisches Erleben

Studien zur Geschichte und Psychologie ekstatischer Erfahrungen

Ekstatisches Erleben

Studien zur Geschichte und Psychologie ekstatischer Erfahrungen

Torsten Passie

unter Mitarbeit von Peter Gasser,
Elisabeth Petrow und Christian Scharfetter

Nachtschatten Science – Die Edition für exakte Wissenschaft
Nachtschatten Verlag • Solothurn

Impressum

Verlegt durch:
Nachtschatten Verlag AG
Edition Nachtschatten Science
Kronengasse 11
CH - 4500 Solothurn
Tel: 0041 32 621 89 49
Fax: 0041 32 621 89 47
info@nachtschatten.ch
www.nachtschatten.ch

Erste Auflage
© 2018 Torsten Passie und die beitragenden Autoren
© 2018 Nachtschatten Verlag

Lektorat und Gesamtredaktion: Markus Berger
Layout: Nina Seiler, Elena-Maria Bloch
Umschlaggestaltung: Nina Seiler
Druck: Druckerei & Verlag Steinmeier, Deiningen
Printed in Germany
ISBN 978-3-03788-520-8

Teile des Buchs sind 2013 in der Anthologie *Ekstasen: Kontexte – Formen – Wirkungen*
von Torsten Passie, Wilfried Belschner und Elisabeth Petrow, Ergon Verlag, erschienen.

Inhaltsverzeichnis

Einleitung
Torsten Passie

Ekstatische Erfahrungen

Ekstatische Erfahrungen prägen seit Urzeiten das Selbst- und Welterleben des Menschen. Für lange Zeit standen sie sogar im Zentrum kultureller Entwicklung, wie es heute noch im fernen Osten und bei Naturvölkern zu sehen ist. Im Verlauf der abendländischen Kulturgeschichte unterlagen ekstatische Erfahrungen durch die kultur- und geistesgeschichtliche Entwicklung jedoch einer zunehmenden Dämonisierung und wurden weitgehend marginalisiert. Hierbei spielte auch die Zentralisierung des Religiösen – einschließlich der religiösen Erfahrungen – in der christlichen Kirche eine bedeutende Rolle. So wurden etwa die sogenannten Mystiker, die typischerweise ekstatische Erfahrungen machten, von der Kirche sehr kritisch betrachtet, da sie mit ihrer zum Pantheismus neigenden Religiosität kirchliche Paradigmen in Frage stellten.

Obwohl diese Erfahrungen in ihrer kulturellen Bedeutung stark geschwächt wurden, sind auch heute ekstatische Zustände bei religiösen Praktiken, im Bereich seelischer und körperlicher Grenzerfahrungen, der Jugendkultur und der Psychotherapie von erheblicher Bedeutung. Die Fähigkeit zum Erleben ekstatischer Zustände scheint zwar bei einigen dafür besonders disponierten Menschen, wie z.B. der christlichen Mystikerin Teresa von Ávila, stärker ausgeprägt zu sein, jedoch zeigt die Forschung, dass etwa 30 bis 40 Prozent der Menschen mindestens einmal im Leben eine solche überwältigende mystisch-ekstatische Erfahrung erlebt haben (Kokoszka 1992/93, Palmer 1979, Greeley und McCready 1979).

Mystische Erfahrungen als eine Sonderform der ekstatischen Erfahrungen sind dabei sind oft von großer Intensität und Wirkungsmacht. Sie können Menschen läutern und wandeln, Perspektiven, Lebensgefühl und Werte verändern, sinngebend wirken und heilende Wirkungen entfalten. Derartige Nachwirkungen konnten bei einigen Formen ekstatischen Erlebens (z.b. mystischen Erlebnissen und Nahtod-Erfahrungen) auch wissenschaftlich nachgewiesen werden. Die besonderen Nachwirkungen mystischen Erlebens wurden bereits seit dem Mittelalter von kirchlichen Würdenträgern (und später in der Religionspsychologie) als wesentliches Kriterium für die „Echtheit" dieser Erlebnisse diskutiert. Ihre sittlich und spirituell läuternden Wirkungen auf den Betroffenen machen sie für eine der spirituellen Dimension gegenüber aufgeschlossene Psychotherapie interessant.

Ekstatische Erfahrungen und Wissenschaft

Die wissenschaftliche Forschung hat ekstatische Erfahrungen lange nur als Randphänomene seelischen Lebens behandelt, obgleich im fernen Osten ganze Kulturen diesen „höheren" Bewusstseinszuständen zustreben und nicht zuletzt dadurch in ihrem Welt- und Selbsterleben sehr andersartig sind (vgl. z. B. OTTO 1926).

Betrachtet man die bisherige wissenschaftliche Behandlung des Themas, so kommen Autoren wie der italienische Anthropologe Paolo Mantegazza mit seinem Werk *Die Ekstasen des Menschen* (1888), die Monographien von Thomas Achelis über *Die Ekstase in ihrer kulturellen Bedeutung* (1902) und von Paul Beck über *Die Ekstase* (1906) sowie das von Martin Buber herausgegebene Buch *Ekstatische Konfessionen* (1909) in den Sinn. Auch die Behandlung des Themas in dem bedeutenden Werk von William James über *Die religiöse Erfahrung in ihrer Mannigfaltigkeit* (1914) bedarf der Erwähnung. Weiterhin sind die Monographien von Marghanita Laski *Ecstasy in secular and religious experiences* (1960) und das umfangreiche Werk *Ecstasy, or religious trance* des schwedischen Religionswissenschaftlers Ernst Arbman (1970) zu nennen. Alle genannten Werke widmen sich der Darstellung von Teilaspekten des Themas oder versuchen, gesamthafte Darstellungen in Grundrissen zu geben. Sammelbände zum Thema gaben 1968 der Psychiater Theodor Spoerri unter dem Titel *Beiträge zur Ekstase* und der Religionswissenschaftler Nils G. Holms 1982 unter dem Titel *Religious ecstasy* heraus. Beide Bände versammeln Beiträge aus unterschiedlichen wissenschaftlichen Disziplinen bzw. Perspektiven. Erstaunlicherweise überschneiden sich die thematischen Foci der genannten Werke kaum, sondern ergänzen sich.

Insgesamt ist festzustellen, dass das Thema „Ekstase" trotz seiner vielfachen Beschreibungen in ethnographischen Kontexten (vgl. BOURGUIGNON 1973) wissenschaftlich bisher erstaunlich wenig behandelt wurde. Dies wird seiner – nicht zuletzt anthropologischen – Bedeutung und der Vielfalt von Aspekten, die von unterschiedlichen Disziplinen aufzugreifen sind, sicher nicht gerecht.

Die humanistische und später die transpersonale Psychologie entdeckte seit den 1960er Jahren den Zusammenhang von ekstatischen Gipfelerlebnissen („Peak-Experiences"), psychotherapeutischen Wirkungen und psychischer Gesundheit. So konnte wissenschaftlich belegt werden, dass Menschen, die eine einprägsame ekstatische Erfahrung durchlebt haben, zumeist ein besonders hohes Maß an psychischem Wohlbefinden und seelischer Gesundheit aufweisen. Letztere bestanden nicht etwa schon zuvor, sondern werden als Folgewirkung eines durch die Erfahrung eingetretenen Wandels von Wertorientierung und Lebenshaltungen gedeutet. Einer der Beiträge des vorliegenden Bandes befasst sich explizit mit den komplexen Nach- und Nebenwirkungen mystischer Ekstasen.

In diesem Zusammenhang sollte auch der Einfluss der Studentenbewegung der 1960er Jahre nicht unterschätzt werden. Im Rahmen dieser internationalen Protestbewegung wurden weltanschauliche Paradigmen infrage gestellt und es kam sukzessive zu einer „Befreiung" des künstlerischen, insbesondere musikalischen, Ausdrucks von der vorherrschenden puritanisch und calvinistisch geprägten Mentalität, d.h. von einem der Nüchternheit, Leib- und Lustfeindlichkeit und antihedonistischen Attitüden verpflichteten Stil der Selbst- und Körperwahrnehmung.

In diesem Prozess, der gelegentlich als Prozess der „kritischen Emanzipation von Gewohntem" bezeichnet wurde, wurden auch in zum Teil erheblichem Maße bewusstseinserweiternde Drogen wie LSD, Meskalin, Psilocybin und Cannabis konsumiert. Über die durch diese Drogen erzeugten veränderten Bewusstseinszustände, die nicht selten ein ekstatisches Erleben beinhalteten, kam ekstatischen Zuständen vermehrte wissenschaftliche Aufmerksamkeit zu. Zwar wurde durch die massenhafte Einnahme dieser Substanzen durch Laien deren weitere Erforschung – wie sie in den 1950er und 1960er Jahren durchaus üblich war – durch restriktive Gesetze zunehmend verunmöglicht. Dennoch gewann gegen Ende der 1960er Jahre die Forschung auf dem Gebiet der veränderten Bewusstseinszustände enorm an Auftrieb. Forschungen zu Traum-, Meditations-, Yoga-, Hypnose-, Trance- und ekstatischem Erleben fanden nach einer langen Pause wieder ein beachtliches Interesse (vgl. Tart 1969, *Scientific American* 1972, Sugerman und Tarter 1978). Sogar spezialisierte Zeitschriften wie das *Journal for Altered States of Consciousness* und das *Journal of Psychedelic Drug*s wurden neu etabliert. Während der 1980er Jahre flaute das Interesse allerdings wieder ab.

Doch schon um die Mitte der 1980er Jahre erlebte das Thema eine überraschende Renaissance. Anlass war die neue synthetische Droge 3,4-Methylendioxy-N-Methylamphetamin (MDMA, „Ecstasy"). Dies ist eine psychisch stimulierende, Enttängstigung und intensiviertes Körpererleben vermittelnde Substanz, die ein ausgeprägtes körperbetontes ekstatisches Erleben hervorruft. 1986 kam es, durch die quasi zufällig entdeckte Kombination dieser Substanz mit der neuen „Acid-House"- und „Techno"-Musik, zu den später als „Rave-Jugendbewegung" bezeichneten modernen Musik- bzw. Tanzkulten. Diese basieren auf einer von harten Rhythmen in der Frequenz des Herzschlages geprägten Musik, die das Erleben von Körperwohlgefühl und ekstatischem Tanzen und Empfinden begünstigte. Mitte der 1990er Jahre erlebte diese Bewegung ihren Höhepunkt, besteht aber in Ausläufern bis heute fort (Anz und Walder 1995, Reynolds 2012).

Nimmt man die beiden oben beschriebenen „Bewegungen", so könnte sich ein Kulturhistoriker in beiden Fällen an die „Tanzwut-Epidemien" des Mittelalters erinnert sehen. Auch diese drehten sich um Tanz und Musik. Damals kam es in Dörfern und Städten zu sich quasi spontan entwickelnden Ausbrüchen von ekstatischem, unkontrolliertem Tanzen, was teilweise eine ansteckende Wirkung auszuüben schien, von Kirchenvertretern jedoch als „vom Teufel hervorgerufen" bewertet und mit Verboten belegt wurde (HECKER 1832, Katner 1956, VAN BAAREN 1964). Man könnte in diesem Zusammenhang die Hypothese aufstellen, dass Kulturen verschiedene Stadien – mit je unterschiedlichem Ausmaß an gesellschaftlich akzeptierten Formen ekstatischen Erlebens – durchlaufen. Dies weiterdenkend könnte spekuliert werden, dass, je größer das Maß der Ausgrenzung, des „Ekstaseentzugs" ist, desto größer wird auch die Wahrscheinlichkeit eines erneuten Aufkommens – eines „Ausbruchs" – von ekstasesuchenden Bewegungen sein.

Mein Weg zur Ekstaseforschung

Seit über 35 Jahren interessiere ich mich für ekstatische Erfahrungen, die mich in mehrfacher Hinsicht beschäftigten. Zunächst interessierten mich vorwiegend dessen Erscheinungsweisen, d.h. wie ekstatische Zustände von einer Person konkret erlebt werden. Später weckten die Methoden, mit denen sie induziert werden können, mein Interesse. Dies auch deshalb, weil sie sich, wenn man sie denn halbwegs replizierbar erzeugen könnte, auch (besser) beforschen ließen. Mein persönlicher Weg führte durch Erfahrungen mit diversen veränderten Bewusstseinszuständen: solche von positiv-ekstatischer, aber auch erschreckender Art.

Als ich nach und nach verstand, dass ich mein Leben deren Erforschung und ihrem Heilungspotential widmen würde, stand ich zunächst vor der Entscheidung, aus der Philosophie und Soziologie in die Humanmedizin zu wechseln. Ein Psychologie-Studium kam nicht in Frage, da die für die Erzeugung deutlich veränderter Bewusstseinszustände erforderlichen Methoden (Atemtechniken, Gabe psychoaktiver Substanzen usw.) eine medizinische Grundausbildung erforderten. Daher unterbrach ich – gegen erhebliche innere Widerstände – mein Studium und wechselte zur Medizin. Schon während des Medizin-Studiums begann ich mit dem Erlernen von psychotherapeutischen und bewusstseinsverändernden Techniken. Später lernte ich den Kreis um Professor Hanscarl Leuner (Universität Göttingen) kennen, der sich damals gerade als ein internationales Forum etablierte – das Europäische Collegium für Bewusstseinsstudien (ECBS) –, welches sich um die wissenschaftliche Erforschung veränderter Bewusstseinszustände bemühte. Leuner, der als führender europäischer Experte im Bereich der Forschung mit Halluzinogenen und veränderten Bewusstseinszuständen galt, nahm mich 1996 als Weiterbildungsassistent in seine Praxis auf. Über mehr als zwei Jahre hinweg konnte ich so täglich Erfahrungen in der Arbeit mit Halluzinogenen in der Psychotherapie sammeln.

Danach wechselte ich an die Psychiatrische Universitätsklinik in Zürich, wo ich mit Professor Christian Scharfetter interessante Diskussionen führen konnte, die multiple Aspekte von veränderter Bewusstseinszuständen, auch deren Gefahren, zum Inhalt hatten. Gemeinsam erörterten wir im Verlauf der folgenden zehn Jahre konzeptuelle Aspekte der Theoriebildung über veränderte Bewusstseinszustände.

Als ich 1997, aus Zürich kommend, meine Arbeit als Assistenzarzt an der Medizinischen Hochschule Hannover (MHH) aufnahm, hatte ich meine philosophischen Studien mit einer Dissertation zur phänomenologischen Psychiatrie abgeschlossen (PASSIE 1996). Meine klinischen Forschungsprojekte an der MHH begannen 1998. Ich hatte das Glück, dass mit Professor Hinderk M. Emrich dort jemand die Abteilung leitete, der sich gegenüber meinem Interesse an ekstatischen Zuständen aufgeschlossen zeigte.

Nachdem ich mit psychedelischen Substanzen (z.B. Psilocybin, MDMA, Ketamin) und einigen Atemtechniken Methoden gefunden hatte, mit denen sich auch im Labor derartige Zustände erzeugen und beforschen ließen, ging ich zur klinischen Forschung über und führte eine Reihe von Experimenten und klinischen Studien durch. Ich wollte dabei diese Zustände „von innen" (Perspektive des erlebenden Subjekts) und „von außen" (Verhaltensbeobachtung, neurokognitive Tests, physiologische Messungen, Hirnmetabolismus usw.) erforschen. Zuerst führte ich in Kooperation mit der Abteilung Anästhesie einige experimentelle Untersuchungen durch, z.B. zu Bewusstseinsveränderungen durch das dissoziativ wirkende Anästhetikum Ketamin. Außerdem untersuchten wir die psychophysiologischen Veränderungen bei tranceartigem und ekstatischem Erleben, wie es durch Phasen verstärkten Atmens (sogenannte „Hyperventilation") zustande kommen kann. Ähnliche Atemtechniken werden seit Jahrhunderten im mystischen Islam (Sufis), im Yoga und im Schamanismus verwendet (PASSIE und PLESKE 2011). Ergebnisse dieser Studien werden noch veröffentlicht.

Parallel dazu begann ich, klinische Studien mit psychoaktiven Substanzen (Ketamin, Psilocybin, Lachgas) durchzuführen, die weitere Aufschlüsse über die Charakteristik veränderter Bewusstseinszustände und ekstatischen Erlebens erbrachten. Insbesondere unter der Wirkung von Psilocybin konnte ich mehrfach tiefgehende mystische Erfahrungen und visionäre Erlebnisweisen bei den „Versuchspersonen" beobachten, diese „messen" und auswerten. Weitere Untersuchungen befassten sich mit ekstatischen Aspekten sexuellen Erlebens, den Bewusstseinsveränderungen unter der Wirkung von Biofeedback und autogenem Training, bei Gurdjieff-Tänzen und anderen Induktionsbedingungen. Außerdem wurden neurobiologische Modellvorstellungen zur Entstehung von veränderten Bewusstseinszuständen (PASSIE 2007) und mystisch-ekstatischen Erlebnisformen systematisch aufgearbeitet (PASSIE et al. 2013). Eine vertiefende Beschäftigung mit der Psychopharmakologie von halluzinogenen und entaktogenen Substanzen begleitete die klinische Forschung (z.B. PASSIE et al. 2005, HINTZEN und PASSIE 2010, PASSIE und

HALPERN 2013). Außerdem rückten psychotherapeutische Anwendungen und Implikationen vermehrt in den Vordergrund (z.B. PASSIE 2005, PASSIE und DÜRST 2009).

Das langjährige Bemühen um die Zusammenführung einer Vielfalt von Aspekten ekstatischen Erlebens mündete 2008 in der Organisation des 1. Internationalen Kongresses über ekstatische Zustände an der Medizinischen Hochschule Hannover (PASSIE und BELSCHNER 2008; PASSIE et al. 2013).

Nachdem immer klarer wurde, dass dieses ertragreiche und interessante Gebiet einer Art Neglekt bzw. Tabuisierung in der wissenschaftlichen Forschung unterliegt, begann ich, dies als einen kulturgeschichtlichen Ausgrenzungsvorgang zu verstehen und darzustellen (PASSIE 2013a). Den – nicht immer einfachen – Folgewirkungen mystischer Erfahrungen wurde Aufmerksamkeit zuteil (PASSIE und PETROW 2013) und es wurden in einigen Studien die heilenden Wirkungen ekstatiformer Bewusstseinszustände erschlossen (PASSIE und DÜRST 2009; PASSIE und PLESKE 2011; GASSER et al. 2014).

Die in den Beiträgen des vorliegenden Bandes zum Ausdruck kommenden vielfältigen Aspekte des Phänomens der Ekstasen zeigen, welch ein bedeutsames Gebiet die Erforschung ekstatischer Zustände darstellt. Die Beiträge sollen auf theoretischer, experimenteller und praktischer Ebene das Phänomen der Ekstase in seinen psychologischen, neurobiologischen und kulturgeschichtlichen Dimensionen beleuchten wie auch die potentiell heilsamen Wirkungen erschließen helfen.

Literatur

Achelis T (1902): Die Ekstase in ihrer kulturellen Bedeutung. Berlin

Anz P, Walder P (1995): Techno. Zürich

Arbman E (1963–1970): Ecstasy or religious trance. Norstedts

Beck P (1906): Die Ekstase. Bad Sachsa/Harz

Bourguignon E (ed.) (1973): Religion, altered states of consciousness and social change. Ohio

Buber M (1909): Ekstatische Konfessionen. Jena

Gasser P, Holstein D, Michel Y, Doblin R, Yazar-Klosinski B, Passie T, Brenneisen R (2014): Safety and efficacy of lysergic acid diethylamide-assisted psychotherapy for anxiety associated with life-threatening diseases. Journal of Nervous and Mental Disease 202: 513-20

Gasser P, Kirchner K, Passie T (2016): LSD-assisted psychotherapy for anxiety associated with a life-threatening disease: a qualitative study of acute and sustained subjective effects. Journal of Psychopharmacology 29: 57–68

Greeley A, McCready W (1979): Are we a nation of mystics? In: Goleman D, Davidson RC (eds.): Consciousness: brain, states of awareness and mysticism. New York, S. 178–183

Hecker JFC (1832): Die Tanzwuth, eine Volkskrankheit im Mittelalter. Berlin

Hintzen A, Passie T. (2010): The pharmacology of LSD. Oxford, New York u.a.

Holm NG (ed.) (1982): Religious ecstasy. Stockholm

James W (1914): Die religiöse Erfahrung in ihrer Mannigfaltigkeit. Leipzig

Katner W (1956): Das Rätsel des Tarentismus. Leipzig

Kokoszka A (1992/93): Occurrence of altered states of consciousness among students: profoundly and superficially altered states in wakefulness. Imagination, Cognition and Personality 12: 231–247

Laski M (1961): Ecstasy in secular and religious experiences. London

Mantegazza P (1888): Die Ekstasen des Menschen. Jena

Otto R (1926): West-östliche Mystik. Gotha

Palmer J (1979): A community mail survey of psychic experiences. Journal of the American Society for Psychical Research 73: 221–251

Passie T (2007): Bewusstseinszustände: Konzeptualisierung und Messung. Münster u.a.

Passie T (2007): Contemporary psychedelic therapy: An Overview. In: Winkelman M, Roberts T (eds.) Psychedelic medicine – new evidence for hallucinogenic substances as treatments. Vol. 1. Westprt, CT, London, pp. 45–68

Passie T (2013): Traum, Trance und Ekstase – Ihr Verschwinden in der Kulturgeschichte des Abendlandes. In: Passie T, Belschner W, Petrow E (Hrsg.): Ekstasen: Kontexte – Formen – Wirkungen. Würzburg, S. 51–64

Passie T, Belschner W (Hrsg.) (2008): Ekstase: Phänomen – Erfahrung – Heilung. Hannover [Broschüre zum Kongress]

Passie T, Belschner W, Petrow E (Hrsg.) (2013): Ekstasen: Kontexte – Formen – Wirkungen. Würzburg.

Passie T, Dürst T (2009): Heilungsprozesse im veränderten Bewusstsein. Berlin

Passie T, Halpern JH (2014): The pharmacology of hallucinogens. In: Ries R, Fiellin D, Miller S, Saitz R, Gorelick DA (eds.) Principles of addiction medicine. 5th edition. Philadelphia et al. pp. 235–255

Passie T, Hartmann U, Schneider U, Emrich HM (2005): Was sind Entaktogene? Pharmakologische und psychopharmakologische Aspekte einer Substanzgruppe. Suchtmedizin 7: 235–245

Passie T, Petrow E (2013): Folgewirkungen mystischer Erfahrungen. In: Passie T, Belschner W, Petrow E (Hrsg.): Ekstasen: Kontexte – Formen – Wirkungen. Würzburg, S. 255–276

Passie T, Pleske R (2011): Wirkungen therapeutischen Atmens. Berlin: VWB

Passie T, Warncke J, Peschel T, Ott U (2013): Neurotheologie: Neurobiologische Modelle religiöser Erfahrungen. Nervenarzt 84: 283–293

Reynolds S (2012): Energy Flash. A Journey trough Rave music and dance culture. Berkeley

Scientific American (ed.) (1972): Altered states of awareness. San Francisco

Sugerman AA, Tarter RE (eds.) (1978): Expanding dimensions of consciousness. New York

Spoerri T (Hrsg.) (1968): Beiträge zur Ekstase. Basel, New York

Tart C (ed.) (1969): Altered states of consciousness. New York, London, Sydney, Toronto

Van Baaren TP (1964): Selbst die Götter tanzen. Gütersloh

Das Verschwinden von Traum und Ekstase in der Kulturgeschichte

Torsten Passie

Einleitung

Will man verstehen, warum veränderte Zustände des Bewusstseins wie Traum, Trance und Ekstase einem lang währenden Prozess kultureller Ausgrenzung unterliegen, so ist man gehalten, den kulturgeschichtlichen Kontext zu skizzieren, in dem diese Ausgrenzung stattgefunden hat. Veränderte Bewusstseinszustände verweisen auf den verborgenen Bereich der inneren Welt und des Imaginären, deren Wahrnehmung sich seit den frühen Tagen der Menschheit stets mit der sinnlichen und kognitiven Wahrnehmung von Umwelt überlagert hat (GLOY 1995). Nicht zuletzt geht es in diesen Zuständen um ein verstärktes Gewahrsein des inneren Erlebens. Noch heute wird in vielen Kulturen das innere Erleben absichtlich rituell gesteigert; sei es durch Atemtechniken, Meditation, Fasten, Beten, Tanzen, Trommeln oder die Einnahme bestimmter Pflanzen.

Eine bedeutende Implikation ekstatischer Zustände ist es, dass sie – unter anderem – Erfahrungen einer Beseeltheit der Dinge und der Lebendigkeit der ganzen Schöpfung vermitteln. Die daraus tendenziell hervorgehende pantheistische Weltsicht ist mit den monotheistischen Religionen wie dem Christentum nicht vereinbar, ja steht ihnen sogar entgegen. Die von der Aufklärung und der Naturwissenschaft geprägte Moderne räumt dem Materiell-Realen, jenem dem Anschein nach Objektiven, absoluten Vorrang ein. Das dem Subjektiven zugerechnete innere Erleben wird dagegen weniger gewürdigt und in die Sphäre des Privaten verlagert, wenn nicht verbannt. Dies gilt insbesondere für den Bereich des Gefühlserlebens. Unser Fühlen trägt und leitet zwar unser alltägliches Leben und Erleben. Wir in den westlich geprägten Kulturkreisen tendieren dazu, das Fühlen von der rationalen Verstandeslogik abzukoppeln und unsere Gefühle oft als störenden Ballast oder beeinträchtigende Interferenzen einzuordnen. Auch weil Gefühle uns von der Welt der Gemeinschaft entfremden oder unser Ich verführen können, unsere persönlichen Bedürfnisse in den Vordergrund zu bringen, wurde in den westlichen Kulturen das Fühlen zunehmend als Störfaktor in einer an Funktionalität, Rationalität, Technik und Ökonomie ausgerichteten Welt betrachtet.

Traum, Trance und Ekstase waren die außergewöhnlichen Bewusstseinszustände, über die der vorgeschichtliche Mensch meinte, einen Kontakt in die jenseitige Welt, die in seiner Sicht die Geschicke der diesseitigen Welt bestimmt, gefunden zu haben. Zunächst hatten vermutlich vereinzelte Nahtod-Erfahrene von ihren „Jenseits"-Visionen berichtet, die sie „nach dem Tod" erlebt hatten, und so das Bild von einer jenseitigen Welt und einer womöglich überlebenden Seele geprägt (METZINGER 2005). In deren Gefolge lernten die Schamanen, verschiedene Methoden zur Erzeugung tiefer Trance- und Ekstasezustände zu nutzen, mit deren Hilfe sie Einblicke in die „jenseitige Welt" bekommen konnten. Dort konnte man Geistern und Göttern begegnen, sie gütlich stimmen oder in Krankheitsfällen die verlorengegangene Seele „zurückholen". Diese Zustände besaßen demzufolge eine zentrale Vermittlerfunktion im Bezug auf das Verhältnis von diesseitiger und jenseitiger Welt. Sie waren von daher überlebenswichtig in der Perspektive dieser Völker. Der deutsche Ethnologe Theodor-Wilhelm Danzel hat den vorgeschichtlichen Menschen als Homo divinans (der magische Mensch) charakterisiert, der sich im Zustand undifferenzierter Bewusstheitlichkeit ursprünglichen Erlebens befindet – im Unterschied zum Homo faber (lat.: der Mensch als Schmied), der die Welt handelnd und technisch tätig angeht. Er hat ganz besonders auf die „hohe Bewertung der Ekstase durch den Homo divinans" hingewiesen (DANZEL 1928: 75).

Vorzeitliche Weltwahrnehmung

Geht man in der Menschheitsgeschichte mehrere Jahrtausende zurück, so wird klar, dass damals eine ganz andere Art und Weise der Weltwahrnehmung vorherrschte. Den Menschen war die Eigenbewegung der Natur, wie sie in den Tieren, Pflanzen, aber auch im Wetter ganz spürbar zum Ausdruck kam, nicht erklärlich; auch nicht die Gesetze, denen diese Bewegung folgte. Vermutlich deshalb war er geneigt, sich alle Gegenstände und Vorgänge in der äußeren Natur als beseelt vorzustellen. Die kreatürlichen, sich ohne Zutun des Menschen entfaltenden Kräfte und Energien – seien es Geburt und Tod – wurden zwar wahrscheinlich als Bedrohungen erlebt, aber zugleich auch in der Anbetung als sichernde und zwar über das menschliche Vermögen hinausgehende Sicherheiten erlebt; zumindest wenn man sich in der Lage sah, diese Kräfte positiv zu stimmen. Aus religionshistorischer Perspektive könnte – kurz gefasst – davon gesprochen werden, dass der Mensch die Natur vergötterte und die kreatürlichen Kräfte verehrte. Er wird wahrscheinlich, so die Geschichtsschreibung, sein Eingreifen in die Natur, um sich etwa Nahrung und Brennmaterial anzueignen, als eine „Verletzung" der Natur erlebt haben. Da er dieses „Unrecht" als ein schuldhaftes Tun erlebt haben mag, wird es ihm darum gegangen sein, sich von dieser Schuld zu befreien und die womöglich dadurch verstimmten Kräfte der Natur wieder zu besänftigen. Es wird in diesem Zusammenhang auch von „mythischen Verträgen" gesprochen, in die der vorgeschichtliche Mensch mit der Natur eingebunden gewesen sei. Rituelle Feste hätten als Momente des „Waffenstillstands" gedient, in denen diese ständigen Auseinandersetzungen von Mensch und Natur zeitweilig ausgesetzt worden seien (vgl. HELFMAN 1969).

Da er die Natur für undurchsichtig gehalten, sich nicht als ihr gegenüberstehend definiert habe, sei der vorgeschichtliche Mensch darauf orientiert gewesen, sich die

Kräfte der Natur in der Weise nutzbar zu machen, dass er versuchte, sich den Naturkräften anzugleichen, es „ihnen gleichzutun" und sich dadurch ihrer zu versichern, ja sich mit ihnen zu vereinigen.

Geht man vom Tierreich aus, so können zwei grundsätzliche Strategien im Umgang mit Raubfeinden benannt werden. Zum einen das Sichbewaffnen, um im Kampf mit den Raubfeinden bestehen zu können, und zum anderen die Möglichkeit, sich zu verstecken, sich unsichtbar für den Feind zu machen. Darin bestand also eine Macht der Natur, die sie den Lebewesen geschenkt hatte: sich sehr gut verstecken zu können, indem man sich der umgebenden Natur soweit als möglich „ähnlich" macht, sich mimetisch angleicht. Diese Macht konnte man nutzen, indem man mit den Kräften der Tiere über entsprechende Verkleidungen, aber auch Bewegungen und Tänze, welche diese Tiere nachahmten, in Berührung ging. Auf diese Weise ging man in eine Identifikation mit den Tieren, aber zugleich auch den Kräften, die diese verkörperten. Dies wird auch als das „mimetische Zeitalter" bezeichnet (HELM 2002). Aus dieser, wenn man so will, „identifizierenden Partizipation" ("participation mystique" nach LEVY-BRUHL 1930) trat der Mensch später sukzessive heraus und stellte sich den Dingen objektivierend gegenüber. Er gelangte in diesem langen Prozess zu einer zunehmenden Unterscheidung von Ich und Nicht-Ich, von Zustand und Gegenstand, von Subjektivem und Objektivem, die vorher noch ungeschieden in ihm existierten.

„Das ursprüngliche Erlebnis steht also ursprünglich jenseits des Gegensatzes von subjektiv und objektiv in Indifferenz. … Dem Homo divinans, der noch nicht scharf Objektives und Subjektives trennt, werden die Gegenstände der Außenwelt (das Objektive) zu Trägern, zu Vergegenständlichungen von Gefühlen (von Subjektivem), die er gleichsam in sie ‚hineinerlebt', hineinlegt. … die Objektivität wird von Subjektivität überwuchert, das, was die Dinge ‚für sich' sind, ist dem Homo divinans in dem, was sie ‚für ihn' sind, aufgehoben" (DANZEL 1928: 43ff.). Als Beispiel mag man sich vergegenwärtigen, dass es nicht ganz klar ist, dass ein Bildnis eines Löwen nicht die gleiche Angst hervorruft wie ein tatsächlicher Löwe. Erst eine „kritische Realitätsprüfung" unter Aussetzung der ersten emotionalen Reaktion kann uns in die Lage versetzen, einen Unterschied dieser beiden Löwen als Tatsächlichkeit anzunehmen und damit vor dem einen Abbild oder seinem Schritt ähnelnden Geräuschen keine Angst zu haben, aber vor dem anderen sehr wohl. Für diese Art von distanznehmender Unterscheidung ist allerdings unabdingbar, dass wir uns dem Gegenstand „gegenüberstellen"; ihn von dem bloßen Eindruck zu unterscheiden lernen. Das heißt, die zunächst induzierte subjektive Befindlichkeit (Angst) von dem tatsächlichen Gegenstand und seiner Bedeutung für uns zu unterscheiden. Der Erkennende soll am Gegenstand der Erkenntnis nicht mehr partizipieren, sondern sich von ihm affektiv distanzieren, um zu unterscheiden, wie etwas sich ihm darstellt und wie es „wirklich ist". Der bekannte Anthropologe Ernst Mühlmann spricht von einer

Veränderung der Lebensordnungen; von einer das Eingewoben- und Bestandteilsein betonenden „sinnlich-sympathischen" Lebensordnung hin zu einer „geistig-logischen" Lebensordnung, die den Menschen der Umwelt objektivierend gegenüberstehen lässt (MÜHLMANN 1986).

Da weder Herkunft noch Ordnung der Dinge aus ihnen nicht erklärlichen Gesetzmäßigkeiten der diesseitigen Welt als Ursachen nachvollziehbar waren, tendierte der Homo divinans dazu, sich diese Vorgänge als aus einer jenseitigen Welt heraus gesteuert vorzustellen. Um Einfluss zu nehmen oder auch nur um Schlimmeres zu verhindern, versuchte er, mit den Kräften der jenseitigen Welt in Kontakt zu kommen, diese zu besänftigen und in eine zuträgliche Richtung zu lenken. Der Zugang zur jenseitigen Welt, so erschien es ihm, konnte über Zustände wie Trance, Traum und Ekstase hergestellt werden. Diese schienen Einblicke in eine andere, jenseitige Welt zu ermöglichen. Von daher galt es, diese Zugangswege zu kultivieren und zum Wohlergehen der Gemeinschaft zu nutzen. Da es ganz offenbar schon immer mehr oder weniger begabte Menschen gab, denen der Zugang zu dieser jenseitigen Welt des veränderten Bewusstseins leichter fiel als anderen, wurden die dafür Begabten einer besonderen Ausbildung zum „Schamanen" unterzogen und waren für die Kontakte und die Beeinflussung der jenseitigen Welt zuständig. Sie waren die Kundigen im Bereich der veränderten Bewusstseinszustände, die „Meister der Ekstase" (ELIADE 1957). Sie sollten – unter Einbeziehung jenseitiger Kräfte – bedrohende (Natur-)Kräfte besänftigen, Geister umstimmen, Geschehnisse deuten und vorhersagen sowie verlorengegangene Seelen(anteile) zurückbringen und Krankheiten heilen.

Rituale, Mimesis und Subjekt-Objekt-Trennung

Während ekstatischer Rituale ist die Trennung von Subjekt und Objekt, von erlebendem Menschen und Umwelt zeitweilig aufgehoben. In Momenten des Aus-Sich-Heraustretens in der Ekstasis, welche Zuständlichkeiten voraussetzen, die kaum objektivierbar und nur schwerlich sprachlich fassbar sind, erlebt der Mensch sich jenseits von Raum und Zeit. Er gibt dabei die Kontrolle auf, welche die Subjekt-Objekt-Trennung konstituiert. Er gerät außer sich, wieder in ein Erleben von sich selbst als Naturwesen, und ist von seiner objektivierenden Distanznahme „entfesselt". Ekstatische und orgiastische Feste waren als Fruchtbarkeitszauber weit verbreitet und dienten der Verehrung der kreatürlichen Kräfte, aber zugleich auch dem Wiedererleben des Menschen als Naturwesen, welches eins mit der Natur ist. Durch rituelle Mimesis „… kann der Mensch, der in der Welt des Handelns nur ein Teil ist, das Ganze sein, allerdings um den Preis, daß er momentan die Herrschaft über sich selbst verliert…" (LENK 1983). Ein solches Erleben wird typischerweise mit einem „Kontrollverlust", einer Veränderung, einem Zurücktreten der Selbstkontrolle assoziiert.

Ein gutes Beispiel dafür sind die ekstatischen Tanzkulte, wie sie schon seit der Steinzeit dokumentiert sind (FROBENIUS 1931, LHOTE 1963). Das gemeinsame Tanzen bis zur Ekstase erscheint in seiner nahezu universellen Verbreitung als ein kultureller Archetyp, der sich in ständig neuen Formen über die Zeiten und Orte hinweg wiederfinden lässt (VAN BAAREN 1964). Zumeist in der freien Natur berauschen sich die Teilnehmer an psychoaktiven Pflanzen, tanzen exzessiv nach stampfenden Rhythmen und verbinden sich darüber mit einer mystischen Gottheit. Es scheint, als würde der Mensch durch die Rhythmen durchgerüttelt, bis die innere Zerrissenheit und Abspaltung von der Umwelt in der lösenden Ekstasis wieder aufgehoben scheinen. Ekstatische Tanzkulte gehören zu keiner organisierten Religion und sind an keinen bestimmten Ort gebunden. Bekannt sind heute noch die indianischen Powwows, die afrikanischen Trancetänze oder die asiatischen Shiva-Tänze. Doch soll auch auf die antiken dionysischen Tanzkulte der Hekate und Artemis hingewiesen werden. Diese hielten sich bis ins späte Mittelalter, bis sie von der Kirche dämonisiert und verboten wurden. Vermutlich war es jene zunehmende „Ekstaseprohibition", die zu den mittelalterlichen „Tanzwut-Epidemien" führte, welche durch ein spontanes Auftreten ekstatischen Tanzens, welches ganze Dörfer ergreifen konnte, gekennzeichnet waren (HECKER 1835).

Zumeist ist durch das Tanzen jenes unser rudimentärstes Identitätserleben fundierende Körpererleben („Proto-Selbst" nach DAMASIO 2011) massiv verändert. Es werden keine Grenzen zwischen Körper und Umwelt mehr wahrgenommen, die Augen sind typischerweise geschlossen, die Bewegungen folgen nicht Zwecken oder äußeren Bewandtnissen und es sind auch eigene innere Vorgänge nicht mehr mit Distanz erfahrbar. Das innere Erleben ist stark von Gefühlen und vielleicht Bildern eingenommen. Die erlebten Gefühle haben meist positive Konnotation und beglückenden Charakter („ich schwebte davon", „eins mit dem Himmel"), können aber auch den anderen Teil des Weltlichen, die Konfliktlagen und Antagonismen, kriegerische Naturzustände und infernalische Eindrücke vermitteln. Insofern gibt der Entrückungszustand durchaus konfligierenden Dimensionen Raum. Auch die lineare Zeitwahrnehmung erscheint aufgehoben („wie eine Ewigkeit").

Götterbilder und Bewusstseinsentwicklung

Für den vorgeschichtlichen Menschen hat eine Götterwelt im Sinne von der Natur separierbarer Entitäten nicht existiert. Er nahm vermutlich die gesamte Natur als beseelt wahr und erkannte ihr als Gesamtheit eine göttliche Wirklichkeit zu. Lediglich Anteile abzuspalten mag er gewohnt gewesen sein und für separate Entitäten gehalten haben. Zeugnisse aus Kulturen vieler noch heute auf urgeschichtlichem Niveau lebender Völker, aber auch kulturhistorische Artefakte weisen darauf hin, dass der Mensch in früher Zeit die Erdkröte als Repräsentantin der Natur wahrgenommen und dieser einen gottähnlichen Status zuerkannt hat. Die Verehrung dieser unscheinbaren Kreatur mag einen noch heute nachvollziehbaren Grund gehabt haben. Sieht man eine Kröte, die halb in der Erde eingegraben ist und mit dem Rest ihres Körpers zwar aus der Erde herausragt, aber durch die extreme Anpassung der Haut an das Umgebungsmilieu wie ein weiteres Stück Erde erscheint, so kann es wirken, als wären Erde und Kröte eins, als seien sie ein Identisches und nicht zwei voneinander unterscheidbare Wesen. Das Einzige, was die Kröte noch – sie von der Erde unterscheidend – nach außen sichtbar werden lässt, sind ihre Augen, die dann wie die „Augen der Erde" erscheinen können. Aus diesem Grund mag es dem vorgeschichtlichen Menschen (doch nicht nur diesem) so erschienen sein, dass ihn durch die Augen der Kröte „die Erde ansieht".

Dahinter stünde dann ein Bild von der Natur als das eines alles umfassenden Wesens, das der Mensch zu gewärtigen hat und vor dem er sich – im Sinne der mythischen Verträge – bezüglich seines Eingreifens zu verantworten hat. Damit einhergehend werden die sich unabhängig vom menschlichen Tun und Lassen vollziehenden kreatürlichen Lebenskräfte (z.B. Geburt, Tod, Traum, Wahnsinn) angebetet oder gefürchtet wie auch in orgiastischen Festen des Fruchtbarkeitszaubers verehrt, indem man sich zeitweilig in Naturgeister „zurückverwandelt". Von diesem die gesamte Natur repräsentierenden gottartigen Wesen ist die Menschheit im Rahmen der schon oben angedeuteten Prozesse der zunehmenden Distanzierung von der Natur, der Scheidung von Subjekt und Objekt weitgehend abgekommen. Einen ersten Kulminationspunkt dieser Entwicklung stellt die griechische Götterwelt dar. In dieser sind die Götter als in einem Götterhimmel wohnend vorgestellt und in ihren wesentlichen Charakteristiken dem Menschen gleichgestellt bzw. in wesentlichen Aspekten, auch dem des Umgangs untereinander, den Menschen stark ähnelnd. Es kam zu einer Übertragung religiöser Attribute von den alten Erdgottheiten auf die neuen Staatsgötter in Menschengestalt. Zudem bestand das Götterzelt vor allem aus männlichen Göttern, und die weibliche Gaia hatte ihren Einfluss nur noch unter der Erde. Vom mythischen Mord am Urwesen Erdmutter und dem Gewahrsein eines außermenschlichen Kräftewerks kommt es zum Wechsel zu einem menschenähnlichen Göttergericht; später dann zur Vorstellung eines unfehlbaren monotheistischen Gottes als Baumeister oder Weltenlenker. Diese Menschengleichheit der Götter, wie sie im Griechentum etabliert wurde, führt neben der Vermenschlichung der Götterwelt auch zu einer Entmachtung der Natur und der kreatürlichen, nicht vom Menschen gemachten bzw. bestimmten Kräfte und Vorgänge. Im Gefolge der Entmachtung der Natur erfahren auch die vordem hinter den sichtbaren Naturkräften stehenden jenseitigen Weltbewandtnisse und die dahin vermittelnden Zugangsmöglichkeiten wie Traum, Trance und Ekstase eine Entwertung.

Allerdings existierte in der antiken Götterwelt auch ein Gott, der den Rausch, die Ausschweifung, den Sinnengenuss verkörperte: Dionysos. Er war der natürliche

Gegenspieler von Apollon, der als Herrscher im Reich des Klar-Geformten, des Weisheitsvoll-Ruhenden galt. Dionysos ist Herr im Dynamisch-Bewegten und Leidenschaftlich-Ekstatischen (ROHDE 1898). Dazu schreibt Friedrich Nietzsche: „Entweder durch den Einfluß des narkotischen Getränkes, von dem alle ursprünglichen Menschen und Völker in Hymnen sprechen, oder bei dem gewaltigen, die ganze Natur lustvoll durchdringenden Nahen des Frühlings erwachen jene dionysischen Regungen, in deren Steigerung das Subjektive zu völliger Selbstvergessenheit hinschwindet ... Unter dem Zauber des Dionysischen schließt sich nicht nur der Bund zwischen Mensch und Mensch wieder zusammen, auch die entfremdete, feindliche oder unterjochte Natur feiert ihr Versöhnungsfest mit ihrem verlorenen Sohn, dem Menschen" (NIETZSCHE 1954). Unter diesem Gesichtspunkt erscheint Dionysos als ein Statthalter der Ekstasen, der einzig aus dem vorgeschichtlichen Zeitalter noch verbliebene.

Stabilität und Ordnung

Schon immer hat vermutlich der Wunsch nach Stabilität und Ordnung die Menschen begleitet. Stabilität und Ordnung erstrebte man nicht zuletzt, um das Überleben zu sichern und sich von den der eigenen Macht entzogenen Naturkräften unabhängig zu machen. Der antike Philosoph Heraklit (520–460 v. Chr.) hat diesen Prozess der Ablösung von der Unmittelbarkeit des Subjektiven durch eine Vorstellung einer in zwei Welten geteilten menschlich-sozialen Wirklichkeit verdeutlicht. Demnach ist die Erfahrungswelt des Menschen unterteilt in den Idios Kosmos, d.h. die Welt des Subjektiven, privaten Erlebens und Denkens, und den Koinos Kosmos, die Welt des Gemeinsamen, des mit anderen Geteilten, des Consensus communis.

Vielleicht kann die von Heraklit angeführte Welt des Traumes als ein Extrempol dieser beiden Welten gelten. Der Traum ist das stärkste Beispiel für die Zugewandtheit zur inneren, privaten Welt. Er ist eine Welt des völlig subjektiven Erlebens, in welchem selbst die basalsten Naturgesetze außer Kraft gesetzt sein können. So kann der Apfel nach oben fallen und die Zukunft vor der Vergangenheit stattfinden. Hier herrschen lediglich Einbildungs- und Vorstellungskraft und das, was aus der Seele und dem Geist des Menschen erwächst – ohne Rücksicht auf das Reale, jenes in der Wirklichkeit des Wachseins fassbar Gegebene.

Das Beheimatetsein im Koinos Kosmos bedeutet dagegen die Ermöglichung der Verständigung mit anderen im Konsens, in der intersubjektiven Übereinstimmung in der Welt des gemeinsam Bestimmbaren. Im Koinos Kosmos beziehen sich die Menschen auf eine gemeinsame, von allen in ihren Grundfesten anerkannte Welterfahrung. Dies macht nicht zuletzt über das Instrument der Sprache eine Verständigung über

konkrete und – mittels des von den Affekten weitgehend abgelösten Denkens – zunehmend abstraktere Sachverhalte möglich. Da man auf der Suche nach einer Stabilität
und Ordnung vermittelnden Weltsicht und Wirklichkeitsdeutung war, kam man zu
dem Schluss, dass die Welt des Koinos Kosmos die bedeutsamere sei und nur diese
Welt eine universale Form der Verständigung impliziere und damit ein konsensbe-
stimmtes Handeln ermögliche. Von daher deutete Heraklit das Bezogensein auf den
Koinos Kosmos als „Einigung" und das Sichverlieren / Eingelassensein in die subjektive Privatwelt des Idios Kosmos als „Zerstreuung".

Jeder Mensch lebt nun aber in beiden Welten, und so kann man lediglich eine der
Welten versuchen zu begünstigen, sie in ihrer Bedeutung zu stärken und höher zu
bewerten. Eigenes, privates Denken sei, so Heraklit, „bloßes Dahinträumen". Dies
impliziert jedoch zugleich eine Abwertung der anderen, subjektiven Welt. Grundsätzlich ist festzuhalten, dass jeder Mensch in einer Relation oder individuellen Propor-
tionierung dieser Welten zueinander lebt. Diese kann sich schon von Tag zu Tag unterscheiden, tut dies aber in der Regel nicht; wir sind gewöhnlich in einem bestimmten
Maße subjektiv und in einem bestimmten Maße „objektiv", d.h. dem intersubjektiven
Konsens und einer von allen weitgehend gleich erlebten Wirklichkeit verbunden.
Kommt es nun zu einer stärkeren Verschiebung zugunsten des Subjektiven, so kann es
zu einer „Verrücktheit" des Betreffenden kommen, da dieser sich zu sehr in den Bezügen seiner privaten Welt verliert und damit nicht mehr in den Konsens der gemeinsamen Welt eingebunden werden kann (BINSWANGER 1947). In diesem Zusammenhang
ist daran zu erinnern, dass der Ursprung des Begriffes „Idiot" auf Heraklits Unterteilung
der Welten zurückgeht und einen Menschen bezeichnet, der sich in seinen privatwelt-
lichen Bezügen verloren hat.

Somit wurden nicht mehr Traum, Trance und Ekstase als Beglaubigungen der
Wahrheit angesehen. An ihre Stelle trat das Ideal der leidenschaftslosen, objektivierenden Betrachtung. Spätestens das rational-logische begriffliche Denken lässt den
Menschen aus dem unmittelbaren Zusammenhang mit der Natur weitgehend her-
austreten.In der Konsequenz ergibt sich daraus, dass das Wachsein und Sich-im-Kon-
sens-Befinden als Erwecktsein aus dem Subjektiven betrachtet wurde und weiterhin,
dass der Mensch vor die Alternative gestellt ist, mit seinem, ihm von den antiken
Philosophen bescheinigten geistigen Vermögen am „göttlichen Verstande", dem Lo-
gos, teilzuhaben oder Opfer der Täuschung zu werden. Daher bildete sich die Tendenz
aus, das nüchterne, konsensfähige Wachsein als ethische Kategorie zu deuten: Der
Traumzustand markiere den Gegenpol einer Teilnahme am göttlichen Verstande, sei
Täuschung und Unwahrheit und entspreche somit dem Bösen. Der französische Mo-
ralist Emile Alain (1868–1951) fasst es später so: „Die Welt ist nicht ein zweiter
Traum, sondern die Wahrheit des Traumes, und diese Wahrheit ist dem Handeln, dem

Wachsein eigen, nicht dem Schlaf" (ALAIN 1986: 292). Diese Abgrenzung vom Subjektiven, jenem nicht Objektivierbaren bezeichnete der antike griechische Philosoph Platon (428–348 v. Chr.) als eine Ablösung der Vernunftform von der Traumform. Nur die Vernunftform garantiere Sicherheit, Berechenbarkeit sowie eine dauerhafte und unzweideutige Faktizität. Platon lehrte, es gehe nicht an, zum Sternenhimmel aufzuschauen wie zu einer geschmückten Zimmerdecke. Der sichtbare Sternenhimmel sei ein schöner Anblick, aber es sei doch unendlich schöner, die himmlischen Bewegungen zu verstehen; und dazu reiche die sinnliche Beobachtung nicht, sondern nur das logische Denken.

Christentum, Kirche und der Prozess der Zivilisation

Das Christentum war vom Beginn an gegen das Mimetische gerichtet. Seine Grundanschauung liegt auf folgender Linie: Je näher das Erleben dem Traum oder den kreatürlichen Kräften, desto dämonischer ist es; je weiter es sich von der Natur entfernt, desto göttlicher ist es. Diese Abkehr von der Verehrung des Kreatürlichen korreliert mit der Verobjektivierung der Welt, mit ihrer Entzauberung, aber auch der Entwicklung einer ausbeuterisch eingeengten Wirklichkeitsschau, deren zentrales Anliegen es ist, die Kräfte der Natur zu bändigen und dem eigenen Nutzen zu unterwerfen. Um die Gesetzmäßigkeiten der Naturvorgänge nachvollziehbar zu erschließen, sind eine gemeinsame Verständigung, Konsens im Glauben, Abstrahieren und logisches Denken erforderlich. Dasselbe gilt für die Etablierung eines verbindlichen menschlichen Verhaltenskodex, wie ihn etwa die Zehn Gebote verkörpern.

Aus diesem Grund wurden mystische Kulte und Rituale seit dem 4. Jahrhundert vom Christentum und den meisten anderen modernen Religionen abgelehnt. Ein bedeutender Religionskrieg wurde in den Jahren um 390 n. Chr. um die letzten verbliebenen naturreligiösen Kulte, die Tempelanlage und den Kult im griechischen Eleusis, geführt. Der Sinn der ekstatischen eleusinischen Einweihungsmysterien war es, sich ganz auf den ewigen Kreislauf des Werdens und Vergehens einzulassen und sich als Teil dieser ewigen Wirklichkeit zu erfahren. Die Christen gewannen, und der letzte abendländische Mysterienkult, in dem ein Trank mit vermutlich psychedelischen Inhaltsstoffen verabreicht wurde (WASSON et al. 1979), bestand nicht mehr.

Seit dieser Zeit ist das Interesse an veränderten Bewusstseinszuständen zwar weiter lebendig geblieben, doch wurden die damit zusammenhängenden Zustände und Rituale zunehmend marginalisiert (OTT 1995).

Obgleich das Christentum das Mimetische ablehnte und die ekstatischen Zustände für Täuschung und dem Heidentum zugehörig erachtete, ist doch bekannt, dass einige der biblischen Propheten ekstatische Zustände erlebt haben (JACOBI 1920). Somit war man kirchlicherseits gehalten, letztlich – mindestens auf theoretischer Ebene – eine differenzierte Haltung gegenüber den ekstatisch-mystischen Erfahrungen einzunehmen. In diesem Zusammenhang stellte sich für die Kirchenvertreter zunächst die Frage nach der „Berechtigung" der Ekstase, das heißt, nach der wie auch immer gearteten Wirkung auf den Gläubigen (POULAIN 1925, GARRIGOU-LANGRANGE 1927). Kommt es bei diesem zu einer Läuterung, einer spirituellen Fortentwicklung oder verleitet ihn das Erlebnis zu einer Subjektivierung von Haltung, Werten und Welterfahrung, einem Abkommen vom Gottesglauben und der Offenbarung? Trotz der in der weiteren Kirchengeschichte nachweisbaren Tendenz zur Diskriminierung ekstatisch-mystischer Erfahrungen, die nicht zuletzt in der Auseinandersetzung der „Kirchenväter" Thomas von Aquin (1225–1274) und Meister Eckhardt (1260–1328) prägnanten Ausdruck fand, schlussfolgerte die Kirche, dass es durch diese Erfahrungen auch zu einer Bereicherung, zu einer Ausweitung des Gottes- und Weltgefühls bei den Gläubigen kommen könne (GARRIGOU-LANGRANGE 1927). Allerdings wurde immer wieder darauf hingewiesen, dass ekstatische Erfahrungen bei Heiligen sich nur selten finden und von daher für ein christliches Leben kein Erfordernis darstellten (POULAIN 1925).

Aufgrund der Intensität und Eindrücklichkeit ekstatischer und mystischer Erfahrungen sowie das diesen Erfahrungen innewohnende Erleben einer Gewissheit der Wahrhaftigkeit des Erlebten deuteten die Betroffenen ihre Erfahrungen nicht selten als offenbarungsäquivalent. Dies stellte aus Sicht der Kirche die Unzweifelhaftigkeit der biblischen Offenbarung in Frage. Deshalb wurde von einer Gefahr durch „Privatoffenbarungen" gesprochen, welche die Deutungshoheit und den Frieden der Kirche gefährden würden, so dass eine Möglichkeit gefunden werden musste, institutionelle Gegengewichte aufzubauen, die mittels Tradition, institutioneller Macht und entsprechenden „Prüfverfahren" sicherstellten, dass Subjektivität, Rausch und Ekstase in angemessener Weise gedeutet, eingeordnet und gegebenenfalls diskriminiert wurden. Nicht zuletzt hierdurch kam es zu einer fortschreitenden Domestikation religiöser Erfahrungen (JOSUTTIS 1987).

Als Konsequenz dieser Entwicklung resultierte im Verlauf des Mittelalters eine zunehmende Diskriminierung ekstatischer Zustände und es kam zu einer weitgehenden Ausscheidung von Traum, Rausch und Ekstase sowohl aus den kirchlichen Kulten als auch aus der privaten Lebenspraxis. Nicht zuletzt Aufklärung und Reformation begünstigten eine Abhebung der Religion von ihrer Erfahrungsbasis (den religiösen Erlebnissen) und leisteten einer Rationalisierung der Religion Vorschub.

Um den weiteren Gang der Geschichte besser verständlich zu machen, soll hier ein kurzer Exkurs zur Theorie des Zivilisationsprozesses eingeschaltet werden. Der von Norbert Elias sorgfältig skizzierte Prozess der Zivilisation führte, insbesondere im Verlauf der letzten Jahrhunderte, zu einer durchgreifenden Disziplinierung und Abdrängung der Gefühlswelt. Auch Sigmund Freud hat diese innere Disziplinierung als eine generelle Bedingung für Zivilisation, als das «Unbehagen in der Kultur» (FREUD 1948) dargestellt. Zentral sind nach Elias' Darstellung die Prozesse der Affektkontrolle und der Affektdisziplinierung. Diese seien essentieller Bestandteil des Zivilisationsprozesses. Diese Vorgänge hat Elias exemplarisch anhand der Ausbildung der Tischsitten untersucht. Deren Einhaltung zu erreichen, wie es jeder, der Kinder großgezogen hat, gut nachvollziehen kann, hat ganz unmittelbar mit der Kontrolle von Verhalten und Affekten zu tun. Über diese stete, mehrmals tägliche Beeinflussung werden Kinder und Jugendliche an die Einhaltung bestimmter ritueller Abläufe gewöhnt und erlernen die differenzierte Kontrolle eigenen Fühlens und Verhaltens. Es wird ihnen über Affekt- und Verhaltenskontrolle „zivilisiertes Verhalten beigebracht" und nachhaltig eingeprägt. Ein weiterer wesentlicher Prozess, der nach Elias den Verlauf des Zivilisationsprozesses kennzeichnet, sei die Verinnerlichung von Verhaltensnormen, insbesondere solchen der Zeiterfahrung. Da früher Uhrwerke nicht wirklich verbreitet waren, wurde die Internalisierung zeitlicher Normen vor allem über die Kirchenuhren und deren regelmäßiges Läuten realisiert. Später kam im Rahmen der technischen Industrialisierung die Disziplinierung durch maschinelle Produktionsprozesse hinzu. Die Beziehung zu den Gegenständen der umgebenden Welt sei immer weitgehender durch den Nutzen, den diese für den Menschen haben könnten, geprägt worden. Diese Nutzensorientierung finde auch in einer Veränderung des Körperbewusstseins ihren Ausdruck. Der Körper werde von einem sinnlichen, hedonistischen Empfinden während des zivilisatorischen Disziplinierungsprozesses zu einem Instrument des Arbeitsprozesses und solle sich primär dem Gebot einer dafür dienlichen Fitness unterwerfen. Im Rahmen des Prozesses der Affektdisziplinierung wurden sukzessive alle „abgründigeren" Emotionen aus dem öffentlichen Verkehr ausgeschieden und dem privaten Bereich überantwortet. Insbesondere sehr intensive und ekstatische Zustände wurden ausgegrenzt oder, wie beim Rausch, pathologisiert.

Mit der Durchsetzung der oben skizzierten abrichtenden Sozialisationsprozesse kam es auch kirchlicherseits zur Durchsetzung von Macht und Kontrolle und zu einer weiteren Dämonisierung kreatürlicher Kräfte bzw. des durch sie getragenen Geschehens, welches sich naturgemäß der menschlichen Kontrollierbarkeit weitgehend entzieht. Die ursprünglich im Fruchtbarkeitszauber verehrten orgiastischen Erfahrungen wurden heidnisiert. An die Stelle einer Horizonterweiterung durch Regression – das heißt, die Rücknahme zivilisatorischer Wahrnehmungskontrolle/-begrenzungen beziehungsweise der Kontrollmechanismen, welche die Subjekt-Objekt-Trennung konstituieren – trat die Besserung und Belehrung des Menschen, die Formung seines Willens und die Prägung seines Bewusstseins. In stärkster Konsequenz findet sich diese neuartige weltanschauliche Grundhaltung bei Calvin. Er propagiert die rastlose Tätigkeit im Dienste Gottes und erwartet dadurch eine Stärkung von Selbstgewissheit und Glauben. Konsequent erachtete er in seiner Vorstellungswelt die Zeitvergeudung als Todsünde. Nur indem der Mensch all seine Zeit gezielt in der Arbeit nutze „um Gottes Ruhm zu mehren", sei er ausreichend vor Zweifel und Unwürdigkeit geschützt. Die mit einer solchen Selbstdisziplinierung zugleich geforderte Ausschaltung aller ziellosen Tätigkeit hat letztlich, so schrieb der bekannte deutsche Soziologe Max Weber in seiner Untersuchung zur protestantischen Arbeitsethik aus den Jahren 1904/1905, „… einen Menschentyp hervorgebracht, der in seiner innerweltlichen Askese, in seiner durch und durch geordneten Lebensführung vor Erfahrungen, die seine Selbstkontrolle gefährden, zurückschrecken muß" (WEBER 2009).

Ausblick

Im westlichen Kulturkreis hat in den letzten Jahrhunderten nur noch ein Rinnsal von mystischer Spiritualität und Innenschau, aber auch ekstatisch-mystischer Rituale weiterexistieren können. Die Verlockung des Mechanischen, des Offensichtlichen und Berechenbaren hat sich offenbar als derart vorteilhaft erwiesen, dass die Menschheit sich ihm wie selbstverständlich und fast vorbehaltlos hingegeben hat, ja sogar geneigt ist, es für das einzig Wirkliche zu halten.

Doch eine Betrachtung der Geschichte ekstatischer Zustände lässt deutlich werden, dass sie nicht zu eliminieren sind, da sie zum Grundbestand menschlicher Erlebnismöglichkeiten gehören; selbst wenn es anscheinend Phasen gibt, in denen sie mehr oder weniger vorkommen, so sind sie doch trotz aller ihnen entgegenstehenden kulturellen Realitäten und Schranken nie wirklich eliminierbar gewesen. Es ist allerdings auch zu sehen, dass sich immer auch gegenläufige Tendenzen gezeigt haben, wenn es zu einem ausgeprägten „Ekstaseentzug" gekommen ist. Als Beispiele können etwa die mittelalterlichen – teils als „infektiös" betrachteten – Tanzwutepidemien (HECKER 1835), der italienische Tarentismus (KATNER 1956), die ekstatischen Entgrenzungsphänomene der Hippie-Bewegung und ihrer Musik (MILES 2005) und in neuerer Zeit die nahezu globale Rave- bzw. Techno-Tanzbewegung (COLLIN 1998) gelten. Die letzteren beiden Bewegungen gingen auch mit einem ausgedehnten Gebrauch von ekstatische Zustände stimulierenden psychoaktiven Substanzen wie LSD und MDMA („Ecstasy") einher. Es könnte spekuliert werden, dass das Aufkommen derartiger, von ekstatischen Ritualen bzw. Erlebnis- und Verhaltensweisen geprägten Bewegungen mit dem Grad des Ekstaseentzuges in Beziehung steht ist. Hierfür spricht, dass die Länder/ Kulturen, in denen der Ekstaseentzug am extremsten ist, auch die stärkste Ausprägung ekstatischer Bewegungen zeigen, wie beispielsweise die vom Puritanismus geprägten Kulturen der USA und Englands. 1978 hat der unkonventionelle Ethnologe Hans Peter Duerr seine gegen den Strich eruierte Geschichte unserer Zivilisation mit den schlussfolgernden Sätzen begonnen: „… dass wir, die Bürger moderner Industrieländer, zwar viele Dinge besitzen und auch viele Einzelheiten wissen mögen, dass unsere Zivilisation jedoch im Verlaufe ihrer Entwicklung eine grundlegende Erfahrung verdrängt hat, die Erfahrung nämlich, dass wir nur wissen können, wer wir sind, wenn wir die Grenzen unserer eigene Lebensform überschritten haben, wenn wir in deren Augen ‚gestorben' oder ‚wild' geworden sind" (DUERR 1978: 2).

Literatur

Alain (1986): Der Mensch – das ewige Thema. In: Schöndorff F (Hrsg.): Französische Geisteswelt. Hanau, S. 291–304

Anz P (1995): Techno. Zürich

Binswanger L (1947): Heraklits Auffassung des Menschen. In: Binswanger L: Ausgewählte Vorträge und Aufsätze I. Bern, S. 98–131

Collin M, Godfrey J (1998): Im Rausch der Sinne. Andrä/Wörden

Damasio A (2011): Selbst ist der Mensch: Körper, Geist und die Entstehung des menschlichen Bewusstseins. München

Danzel T-W (1928): Der magische Mensch. Potsdam

Due M (1993): Konzentration und Entrückung. Heidelberg

Duerr HP (1978): Traumzeit. Frankfurt

Eliade M (1957): Schamanismus und archaische Ekstasetechnik. Zürich

Elias N (2000): Über den Prozess der Zivilisation. 2 Bde. Frankfurt am Main

Freud S (1948): Das Unbehagen in der Kultur. In: Gesammelte Werke, Bd. 14, London, S. 421–506

Frobenius L (1931): Madsimu Dsangara: Südafrikanische Felsbilderchronik. Zürich, Frankfurt am Main

Garrigou-Lagrange OP (1927): Mystik und christliche Vollendung. Augsburg

Gloy K (1995): Das Verständnis der Natur. 2 Bde. München

Hecker JFC (1832): Die Tanzwuth. Berlin

Helfman ES (1969): Celebrating nature. New York

Helm F (2002): Der Code der Dinge. Die Phänomenologie der Mimesis.Wien

Herakleitos. In: Diels H (1903) (Hrsg.): Fragmente der Vorsokratiker. Berlin, S. 58–88

Jacobi W (1920): Die Ekstase der alttestamentlichen Propheten. München, Wiesbaden

Josuttis M (1987): Die religiöse Dimension von Rausch und Ekstase. In: Scheiblich W (Hrsg.): Rausch – Ekstase – Kreativität. Freiburg, S. 27–38

Katner W (1956): Das Rätsel des Tarentismus. Leipzig

Lenk E (1983): Die unbewusste Gesellschaft. München

Levy-Bruhl L (1930): Die Seele der Primitiven. Wien

Lhote H (1963): Die Felsbilder der Sahara. Würzburg

Metzinger T (2005): Out-of-body-experiences as the origin of the concept of a soul. Mind und Matter 3: 57–84

Miles B (2005): Hippies. München

Müller W (1985): Indianische Welterfahrung. Stuttgart

Müller-Ebeling C (1993): Die Dämonisierung der Natur. In: Rätsch C. (Hrsg.): Naturverehrung und Heilkunst. Südergellersen, S. 23–36

Müller-Ebeling C, Rätsch C, Storl W-D (1998): Hexenmedizin. Aarau

Mühlmann WE (1986): Geschichte der Anthropologie. Wiesbaden

Nietzsche F (1954): Die Geburt der Tragödie. In: Nietzsche F: Werke in drei Bänden. Bd. 1. München, S. 7–134

Ott J (1995): The age of entheogens und the angel's dictionary. Kennewick, WA

Pfeil H (1963): Das platonische Menschenbild. Aschaffenburg

Poulain A (1925): Handbuch der Mystik. Freiburg

Rohde E (1898): Psyche: Seelenkult und Unsterblichkeitsglaube der Griechen. Freiburg

Scharfstein B-A (1973): Mystical experience. Oxford

Van Baaren TP (1964): Selbst die Götter tanzen. Gütersloh

Wasson RW, Hofmann A, Ruck AP (1979): Der Weg nach Eleusis. Frankfurt am Main

Weber M (2009): Die protestantische Ethik und der Geist des Kapitalismus. Köln

Psychophysiologische Modelle ekstatischer Erfahrungen
Torsten Passie

Einleitung

Die folgende Darstellung will eine zentrale Form ekstatischen Erlebens – das mystische Erleben – zunächst kurz charakterisieren und anschließend die aktuellen neurobiologischen Forschungsansätze, Erkenntnisse und Modelle zu ihrem Verständnis kritisch referieren.

In den letzten Jahren hat eine neue Forschungsrichtung von sich reden gemacht, die sich im Anschluss an einen Terminus von Aldous Huxley selbst als „Neurotheologie" bezeichnet. Huxley hatte diesen Begriff in seinem utopischen Roman *Eiland* eingeführt und einen „Neurotheologen" als jemanden charakterisiert, „... der über den Menschen zugleich in Begriffen des klaren Lichts der Leere und des vegetativen Nervensystems nachdenkt" (HUXLEY 1962, Übersetzung: T.P.).

Seit Anfang der 1990er Jahre kam es zu einigen empirischen Untersuchungen, in denen „religiöse Erfahrungen" (Abb. 1) auf ihre neurobiologischen Korrelate hin untersucht werden sollten. Das sich in diesen Jahren sukzessive herausbildende Paradigma einer „neurotheologischen Forschung" findet sich exemplarisch formuliert in den Schriften von Newberg und d'Aquili (NEWBERG 2010, NEWBERG und D'AQUILI 2001, D'AQUILI und NEWBERG 1999). Kritische Übersichten zum Thema behandelten SCHJOEDT (2009) und PASSIE et al. (2012)

Umfangreiche Befragungen nach dem Vorkommen religiöser Erfahrungen in der Bevölkerung zeigen diese als ein weit verbreitetes Phänomen (Tabelle 2). Die Art der Quantifizierung bleibt jedoch unvollständig, da nicht nach der Tiefe und Häufigkeit gefragt wurde.

Visionen

Auditionen

Zwiesprache mit Gott im Gebet

Mystische Erfahrungen

Nahtod-Erfahrungen

Ozeanische + vulkanische Ekstase

Abb.1: Formen religiöser Erfahrungen

Art der Bewusstseins-veränderung	Population	Anteil positiver Antworten	Literatur
Mystische Erfahrungen	Studenten	29% 30–40 % 28% 45%	Kokoszka1992/3 Taft 1969 Palmer 1979 Greeley und McCready 1979
Religiöse Erfahrungen	Repräsentative Normalpopulationen	36,4% 30–35%	Hay und Morisy 1978, Hay 1979 Hardy 1970, Back und Bourque 1970, Greeley 1975
	Kirchgänger	50%	Wuthnow 1976
		30–35%	Glock und Stark 1965

Tabelle 1: Studienergebnisse zur Häufigkeit religiöser und mystischer Erfahrungen in Normalpersonen

Luzide und somnambule Ekstasen

Der Psychologe Traugott K. Oesterreich hat in seinem umfassenden Werk *Die Besessenheit* (1921) zwei Grundformen der Ekstase unterschieden (vgl. Abb. 2).

Während eines makroekstatischen Zustandes sind das gesamthafte subjektive Erleben, die Kognition und der Bewusstseinsrahmen verändert. Die luzide Ekstase/Trance, bei der ein klares Bewusstsein mit – mindestens partiell – geordnetem Erlebnisstrom vorliegt, wird bei meist fehlenden abstrakten Denkprozessen und verminderter Besonnenheit gewöhnlich als eine Art imaginativer Bilderfluss und ohne gedankliche Vorgänge erlebt. Das Gefühlserleben ist in einigen Fällen gesteigert, in anderen weicht es einer Art Gleichmut oder ist schlicht reduziert, körperliche Koordination und Teile der Realitätsprüfung bleiben erhalten, obgleich die Fähigkeit zur Selbstreflexion reduziert ist. Die Erlebnisinhalte sind zum größten Teil erinnerlich.

Die somnambule Ekstase/Trance, in der die Bewusstseinshelligkeit verringert, das Sensorium getrübt oder gar abgeschaltet ist, steht dem Traum erheblich näher. Abstrakte Denkprozesse treten praktisch nicht auf, von einer koordinierten, kortikal mitgestalteten Erlebnisformierung etwa im Sinne der selektiven Aufmerksamkeitsausrichtung oder Lenkung des Erlebens kann nicht mehr gesprochen werden. Der Betroffene ist nur reduziert ansprechbar, wirkt abwesend und nicht auf die Umwelt bezogen. Das Gefühlserleben kann stark gesteigert, aber auch verringert sein. Die Realitätsprüfung ist erheblich reduziert, eine Selbstreflexion nicht mehr möglich. Die körperliche Koordination ist zumeist noch rudimentär erhalten. Der Inhalt des Erlebten kann in der Regel nicht oder nur eingeschränkt erinnert werden (ausführlich dazu Passie und Scharfetter 2012, Bourguignon 1973, Oesterreich 1921).

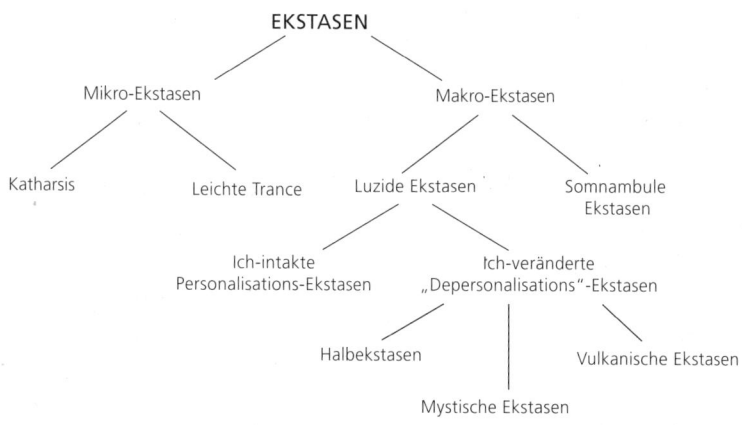

Abb. 2: Formen von Ekstasen (nach PASSIE und SCHARFETTER 2012)

Durch die medizinische Wissenschaft der Psychiatrie wurde mystisches Erleben häufig auch mit krankheitsbezeichnenden Begriffen analysiert und begreifbar gemacht. Hierfür kann exemplarisch die Dissertation von SCHÜTTLER (1968) angeführt werden.

Phänomenologie mystisch-ekstatischer Erfahrungen

Der Begriff Mystik hat seinen Ursprung im griechischen Verb *myein* = „sich schließen, zusammengehen". Eine andere Bedeutung ist verbunden mit Begriffen wie „Geheimnisvolles", „Dunkles", „das den Sinnen und der Vernunft Verschlossene". In dem hier verwendeten Sinne meint Mystik im Anschluss an den mittelalterlichen Sprachgebrauch eine innerlich einigende Begegnung mit der den Menschen und alles Seiende begründenden göttlichen Unendlichkeit (sogenannte Unio mystica).

Um das mystische Erleben genauer zu beschreiben und einzugrenzen, wird auf die Typologie universaler Merkmale mystischen Erlebens durch den Ansatz des amerikanischen Philosophen STACE (1960, ausführlich dazu PASSIE und PETROW 2012) Bezug genommen. Dieser beschreibt die wesentlichen Elemente des mystischen Erlebnisses als

1. *Transzendieren der Subjekt-Objekt-Relation.* Darunter sind Einheitserlebnisse zu verstehen, in denen der Betreffende den Unterschied von Ich und Umwelt nicht mehr erfährt; es kommt gleichsam zu einem Verschmelzen des Ichs mit der Umwelt. Der mittelalterliche Mystiker Meister Eckhart prägte die Formel „Alles ist Eines und Eines ist Alles" für diese Erlebnisse (vgl. KUNISCH 1958).

2. *Transzendenz von Raum und Zeit.* Während des mystischen Erlebnisses kommt es zu einem Verschwinden der Zeitempfindung; beschrieben häufig als Empfindung der „Ewigkeit", zeitlosen Glücks usw. Außerdem scheinen Vergangenheit und Zukunft nicht mehr von Bedeutung zu sein und es kommt zum Empfinden des „absoluten Augenblicks"; auch beschrieben als Vereinigung von Vergangenheit, Gegenwart und Zukunft. Das Transzendieren des Raumes will besagen, daß die Person während des Erlebens die gewöhnliche Orientierung im Sinne einer dreidimensionalen Wahrnehmung der Umgebung verliert; erfahren wird dies als Erlebnis der „Unbegrenztheit".

3. *Tief empfundene positive Stimmung.* Die tragenden Gefühle mystischer Erlebnisse werden beschrieben als Freude, Seligkeit, Liebesempfindungen, Geborgenheit und innerer Frieden. Die sie auszeichnende Intensität hebt sie auf die höchste Stufe menschlicher Erfahrungen. Überdies sind die Erinnerungen an sie ungewöhnlich lebhaft und intensiv.

4. *Das Gefühl der Heiligkeit.* Das „Gefühl der Heiligkeit" ist eine nicht rationale, intuitive, Schweigen herbeiführende Gefühlsempfindung voller Ehrfurcht und Erstaunen gegenüber beseligenden Gegebenheiten.

5. *Empfindung der Objektivität und Wirklichkeit.* Diese Kategorie hat zwei aufeinander bezogene Momente: 1. auf einer intuitiven, nicht-rationalen Ebene erfühlte Erleuchtung bzw. wissender Einblick, der durch direktes Erleben gewonnen wird und 2. den Gültigkeitsanspruch, d.h. die unmittelbare Gewissheit, dass solches Wissen wirklich wahr ist im Gegensatz zu dem Gefühl, dass das Erlebnis eine subjektive Täuschung ist. Was gewußt wird, wird intuitiv als maßgebend gefühlt, bedarf also keines Beweises auf rationaler Ebene und ist begleitet von einem Gewissheitsgefühl objektiver Wahrheit.

6. *Paradoxie.* Beschreibungen mystischen Erlebens haben die charakteristische Eigenschaft, sich als logisch widersprüchlich zu erweisen. Beim Erleben innerer Einheit geht z.B. aller empirische Gehalt in einer leeren Einheit verloren, die zugleich angefüllt und vollständig ist. Das „Ich" existiert (z.B. als das Erlebnis erinnerndes) und existiert doch nicht.

7. *Unaussprechbarkeit.* Die Mystiker bestehen darauf, daß das mystische Erleben nicht in Worten ausgedrückt werden kann. Der Grund dafür mag in einem Denken und Verbalisierungen hinter sich lassenden Charakter des überwältigenden Erlebnisses und seiner widersprüchlichen Natur zu suchen sein.

Das mystisch-ekstatische Erlebnis, das der Philosoph Eduard von Hartmann als letzten und tiefsten Urgrund aller Religiosität bezeichnet, „weil in ihm die Religion ihre Fundierung und Selbstgewissheit hat" , ist als Erfahrungstatsache und Bestandteil selbst ursprünglichster Religiosität in erstaunlicher Übereinstimmung weltweit verbreitet (FORMAN 1990, SCHARFSTEIN 1973). So bescheinigt auch der Orientalist Gelpke:

„Vergleicht man die Berichte von Mystikern aus den verschiedenen Jahrhunderten und Kulturen miteinander, so wird man feststellen, dass sie bei formaler Unterschiedlichkeit inhaltlich übereinstimmen" (GELPKE 1969: 202).

Um ein mystisch-ekstatisches Erleben zu illustrieren, seien hier drei Beschreibungen angeführt: „Es war, als hätte ich nie zuvor erkannt, wie lieblich die Welt war. Ich legte mich auf den Rücken in das warme feuchte Moos und hörte dem Gesang der Lerche zu … Keine andere Musik hatte mir je solche Freude gemacht wie dieser leidenschaftliche Jubelgesang. Es war eine Art hüpfende, überströmende Verzückung, ein heller, flammengleicher Klang, jubelnd in sich selbst. Und dann kam eine merkwürdige Erfahrung über mich. Es war, als ob alles, das vorher außerhalb und um mich herum zu sein schien, plötzlich in mir sei. Die ganze Welt schien in mir zu sein. In mir wiegten die Bäume ihre grünen Kronen, in mir sang die Lerche, in mir schien die heiße Sonne und in mir war der kühle Schatten. Eine Wolke stieg am Himmel auf und zog mit einem leichten Regenschauer vorbei, der auf die Blätter trommelte, und ich fühlte, wie die Frische in meine Seele fiel, und in meinem ganzen Sein spürte ich den köstlichen Geruch der Erde, von Gras, Pflanzen und dunkelbraunem Acker. Ich hätte vor Freude schluchzen können" (REID 1902). Der japanische Zen-Meister Yamada Kyozo beschreibt das Erleuchtungserlebnis des „Satori" als „das Erlebnis, dass das Ich und das All absolut eins sind. Man erkennt, daß alles, Ich und das, was um mich ist, leer ist. Alle Dinge sind nur Erscheinungen. … Während der Erleuchtung gibt es kein Gefühl, da man in dem Moment nicht mehr existiert. Man hört nichts und man sieht nichts. Man erlebt keine Erweiterung des Ichs, keine Verschmelzung mit dem All; sondern das All und das Ich sind plötzlich eins" (SCHÜTTLER 1974: 49f.). Der deutsche Mystiker des Mittelalters, Heinrich Seuse, schrieb: „Der gute und getreue Knecht wird eingeführt in die Freude seines Herrn: Da wird er trunken von dem unermeßlichen Überfluß des göttlichen Hauses. Denn ihm geschieht in unaussprechlicher Weise … daß er nicht mehr sein Selbst ist, daß er sich ganz seines Selbst entäußert und sich ganz in Gott verloren hat …,wie ein kleines Tröpflein Wasser, das man in viel Wein gegossen hat. Wie das Tröpflein Wasser seine Eigenschaft verliert, so daß es Farbe und Geruch des Weines annimmt und in sich zieht, so geschieht denen, die im Vollbesitz der Seligkeit sind: Ihnen gehen alle menschlichen Begierden verloren, sie gehen sich selbst verloren und tauchen ganz in den göttlichen Willen ein" (SEUSE 1966: 340f.).

Von Bedeutung scheint, dass diese Art von Erlebnissen trotz der Vielfalt der Erscheinungsformen sich in allen Kulturen und Religionen soweit gleichen, dass von einer erlebnismäßigen Identität im Kern mystischer Erlebnisse gesprochen werden kann (SCHUBART 1966). Außerdem werden sie – weltweit übereinstimmend – als höchste Form menschlicher Bewusstheit betrachtet und sorgfältig von Halbekstasen und psychotischen Erlebnissen unterschieden.

Physiologie und Neurobiologie mystisch-ekstatischer Erfahrungen

Aus der beschriebenen grundsätzlichen Gleichförmigkeit des Kernbestandes mystischer Erlebnisse ergibt sich die Möglichkeit, an ihnen in exemplarischer Weise religiöses Erleben zu untersuchen, da sie offenbar weitgehend unabhängig von der Art ihrer Hervorrufung ähnliche subjektive Erlebnistatbestände hervorbringen. Aus diesem Grund können verschiedene Induktionsmethoden bei experimentellen Untersuchungen genutzt werden.

Im Folgenden soll zunächst ein älteres, doch in vielem gültig gebliebenes Modell zur Psychophysiologie religiöser Erfahrungen skizzenhaft dargestellt werden. Daran anschließend werden die einschlägigen Messmethoden, wie sie die aktuelle Neurobiologie zur Verfügung stellt, beschrieben, um dann zu einer Darstellung und kritischen Würdigung aktueller neurobiologischer Forschungsansätze zum Thema zu gelangen.

Ekstasen und Kontinua psychophysischer Erregung

Der Psychopharmakologe Roland Fischer arbeitete in den 60er Jahren zunächst an Experimenten zu pharmakologischen Veränderungen des Erregungsniveaus im ZNS und deren Implikationen für Wahrnehmungsvorgänge und Welterfahrung. Durch diese Forschungen gewann er die Grundlagen für sein neurophysiologisch orientiertes Modell der Bewusstseinszustände, welches in dem Entwurf einer *Cartography of the Ecstatic and Meditative States* (FISCHER 1971) mündete. Fischers Verständnis der Erregungsniveaus im ZNS basiert auf dem Konzept des Schweizer Neurophysiologen W. R. Hess, das von einer Balance zweier zueinander in reziprokem Verhältnis stehender zentralnervöser Systeme, ausgeht: dem ergotropen und dem trophotropen System (HESS 1925, 1962).

Fischer unterscheidet in seinem Modell zwei Kontinua, auf welchen die Qualitäten menschlicher Erlebnisformen zu verorten seien. Die eine Seite des Kontinuums, das „Wahrnehmungs-Halluzinations-Kontinuum" von zunehmender ergotroper Erregung, umfasst die schöpferischen, psychotischen und ekstatischen Erfahrungen; die andere Seite auf dem „Wahrnehmungs-Meditations-Kontinuum" von zunehmender trophotroper Erregung umfasst die untererregten Zustände wie Zazen und den Samadhi-Zustand im Yoga (vgl. Abb. 3).

Diese Stufen von Über- und Untererregung werden vom Menschen interpretiert als normale, schöpferische, psychotische und ekstatische Zustände (links) und Zustände wie Zazen und Samadhi (rechts). Die Schleife unterhalb, die Ekstase und Samadhi zu verbinden scheint, repräsentiert das Zurückfallen aus der Ekstase in den Zustand des Samadhi, wie es als Reaktion auf dem Höhepunkt ergotroper Erregung geschehen kann.

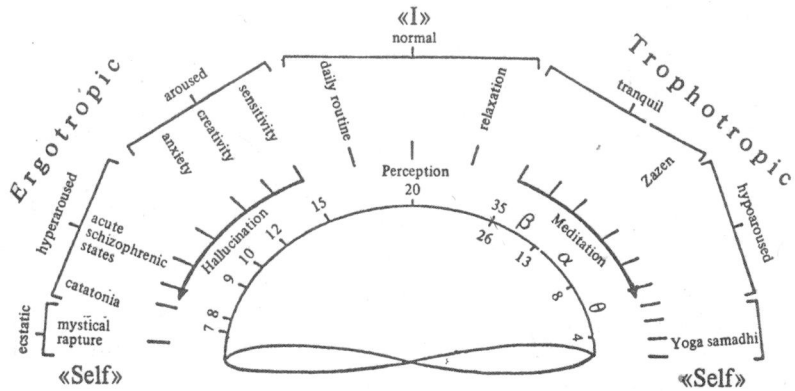

Abb. 3: Varietäten bewusster Zustände, verzeichnet auf einem Wahrnehmungs-Halluzinations-Kontinuum von gesteigerter ergotroper Erregung (links) und einem Wahrnehmungs-Meditations-Kontinuum von gesteigerter trophotroper Erregung (rechts) (FISCHER 1971)

Die Ziffern 35-7 auf dem Wahrnehmungs-Halluzinations-Kontinuum sind Goldsteins Variationskoeffizienten, welche die Abnahme der Variabilität der EEG-Amplitude während zunehmender ergotroper Erregung spezifizieren (GOLDSTEIN et al. 1963). Die Ziffern 26-4 auf dem Wahrnehmungs-Meditations-Kontinuum, auf der anderen Seite, beziehen sich auf Beta-, Alpha- und Theta-Wellen im EEG (gemessen in Hz), die während dieser dominieren, aber nicht spezifisch sind (nach FISCHER 1971).

Auf dem Wahrnehmungs-Halluzinations-Kontinuum zunehmender Erregung des sympathischen Nervensystems (ergotrope Erregung) interpretiert das „selbst-referentielle System Mensch" (Fischer) Veränderungen der subkortikalen Aktivität als schöpferische, psychotische oder ekstatische Erfahrungen. Diese Erregungszustände sind gekennzeichnet durch eine Wendung der Aufmerksamkeit nach innen bei Verminderung der Außenweltwahrnehmung.

Der gewöhnliche Ausgangszustand alltäglicher Routineaktivität ist auf diesem Kontinuum gefolgt von einem leicht erregten kreativen Zustand, der durch eine Zunahme der Datenmenge und der Rate der Datenverarbeitung („flood of inner sensations") gekennzeichnet ist. Der nächste Zustand auf dem Kontinuum, der Zustand akuter psychotischer Erregung bei Schizophrenen, geht mit einer noch größeren zu verarbeitenden Datenmenge einher, was jedoch nicht mit einer erhöhten Fähigkeit zur Datenverarbeitung korrelieren muss. Während der kreative Zustand geeignet ist, neuartige Verbindungen und Bedeutungen herzustellen, ist beim Erregungszustand des Schizophrenen die Fähigkeit zu einer kreativen Interpretation des Geschehens fast immer eingeschränkt.

Die andere Seite der von Fischer postulierten psychophysischen Kontinua umfasst das Wahrnehmungs-Meditations-Kontinuum, welches durch eine Abnahme ergotroper und eine Zunahme trophotroper Erregung gekennzeichnet ist. Zustände zunehmender trophotroper Erregung sind durch Hirnstromwellen abnehmender Frequenz (Hz) charakterisiert (Green et al. 1970).

Je mehr man auf dem Wahrnehmungs-Halluzinations-Kontinuum vom normalen Zustand über die schöpferischen, zudem psychotischen und ekstatischen Zustände fortschreitet, desto vollständiger wird die Transformation (bzw. das „Verlernen") der Konstanten der physischen Dimension. Die Aufnahme von Außenweltinformation wird beim Fortschreiten auf dem Kontinuum graduell reduziert. So schreibt die Mystikerin Teresa von Ávila, dass auf dem Höhepunkt der mystischen Erfahrung „die Seele weder sieht noch hört". Während dies andauert, nimmt keiner der Sinne wahr oder weiß, was passiert. Jener Raum, der – nach Fischers Modell – in der Kindheit in sich erweiternden Kreisen erschlossen wird, kontrahiert sich graduell während zunehmender Erregung und verschwindet dann letztlich ganz aus der Wahrnehmung.

Auch das Zeiterleben macht bei Zunahme ergotroper oder trophotroper Erregung eine Wandlung durch. Es kommt zu einer graduellen subjektiven Kontraktion und am Ende der Kontinua zu einem Verschwinden der Zeit der physischen Dimension.

Hirnstoffwechsel während religiöser Erfahrungen

Messungen physiologischer Parameter während der Induktion religiöser Erlebnisse wie etwa durch Meditationspraktiken bezogen sich bisher vorrangig auf essentielle vitale Parameter wie Puls, Blutdruck, Hautwiderstand usw. Auf diesem Wege konnte zwar in grober Form das Erregungsniveau des ZNS und des Gesamtorganismus bestimmt werden, aber diese Messungen brachten naturgemäß kaum Aufschluss über jene Prozesse, die im Gehirn während solcher Erfahrungen vor sich gehen. Hier kann das Elektroenzephalogramm (EEG) über die Messung der Hirnströme Hinweise auf die im Hirn ablaufenden Prozesse geben. Dies erbrachte bislang jedoch nur grobe Anhaltspunkte, da das Verfahren zwar über eine hohe zeitliche Auflösungsfähigkeit verfügt, aber die räumliche Auflösung, mit der die Zellaktivität bestimmten Hirnbereichen zugeordnet werden kann, eingeschränkt ist. Allerdings konnte jüngst durch neue computergestützte EEG-Auswertungsverfahren (LORETA) die räumliche Auflösung weiter verbessert werden.

Seit den 1980er Jahren stehen mit der Single-Photon-Emission-Computed-Tomographie (SPECT) und der Positronen-Emissions-Tomographie (PET) neuartige Messverfahren zur Verfügung, die es ermöglichen, Stoffwechselaktivitäten direkt am lebenden Gehirn zu messen. Bei diesen Methoden wird den Probanden eine (ungefährliche) schwach radioaktive Flüssigkeit intravenös verabreicht. Gemessen wird dann mit einer speziellen Kamera, in welchen Hirnregionen sich Steigerungen des Blutflusses zeigen. Diese Regionen markieren die Bereiche, in denen der Hirnstoffwechsel besonders aktiv ist. Typischerweise wird die Aktivität des Gehirns zuerst während einer Ruhebedingung gemessen und danach unter der jeweiligen Aktivierungsbedingung wie etwa dem Lösen einer Rechenaufgabe. Aus den Unterschieden beider Messungen lässt sich folgern, welche Hirnareale unter der Aktivierungsbedingung besondere Aktivität gezeigt haben. Dieses Verfahren besitzt eine höhere räumliche, aber eine schlechtere zeitliche Auflösung als das EEG; dennoch kann mit ihm relativ exakt bestimmt werden, in welchen Hirngebieten der Stoffwechsel gesteigert ist.

Gemäß dem Modell von D'AQUILI und NEWBERG (2001) werden religiöse/ekstatische Erfahrungen durch eine Überladung von limbischen Strukturen erzeugt, die am Gefühlserleben und dem Erhalt der Homöostase des Organismus maßgeblich beteiligt sind (v.a. Hypothalamus und Amygdala). Diese Überladung mit Stimuli blockiere den perzeptuellen Input, was zu einer Abkopplung („De-Afferenzierung") von Assoziationsarealen vom Informationsinput führe. Durch das quasi autonome Agieren der Assoziationsareale komme es zum Erleben eines veränderten Bewusstseinszustandes. Ein besonderes Beispiel für diesen Mechanismus sei in der Abkopplung des posterioren superioren Parietalkortex zu sehen. Werde dieser vom sensorischen Informationsfluss abgeschnitten, so sinke seine metabolische Aktivität und er wirke nicht mehr bei der Generierung des Körperschemas und der Verortung des Organismus in Raum und Zeit mit, wodurch mystisches Erleben begünstigt werde. Eine Möglichkeit, den Input an dieses Hirnareal zu blockieren, sei die starke rhythmische Stimulation (Trommeln, Tanzen usw.), die das System soweit überlade, dass der geregelte sensorische Input aussetze. Eine andere Methode sei die fokussierte Meditation, welche die Aktivität des sympathischen Nervensystems (vermittelt durch Hippocampus und und Amygdala) steigere. Vermittelt über Feedback-Mechanismen vermehre dies die Aktivität im Präfrontalkortex, was dann den Input zum PSPL-Areal blockiere.

Um ihre Hypothese empirisch zu belegen, untersuchten sie die Hirnaktivität bei 10 tibetischen Mönchen während der Meditation und die von franziskanischen Nonnen während des Gebetes. Diese Versuchspersonen wurden angewiesen, einen Knopf zu betätigen, sobald sie sich in einem Zustand mystisch-ekstatischen Erlebens während der Ausübung von Meditation bzw. dem Gebet befanden. Während des mystisch-ekstatischen Erlebnisses fand sich zuerst eine starke Aktivierung der vorderen Hirnregionen, in denen sich ein zentrales Netzwerk zur Aufmerksamkeitssteuerung befinden soll. Es folgte dann eine prägnante Stoffwechselverminderung im Bereich des oberen hinteren Scheitellappens, der Informationen aus verschiedenen Sinnesorganen empfängt (Abb. 4). Dies leuchtet insofern ein, als dass während Meditation und Gebet die Praktizierenden sich gegen die Aufnahme äußerer Reize weitgehend abschirmen und die zuständigen

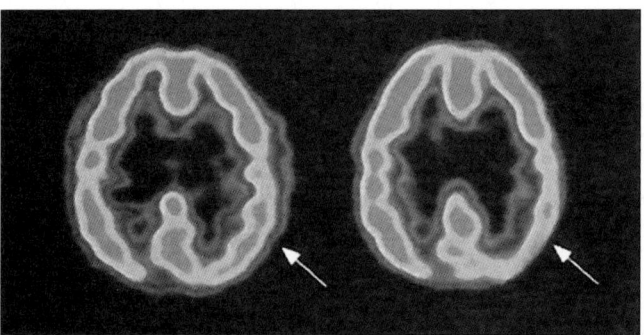

Abb. 4: PET-Scan während des gewöhnlichen Bewusstseinszustandes (links) und des Erlebens
einer mystischen Erfahrung (rechts) bei tibetischen Mönchen in tiefer Meditation. Das sogenannte
„Orientierungsareal" ist mit dem Pfeil gekennzeichnet. Miittlere Grautöne kennzeichnen Regionen
mit hohem Stoffwechsel, helle und dunkle Grautöne solche mit niedrigem Stoffwechsel.
Abdruck mit Genehmigung von A. Newberg

Hirnareale somit erheblich weniger Reize zu verarbeiten haben. Nach Angaben der
Autoren ist diese Hirnregion in der linken Hirnhälfte für die Wahrnehmung der Kör-
pergrenzen und die in der rechten Hirnhälfte für die Orientierung in Raum und Zeit
zuständig. Nach ihren Angaben sollen Schädigungen des Gehirns in diesen Bereichen
zu schweren Orientierungsstörungen führen (letztere können jedoch auch als Defizit
bei der Eruierung von inneren Handlungsleitlinien interpretiert werden). Die Autoren
schlussfolgern nun, dass unter der Bedingung von Meditation und Gebet die Körperwahrnehmung verändert ist und die Orientierungsfähigkeit in Raum und Zeit verloren
gehe. Dadurch komme es zum Erleben der Unio mystica, d.h. dem Erlebnis einer Auflösung des Ichs in etwas Größerem, Umfassenderem. Auch das Erlebnis der Ewigkeit
und Endlosigkeit sei auf die Deaktivierung der für Orientierung zuständigen Regionen
zurückzuführen (NEWBERG und D'AQUILI 2001).

Obgleich die Plausibilität dieser Ergebnisse und Interpretationen zunächst beste-
chend wirkt, zeigen andere Studien wie die von KARNATH et al. (2001; kritisch auch
ANDRESON 2001), dass die räumliche Orientierung nicht in den von NEWBERG et al.
postulierten Regionen lokalisiert ist. Die Studie von Karnath wurde allerdings aufgrund
von Ergebnissen einer Stimulationsstudie mit transkranieller Magnetstimulation ange-
zweifelt (ELLISON et al. 2004). Karnath versuchte daraufhin, anhand einer größeren Zahl
von Hirngeschädigten seine Ergebnisse zu untermauern (KARNATH et al. 2004). Einer anderen Schlussfolgerung der Autoren kann man dagegen ohne weiteres folgen: „Mystische
Erlebnisse sind nicht einfach das Ergebnis emotionaler Fehler oder schlichten Wunsch-
denkens, sondern mit einer Reihe beobachtbarer neuronaler Ereignisse assoziiert. Diese

sind zwar ungewöhnlich, liegen aber nicht außerhalb des Bereichs normaler Hirnfunktionen. Mit anderen Worten: Mystische Erfahrungen sind biologisch beobachtbar und wissenschaftlich real" (Vaas 2005: 37f.).

Experimente zur Erzeugung religiöser Erfahrungen durch Hirnstimulation

Einen anderen Ansatz zur Auffindung eines „Gottesmoduls" im Gehirn, welches für die Generierung religiöser Erfahrungen zuständig sein soll, wählte der kanadische Neurologe Michael Persinger (1987, 1983). Dieser entwickelte aus der klinischen Literatur in stringenter Weise die Hypothese, dass sich bei einer Reihe von Patienten, die unter einer gelegentlichen Krampfaktivität in bestimmten Hirnbereichen (Epilepsie) leiden, solche finden, die ausgeprägte Bekehrungserlebnisse und eine besonders stark ausgeprägte Religiosität zeigen. Zudem findet sich bei einigen dieser Menschen eine Häufung religiöser Erlebnisse im Zusammenhang mit beginnenden epileptischen Krampfanfällen – wie etwa bei dem russischen Schriftsteller Fjodor Dostojewski. Diese Anfälle finden sich vorwiegend bei Patienten, die im Bereich des Schläfenlappens eine Krampfaktivität zeigen („Temporallappen-Epilepsie"). Bei dieser Form der Epilepsie finden sich auch oft abnorme Empfindungen wie die Gewissheit der Präsenz eines numinosen „Anderen" (ohne dessen tastsächliche physische Anwesenheit), sogenannte Deja-vu-Erlebnisse, Veränderungen der Körperwahrnehmung, „Visionen" und andere. Persingers Argumentation stützt sich u.a. auf den Befund, dass einige physiologische Bedingungen wie Hypoglykämie, Hypoxie, Angstzustände, Depressionen und Schlafentzug, die dafür bekannt sind, dass sie eine „elektrische Instabilität" im Hirnstrombild hervorrufen, die Erzeugung religiöser Erfahrungen begünstigen können: „Schwierige Lebenssituationen führen zu Gott" (Persinger 1987). Somit stellen in seinem Modell religiöse Erfahrungen lediglich Artefakte von Mikroanfällen im Temporallappen dar.

Tatsächlich ist aus neurobiologischen Forschungen bekannt, dass der Schläfenlappen des Gehirns eine Reihe von Strukturen enthält, die mit der Wahrnehmung, dem Gedächtnis, den kognitiven Fähigkeiten und der Gefühlswelt in unmittelbarem Zusammenhang stehen. Zudem ist der rechte Temporallappen entscheidend an der Unterscheidung von inneren Reizbildungen und äußeren Reizen und damit der Selbst-/Nicht-Selbst-Unterscheidung beteiligt. Diese Funktionen werden jedoch unter Einbeziehung kortikaler und subkortikaler Areale realisiert. Eine kritische Überprüfung dieser Hypothese anhand der Interpretation eines historischen Falles (Ignatius von Loyola) führte – trotz einiger Anhaltspunkte für Persingers Hypothese – nicht zu einem überzeugenden Ergebnis (Wagner und Niemann 2005).

Abb. 5: Der von Persinger entwickelte Helm mit Magnetspulen
in den Seitenflächen zur experimentellen Magnetstimulation des Gehirns

Foto von und mit Genehmigung von Stanley A. Koren

Aus der Entfaltung der Argumentationslinie Persingers ergibt sich für ihn die Möglichkeit, durch eine gezielte Reizung dieser Hirnstrukturen womöglich religiöse Erfahrungen experimentell hervorzurufen. Um eine solche Reizung (bei Gesunden) zu realisieren, benutzte er die Methode der transkraniellen Magnetstimulation (TMS), bei der mit einer Apparatur am Kopf ein stärkeres Magnetfeld erzeugt wird, welches zur elektrischen Reizung der betreffenden Hirnregion führt (Abb. 5). Diese nichtinvasive Methode wird in der Neurologie für diagnostische Zwecke eingesetzt. Es können damit durch den unverletzten Schädel hindurch Nervenzellverbände gereizt werden, so dass sogar unwillkürliche Muskelbewegungen hervorgerufen werden können. Persinger entwickelte nun einen speziellen Helm, mit dem magnetischen Reizungen gezielt auf die Bereiche der beiden Temporallappen verabreicht werden können. Aus nachfolgenden Experimenten ergab sich für Persinger der Eindruck, dass damit eine Reihe abnormaler Empfindungen bis hin zu religiösen Erlebnissen erzeugt werden können (Cook und Persinger 1997).

Das Modell von Persinger zeichnet sich dadurch aus, dass die ihm zugrunde liegende theoretische Argumentationslinie ziemlich plausibel wirkt. Kritisch sind allerdings die folgenden Punkte:

• Die gelegentlich bei Menschen mit Temporallappenepilepsie zu findende „Hyperreligiosität" könnte auch auf das Empfinden einer „übernatürlichen Beeinflussung" durch das unwillkürliche Eindringen der Krampfaktivität zurückzuführen sein.

• Die Zuordnung des komplexen Erlebnisgeschehens einer religiösen Erfahrung zu nur einer einzelnen Hirnregion erscheint angesichts der von der Neurobiologie aufgezeigten systemischen Zusammenhänge nicht hinreichend.

- Es liegen keine stützenden Bildgebungsstudien vor.
- Es wurde eine abgewandelte und auf 10 Prozent der gewöhnlichen Impulsstärke abgeschwächte Form der TMS benutzt.
- Die fraglichen Erfahrungen wurden nicht mit standardisierten Fragebogeninstrumenten erfasst.

Doch am stärksten werden seine Hypothesen und Resultate von der Tatsache infrage gestellt, dass die meisten Versuchspersonen nach der TMS-Stimulation keinerlei verändertes Erleben zeigten (z.B. HORGAN 2003) und dass Replikationen gescheitert sind. So fanden GRANQVIST et al. (2005) in einer Doppelblindstudie mit identischem Instrumentarium, dass Probanden, deren Helme nicht aktiviert waren, genauso häufig von „spirituellen Erlebnissen" berichteten wie jene, deren Helme aktiv waren. Das Erleben dieser veränderten Zuständen korrelierte zudem mit der Suggestibilität der Versuchspersonen. Persingers Replik zu dieser Studie kann nicht überzeugen (PERSINGER 2005). Er beruft sich auf eine zu kurze Dauer und Stärke der Stimulation (15 Min.), die allerdings durchaus in dem Bereich lag, den auch Persinger bei der Mehrzahl seiner Studien verwendete. Überdies kritisiert er, dass in der Publikation nichts über die Instruktion der Versuchspersonen berichtet werde. Diese seien für Suggestionen anfällig und hätten aufgrund der Instruktionen vielleicht „nichts" erlebt. Dagegen habe er mit seinen Instruktionen („a method to relax") eine „Unbefangenheit" erzeugt und den Versuchspersonen nichts suggeriert. Allerdings wird man sich fragen dürfen, ob es bei dem dramatischen Setting (aufgesetzter Helm, unbekannte magnetische Stimulation des Gehirns, Vorkenntnisse usw.) nicht so oder so zu erheblichen suggestiven Beeinflussungen gekommen sein dürfte.

Erzeugung ekstatischer Erfahrungen durch willentliche Hyperventilation

Die Hyperventilation, d.h. eine beschleunigte und vertiefte Atemaktivität, die über den aktuellen Bedarf des Organismus deutlich hinausgeht, ist ein in der Medizin seit langem bekanntes Phänomen (LOWRY 1967, WEIMANN 1968). Eine Veränderung des Bewusstseinszustandes über spezifische Atemtechniken ist zudem aus Yoga- und Meditationsübungen fernöstlicher Provenienz seit langem bekannt (ISBERT 1960, LYSEBETH 1972). Ethnographische Berichte beschreiben, dass auch einige afrikanische Stämme Hyperventilation zur Hervorrufung von Trancezuständen benutzen (KATZ 1985). Gleiches gilt für die Mystiker des Islams (Sufis), die während ihrer Rituale entsprechende Atemtechniken zur Erzeugung religiöser Trancezustände einsetzen. Außerdem wurde seit den 1970er Jahren im Kontext der Entwicklung neuer psychotherapeutischer Methoden die Hyperventilationsatmung zur Induktion tranceartiger Regressionszustände angewandt (PETZOLD 1977, LEONARD und LAUT 1988).

In der psychiatrischen Literatur werden als psychische Wirkungen Angstinduktion, Beklemmungen, Leichtigkeits- und Schweregefühle, Depersonalisations- und Derealisationserlebnisse sowie Koordinationsbeeinträchtigungen, aber auch euphorische Zustände beschrieben (LOWRY 1967, WEIMANN 1968). Beschreibungen in der psychotherapeutischen Literatur (SCHUSSER 1990, STELLBERG 1992) und orientierende Befragungen bei den mit hyperventilationsinduzierten Trancezuständen arbeitenden Psychotherapeuten ergaben Hinweise auf folgende regelmäßig vorkommende psychische Veränderungen: Vigilanzminderungen und -steigerungen verbunden mit einem hypnagog-traumartigen Erlebnisfluss, Ausweitung und Einengung des Bewusstseinsfeldes, Veränderungen der Selbstverfügbarkeit und eine ausgeprägte Aktivierung der Affektivität.

Aus physiologischer Sicht ist die Senkung des Kohlendioxidspiegels im Blut und in den Geweben (=Hypokapnie) die bedeutendste Veränderung während akuter Hyperventilation. Dies zieht sekundär folgende Veränderungen nach sich: Neuromuskuläre Übererregbarkeit mit tetanischen Symptomen (Parästhesien, Karpopedalspasmen, hervorgerufen durch Hypokapnie, Alkalose und Ionenverschiebungen) (STADLER et al. 1995) und Verlangsamung des EEG durch eine Depression des retikulären Aktivierungssystems (DUARTE et al. 1995).

Von besonderer Bedeutung sind die hervorgerufenen Veränderungen der regionalen Durchblutung. Bekanntermaßen nutzt der Körper zur Messung der Stoffwechselaktivität in Geweben den vorhandenen Kohlendioxidgehalt als Indikator und bestimmt danach das Ausmaß der Durchblutung, um dem jeweiligen Gewebe die entsprechende Energie zur Verfügung zu stellen. Bei der Hyperventilation nimmt die Gehirndurchblutung aufgrund einer starken Verminderung des Kohlendioxidgehaltes in den Körpergeweben durch die Abatmung von Kohlendioxid stark ab. Diese Verminderung kann bis zu 50Prozent der normalen Hirndurchblutung betragen (KETY et al. 1946). Wird nun diese Veränderung der Hirndurchblutung mit modernen bildgebenden Verfahren (Positronenemissionstomographie, funktionelle Magnetresonanztomographie) dargestellt, so findet sich eine deutlich stärkere Verminderung der Durchblutung in den äußeren Schichten des Gehirns, d.h. der Hirnrinde (POSSE et al. 1997, BEDNARCZYK et al. 1990). Dies impliziert, dass die darunter liegenden Hirnschichten, die so genannten subkortikalen Bereiche, relativ stärker durchblutet werden und somit an der Ausgestaltung des Erlebens stärker beteiligt sein dürften (PASSIE et al. 2003).

In psychophysiologischen Studien an der Medizinischen Hochschule Hannover konnte jüngst gezeigt werden, dass sich unter der Wirkung einer forcierten Hyperventilation und insbesondere auch in einer halbstündigen Phase unmittelbar im Anschluss daran erhebliche Veränderungen von Stimmung und subjektivem Erleben im Sinne eines veränderten Bewusstseinszustandes nach Ludwig (1968) ereignen. Die Ergebnisse dieser Studien weisen auf eine massive Veränderung subjektiven Erlebens hin, die zum Teil von den Probanden als religiöse oder auch transpersonale Erfahrungen von besonderer

Tiefe beschrieben wurden (Passie et al. 2013). Aus den Untersuchungsergebnissen ist ableitbar, dass gezielte Hyperventilation unter entsprechenden äußeren Bedingungen zu Bewusstseins- und Erlebnisveränderungen führen kann, die ekstatischen Erfahrungen entsprechen bzw. ihnen sehr nahe stehen (Joas 2008). Auf Grund der Studienresultate ergab sich die Frage, inwieweit die stärkeren ekstaseartigen Erfahrungen erst nach Beendigung der aktiven Hyperventilation, also in der Nachphase zustande kommen. Dieser Eindruck wird durch die Darstellung unserer Probanden unterstützt, die über solche Erlebnisse vor allem in der Nachphase berichteten (Passie und Pleske 2011). Daraus ergibt sich die Hypothese, dass sowohl eine spezifische *Verminderung der Hirndurchblutung* mit relativer Betonung der subkortikalen Bereiche (wie während der aktiven Hyperventialtion) als auch der Vorgang der *Wiederherstellung der normalen Durchblutung* (während der Nachphase) zu religiösen Erfahrungen führen könnten.

Äquivalenz religiöser Erfahrungen mit dem Orgasmus

Die schon weiter oben erwähnten Forscher Newberg und d'Aquili entwickelten in ihrem Buch *Why God Won't Go Away* (2001) die Hypothese, nach der die Fähigkeit zu religiösem und ekstatischem Erleben ihren evolutionären Ursprung in der Fähigkeit habe, einen Orgasmus zu erleben. Beide Zustände produzierten Gefühle von Glückseligkeit, Selbsttranszendenz und ein Einheitserleben von Ich und Umwelt. Zudem würden mit auffälliger Häufigkeit Begriffe aus den Bereichen von Liebe und Sexualität benutzt, wenn es um die Beschreibung mystischer Erfahrungen gehe. Auch würden bei Gebeten oder ekstatischen Tänzen die ekstatischen Zustände durch Rhythmen getriggert, wie sie sich in ähnlicher Form auch beim Geschlechtsverkehr fänden. Von physiologischer Seite wird angeführt, dass während des Orgasmus die simultane Aktivierung der Erregungs- und Beruhigungssysteme getriggert werde, was nachweislich auch während mystischer Erfahrungen der Fall sei. Während der vororgasmischen Phase und auch während des Orgasmus zeige sich eine zunehmende Dominanz des erregenden sympathischen Nervensystems mit einem Höhepunkt der körperlichen Erregung direkt vor dem Orgasmus.

Fast rätselhaft mutet die Forscher der dann folgende plötzliche und drastische Umschlag zur Dominanz des parasympathischen Nervensystems während des postorgasmischen Zustandes an, welches zu einer ausgeprägten Beruhigung der physischen Funktionen führe (Davidson 1980). Allerdings seien die Kongruenzen von Orgasmus und mystisch-ekstatischem Erleben nicht vollständig. So sei der Hypothalamus, in dem sowohl die erregenden als auch die deaktivierenden Systeme des Organismus reguliert würden, beim Orgasmuserleben bedeutend stärker involviert als bei mystischen Erfahrungen. Bei letzteren seien dagegen die Bereiche des Vorderhirns vermehrt beteiligt.

In Studien mit bildgebenden Verfahren wurde zudem demonstriert, dass während des intensiven sexuellen Erlebens bzw. des Orgasmus die Bereiche des rechten Vorderhirns und der ventral-tegmentalen-Area des Mittelhirns besonders aktiv arbeiten (TIJHONEN et al. 1994, HOLSTEGE et al. 2003). Ein ähnliches Aktivierungsmuster findet sich auch bei anderen außergewöhnlichen Bewusstseinszuständen, die teils dem ekstatischen Erleben nahestehen (s.u.).

Ekstatische Erfahrungen durch Ausschüttung halluzinogener Substanzen?

Aus uralten Aufzeichnungen und Kunstgegenständen ergeben sich klare Evidenzen für den Gebrauch sogenannter halluzinogener Stoffe in Pflanzenform im Rahmen religiöser Rituale und Praktiken. Diese Substanzen besitzen offenbar die Eigenschaft, das Auftreten religiöser Erfahrungen zu begünstigen bzw. zu triggern (ROSENBOHM 1991, SCHULTES und HOFMANN 1980). Besondere Bedeutung scheinen Halluzinogene im Rahmen religiöser Praktiken zu besitzen, insbesondere diejenigen Pflanzen des Amazonasgebietes (Brasilien), die den psychoaktiven Wirkstoff Dimethyltryptamin (DMT) enthalten (SHANON 2002), bestimmte Pilzarten mit dem Wirkstoff Psilocybin (METZNER 2005) und nicht zuletzt der meskalinhaltige Peyote-Kaktus (LA BARRE 1989), um nur die bekanntesten zu nennen.

Die durch das stark halluzinogen wirkende DMT hervorgerufenen Erlebnisse umfassen Visionen eines weißen Lichts, Begegnungen mit engelhaften oder dämonischen Wesenheiten, ekstatische Gefühle, Empfindungen von Zeitlosigkeit, himmlisch anmutende Musikhalluzinationen und das subjektiven Empfinden einer Verbundenheit mit einer übergeordneten machtvollen und liebenden Wesenheit. Diese typischen Elemente der DMT-Erfahrung weisen Übereinstimmungen mit dem auf, was gewöhnlich als religiöse Erfahrungen bezeichnet wird (HOOD 1994, SHANON 2002).

Im Jahre 1961 wurde die halluzinogene Substanz DMT erstmals im gesunden menschlichen Stoffwechsel nachgewiesen. 1962 gelang Axelrod dann der Nachweis von DMT in Blut und Urin des Menschen (AXELROD 1962). Von daher lag es nahe, über die Bedeutung von – möglicherweise im Organismus laufend produziertem – DMT bei der Erzeugung religiöser Erlebnisse zu spekulieren. Nachdem zunächst Callaway über die Bedeutung von DMT bei der Generierung von Traumzuständen nachgedacht hatte (CALLAWAY 1988), entwickelte Strassman aufgrund von klinischen Experimenten mit DMT am Menschen die Hypothese, dass religiösen Erlebnissen die Ausschüttung von DMT zugrunde liegen könnte (STRASSMAN 2001). Allerdings blieb schon seit den 1960er Jahren die Relevanz des Vorkommens von DMT im Organismus im Bezug auf die Beeinflussung subjektiven Erlebens aufgrund der nur sehr geringen vorkommenden Mengen und ihres sekundenschnellen Abbaus durch körpereigene Enzyme umstritten (BARKER et al. 2012). Strassman (2001) formulierte später eine Reihe von teils konstruiert wirkenden Vermutungen, warum DMT zwar die Hirnaktivität maßgeblich beeinflussen könne, aber (z.b. durch Besonderheiten regionaler Enzymaktivitäten) kaum im Blut zu detektieren sei. Ohne dass hier auf Einzelheiten dieser Spekulationen eingegangen werden soll wird festgehalten, dass trotz einer gewissen Plausibilität der DMT-Hypothese bisher keine experimentellen Ergebnisse vorliegen, die diese Hypothese untermauern könnten (NICHOLS 2017). Vielmehr scheint es so zu sein, dass die Veränderungen des Hirnstoffwechsels, wie sie sich unter DMT-Wirkung zeigen, eher funktionelle Umordnungen darstellen, wie sie generell für die Wirkungen der meisten Halluzinogene gelten dürften (CARHART-HARRIS et al. 2010, RIBA et al. 2006, VOLLENWEIDER und GEYER 2001).

Rechtshemisphärische Aktivierung, Thalamus-Öffnung und sensorische Kortexüberflutung

Wie die Studien von HEIGL (1980) und SMITH (2000) gezeigt haben, ist die Gleichförmigkeit von drogeninduzierten und spontanen oder während religiöser Zeremonien zustande gekommenen mystisch-ekstatischen Erlebnissen derart frappierend, dass eine Unterscheidung unter phänomenologischen Gesichtspunkten nicht möglich ist. Deshalb könnten die funktionellen Veränderungen der Hirnaktivität, wie sie sich typischerweise unter der Wirkung von Halluzinogenen des DMT-Typs (DMT, Psilocybin) ausbilden, Hinweise darauf vermitteln, welche Hirnstrukturen in welcher Weise an der Hervorbringung mystischer religiöser Erfahrungen beteiligt sein könnten.

Der Schweizer Hirnforscher VOLLENWEIDER (1997a, 1997b) führte eine Reihe von bildgebenden Untersuchungen am Gehirn während der Wirkung von Halluzinogenen durch. Die Ergebnisse zeigen eine deutliche Vermehrung der gesamten Stoffwechselaktivität des Gehirns, eine ausgeprägte Aktivierung der rechten Hemisphäre und des Thalamus wie auch der vorderen Hirnregionen. Schon aus älteren experimentellen Studien ist bekannt, dass die rechte Hemisphäre stärker als die linke Hirnhälfte beim Erleben von Gefühlen beteiligt ist. Zudem scheint ein zentrales Netzwerk, welches für die Steuerung der Aufmerksamkeit zuständig und in der rechten Hemisphäre lokalisiert ist, während besonderer Bewusstseinszustände stärker aktiviert zu sein. GOLDSTEIN (1973) konnte anhand von EEG-Befunden außerdem nachweisen, dass die Aktivierung der rechten Hirnhälfte während veränderter Bewusstseinszustände zu einer Umkehrung der Hemisphärendominanz führt (gewöhnlich dominiert die Aktivität der linken Hemisphäre die Ausgestaltung unseres Denkens und Verhaltens). Das impliziert, dass es während veränderter Bewusstseinszustände bzw. religiöser Erfahrungen von der gewöhnlichen verbalen und rationalen Informationsverarbeitung durch die linke Hemisphäre zum Wechsel in einen nonverbalen Informationsverarbeitungsmodus kommt und zugleich das Bedeutungserleben gesteigert wird. Eine Äußerung des Hirnforschers Joseph Bogen, der sich sehr viel mit den unterschiedlichen Funktionen der beiden Hirnhälften beschäftigte, mag das verdeutlichen: „Jede Hirnhemisphäre repräsentiert die Andere und die Welt in einer komplementären Form. Die linke repräsentiert das Selbst als einen Bestandteil der Welt und die rechte repräsentiert die Welt als einen Bestandteil des Selbst" (FISCHER 1973: 41, Übersetzung T.P.). Diese komplementäre Funktionalität der Hemisphären macht vielleicht verständlich, warum ein Wechsel von deren Dominanz bei der Generierung subjektiven Erlebens zu derart unterschiedlichen Wahrnehmungen führen könnte, wie sie für mystische Erlebnisse typisch sind.

Vollenweiders Ergebnisse beziehen sich jedoch nicht nur auf die Aktivierung der rechten Hemisphäre, sondern verweisen auch auf Veränderungen bei der Verarbeitung innerer und äußerer Reize im Zentrum des Gehirns. In der als Thalamus bezeichneten umfänglichen und komplexen hirnanatomischen Struktur laufen praktisch alle von den Sinnesorganen und aus dem Körperinneren herkommenden Reize ein und werden dort nach Bedeutung und Wichtigkeit sortiert und gefiltert. Diese Filterung im Bereich des Thalamus steht wiederum unter dem Einfluss von Verbindungsschleifen mit dem Striatum und dem Großhirn, die diese Filterung beeinflussen. Durch die „Eingangsfilterung" wird sichergestellt, dass die für das bewusste Erleben zuständigen Hirnbereiche (vor allem das Großhirn mit der Hirnrinde) nur die wichtigen und überlebensrelevanten Reize zugeführt bekommen. Wird nun dieser Filtermechanismus gestört, kommt es zu einer Überflutung des Großhirns mit einer Vielzahl von „unausgewählten" sensorischen Reizen. Dies führt wahrscheinlich zu der bekannten Fragmentierung von Ich-Funktionen und einer Störung kognitiver Funktionen. In der komplexen Sprache der Hirnforschung wäre dies folgendermaßen zu beschreiben: Die Filterfunktion des Thalamus steht unter der Kontrolle kortiko-striato-thalamischer Feedback-Schleifen. Die Hemmung erfolgt insbesondere über das Striatum (Nucleus accumbens und Putamen) und wird wiederum durch untergeordnete Schaltkreise moduliert. Mesostriatale und mesolimbische Projektionen liefern einen hemmenden dopaminergen Input an das Striatum und den Nucleus accumbens. Unter normalphysiologischen Bedingungen ist dieser hemmende Einfluss gegenbalanciert durch einen glutamatergen exzitatorischen Einfluss von kortikostriatalen Bahnen. Das heißt: Die Zunahme des dopaminergen Tonus, die Aktivierung serotonerger Projektionen und die glutamatergen exzitatorischen Einflüsse führen zur Öffnung des thalamischen Filters.

Für die physiologische Erklärung mystischer Erfahrungen könnte dieser Ansatz insofern Relevanz besitzen, als er verdeutlicht, wie eine komplexe funktionelle Umstrukturierung der Hirnaktivität zu einem stark veränderten Ich- und Welterleben führt. Dieses bedarf jedoch wiederum einer spezifischen inneren und äußeren Strukturierung, um in ein religiöses bzw. mystisches Erlebnis zu münden, was erklären könnte, warum solche veränderten Bewusstseinszustände zwar gelegentlich, doch bei weitem nicht immer zu religiösen Erlebnissen führen können.

Es ist hier zu erwähnen, dass die Ergebnisse einer äquivalenten Studie von Gouzoulis-Mayfrank et al. (1999) etwas andere Ergebnisse als die von Vollenweider et al. (1997b) erbrachten. Eine aktuelle Studie von Carhart-Harris et al. (2012) zeigt lediglich Deaktivierungen unter Psilocybin, insbesondere in den Bereichen von anteriorem und posteriorem Cingulum sowie des medialen präfrontalen Kortex. Außerdem fanden sie eine spezifische Aktivitätsverminderung in Regionen, die für die koordinierte Kopplung der Aktivität von Hirnarealen zuständig sind. Allerdings wurde das Psilocybin anders (intravenös) und in einer stark störenden Magnetresonanztomographen-Umgebung (Enge, Fixierung, sehr laute unregelmäßige Geräusche) verabreicht. Aus diesem Grund werden die Ergebnisse dieser neuen Studie derzeit kritisch diskutiert (Halberstadt und Geyer 2012).

Veränderungen des Zusammenwirkens von Hirnarealen (funktionelle Konnektivität)

Ein weiteres neurobiologisches Modell für das Verständnis mystischer Erfahrungen wurde im Rahmen von Forschungen über Psychedelika wie Psilocybin und LSD am Imperial College (London) von der Gruppe um den renommierten Psychopharmakologen Professor David Nutt entwickelt. Diese Gruppe hat seit etwa 2011 mit der funktionellen Magnetresonanztomographie (fMRT), mit welcher der Blutfluss in den verschiedenen Gehirnregionen gemessen werden kann, die Wirkung von Psychedelika wie Psilocybin und LSD an Gesunden untersucht. Die Ergebnisse zeigen, dass die Art und Weise, wie die verschiedenen Hirnregionen gewöhnlich miteinander zusammenarbeiten, durch die Wirkung dieser Stoffe stark verändert wird. So kommt es unter anderem dazu, dass das „Ruhenetzwerk" des Gehirns (Default Mode Network, DMN), welches für die Aufrechterhaltung von Bewusstsein und Ich-Funktionen zuständig ist, starke Veränderungen zeigt. Die zentralen Schaltpunkte im Gehirn, die dieses Netzwerk aufrechterhalten, werden deutlich weniger durchblutet, so dass die Infrastruktur dieses Netzwerks nicht mehr aufrechterhalten werden kann (Carhart-Harris et al. 2016). Dadurch arbeiten die Hirnregionen auf eine zwar primitivere, aber vielfältigere Weise zusammen; die Aufrechterhaltung des „Ichs" und die Ich-Umwelt-Grenze werden dabei aufgehoben. Die Resultate weisen darauf hin, dass die „Ich-Auflösung" umso stärker ausfällt, je umfassender der „Zerfall" des Ruhenetzwerks ist. Gemäß diesem Modell wären mystische Erfahrungen durch einen „Zusammenbruch des Ruhenetzwerks" bedingt, was zur einer starken Veränderung des Ich-Erlebens führt (TAGLIAZUCCHI et al. 2016). Es ist darauf hinzuweisen, dass solche Veränderungen der „funktionellen Konnektivität", d.h. des normalen Zusammenwirkens der Hirnregionen, nicht automatisch zu einer „mystischen" Erfahrung führen, sondern – z.b. bei psychisch instabilen Personen, unter ungünstigen äußeren Umständen oder bei Überdosierungen – auch psychotisch-desorganisierte Zustände hervorrufen können.

Ausblick

Schon bei oberflächlicher Kenntnisnahme zeigt sich, dass zu einer Herbeiführung eines mystisch-ekstatischen Zustandes eine Vielzahl unterschiedlicher Methoden anwendbar sind; demnach „viele Wege nach Rom führen". Die im Rahmen der vorliegenden Arbeit referierten Forschungsansätze und Hypothesen zeigen, dass zwar einige fundierte Einblicke in die neurobiologischen Geschehnisse, die sich während des Erlebens religiöser (mystischer) Erfahrungen ereignen, gelungen sind, aber die Erklärungsansätze – jeder für sich genommen – nur bis zu einem gewissen Grad logisch begründet und nur in einigen Fällen teils auch konsistent empirisch belegt sind, bei kritischer Beleuchtung jedoch noch ziemlich inkonsistent wirken. Auch wenn ein Teil der Hypothesen bzw. Ergebnisse eine nicht geringe Plausibilität aufweist, so zeigen sich doch Schwächen bei den Differenzen der Bildgebungsstudien, der Replizierbarkeit oder den stark hypothetischen Ansätzen wie dem von Strassman. Außerdem ist ein Teil der Ansätze nicht besonders spezifisch für religiöse Erfahrungen, treten doch entsprechende neurobiologische Veränderungen z.b. auch bei psychosenahen Erlebnisveränderungen auf (z.b. halluzinogeninduzierte funktionelle Veränderungen). Grundsätzlich überprüfbare Hypothesen wie die „Limbic-Marker-Hypothese" (PERSINGER) oder auch das Modell der „Deaktivierung von Orientierungsarealen" (NEWBERG und D'AQUILI) ließen sich bisher nicht klar empirisch belegen. Die Übersicht legt nahe, dass es wahrscheinlich eine ganze Reihe neurophysiologisch unterschiedlicher Bedingungsgefüge gibt, aus denen mystisch-ekstatische Erfahrungen resultieren können.

Eine Schwierigkeit der Forschung liegt in der schlechten Greifbarkeit religiöser Erfahrungen, die naturgemäß kaum forschungsgerecht zu erzeugen sind. Hier können lediglich die Untersuchungen von Langzeitmeditierenden und Personen unter Einfluss von Halluzinogenen weiterführen. Außerdem könnten auch genauere Untersuchungen an Nahtod-Überlebenden, die diese oft als religiös-ekstatisch empfundenen Zustände nicht selten im klinischen Setting erleben, neue Aufschlüsse über die zugrundeliegende (Neuro-)Physiologie bringen.

Erklärungsbedarf besteht auch bezüglich der für die Echtheit eines mystischen

Erlebnisses offenbar maßgeblichen psychospirituellen Folgewirkungen, die das Erlebnis einer tiefen mystischen Erfahrung bei den betroffenen Menschen typischerweise nach sich zieht (vgl. z.B. MILLER und BACA 2001). Hierzu fehlt derzeit noch eine plausible ‚empirisch fundierte neurobiologische Erklärung. Zudem sollte bei Erklärungen auf naturwissenschaftlicher Ebene immer bedacht werden, dass die Annahme, dass Gott nur im Gehirn von Gläubigen und sonst nirgends „wohnt", eine „fehlerhafte materialistische Sichtweise des menschlichen Daseins" sein könnte (so Kardinal Elio Sgreccia, Experte für bioethische Fragen im Vatikan; zit. n. KRAFT 2002:13).

Abschließend bleibt kritisch anzumerken, dass das gesamte Spektrum von Trance und ekstatischen Erfahrungen weit umfassender ist als jenes, das bisher im Rahmen von neurobiologischen Studien untersucht wurde. Insbesondere tiefe Zustände von Meditation, Trancen durch Trommeln oder andere rhythmische Stimulation, Spezifika der „Personalisations-Ekstasen" (vgl. NARANJO 1979, PASSIE und DÜRST 2009), Besessenheitstrancen und andere Formen somnambuler Ekstasen harren weiterer Ausleuchtung.

Literatur

Albrecht C (1951): Psychologie des mystischen Bewusstseins. Bremen

Amiel F (1897): Fragments d'un Journal intime. Genf

Andreson J (2001): Meditation meets behavioural medicine. J Consciou Stud 7: 32–44

Axelrod J (1962): The enzymatic N-methylation of serotonin and other metabolites. Journal of Pharmacology and Experimental Therapeutics 138: 28–33

Back KW, Bourque LB (1970): Can feelings be enumerated? Behavioral Science 15: 487–496

Barker SA, McIlhenny EH, Strassman R (2012): A critical review of reports of endogenous psychedelic N,N-dimethyltryptamines in humans: 1955–2010. Drug Testing and Analysis 2012, online first

Bednarczyk EM, Rutherford WF, Leisure GP, Munger MA, Panacek EA, Miraldi FD, Green JA (1990): Hyperventilation induced reduction in cerebral blood flow: assessment by positron emission tomography. DICP 24: 456–460

Bourguignon E (ed.) (1973): Religion, altered states of consciousness, and social change. Columbus

Brown HF (1895): J.A. Symonds – A Biography. London

Bucke RM (1925): Kosmisches Bewusstsein. Celle

Callaway JC (1988): A proposed mechanism for the visions of dream sleep. Medical Hypotheses 26: 119–24

Carhart-Harris RL, Erritzoe D, Williams T, Stone JM, Reed LJ, Colasanti A, Tyacke RJ, Leech R, Malizia AL, Murphy K, Hobden P, Evans J, Feilding A, Wise RG, Nutt DJ (2012): Neural correlates of the psychedelic state as determined by fMRI studies with psilocybin. Proceedinsg of the National Academy of the Sciences USA 109: 2138-43

Carhart-Harris RL, Muthukumaraswamy S, Roseman L, Kaelen M, Droog W, Murphy K, Tagliazucchi E, Schenberg EE, Nest T, Orban C, Leech R, Williams LT, Williams TM, Bolstridge M, Sessa B, McGonigle J, Sereno MI, Nichols D, Hellyer PJ, Hobden P, Evans J, Singh KD, Wise RG, Curran HV, Feilding A, Nutt DJ (2016): Neural correlates of the LSD experience revealed by multimodal neuroimaging. Proceedings of the National Academy of the Sciences USA 113 (17): 4853-8

Cook CM, Persinger MA (1997): Experimental induction of the „sensed presence" in normal subjects and an exceptional subject. Perceptual and Motor Skills 85: 683-93

D'Aquili E, Newberg AB (1999): The Mystical Mind: Probing the Biology of Religious Experience. Minneapolis

Davidson J M (1980): The psychobiology of sexual experience. In: Davidson JM, Davidson R J (eds): The Psychobiology of consciousness. New York, pp. 271–332

Duarte J (1997): Changes in cerebral blood flow as monitored by transcranial doppler during voluntary hyperventilation and their effect on the electroencephalogram. Journal of Neuroimaging 5: 209–211

Ellison A, Schindler I, Pattison LL, Milner AD (2004): An exploration of the role of the superior temporal gyrus in visual search and spatial perception using TMS. Brain 127: 2307–2315

Fischer R (1971): A cartography of the ecstatic and meditative states. Science 174: 897–904

Fischer R (1978): Cartography of conscious states: integration of east and west. In: Sugerman AA, Tarter RE (eds): Expanding Dimensions of Consciousness. New York, 24–57

Fischer R, Hill R, Thatcher K, Scheib J (1970): Psilocybin-induced contraction of nearby visual space. Agents and Actions 1: 190–197

Forman KC (ed) (1990): The Problem of pure consciousness. New York, Oxford

Govinda LA (1992): Die Dynamik des Geistes. Bern, München, Wien

Gelpke R (1969): Drogen und Seelenerweiterung. München

Glock CY, Starck R (1965): Religion and society in tension. Chicago

Goldstein L, Stoltzfus NW (1973): Psychoactive drug-induced changes of interhemispheric EEG amplitude relationships. Agents and Actions 3: 124–32

Goldstein L, Murphee HB, Pfeiffer CC (1963): Quantitative electroencephalography in man as a measure of CNS stimulation. Annals of the New York Academy of the Sciences 107: 1045–56

Gouzoulis-Mayfrank E, Schreckenberger M, Sabri O, Arning C, Thelen B, Spitzer M, Kovar KA, Hermle L, Büll U, Sass H (1999): Neurometabolic effects of psilocybin, 3,4-methylenedioxyethylamphetamine (MDE) and d-methamphetamine in healthy volunteers. Neuropsychopharmacology 20: 565–581

Granqvist P, Fredrikson M, Unge P, Hagenfeldt A, Valind S, Larhammar D, Larsson M (2005): Sensed presence and mystical experiences are predicted by suggestibility not by the application of transcranial weak complex magnetic fields. Neuroscience Letters 379: 1–6

Greeley AM (1975): The sociology of the paranormal. Beverly Hills, London

Greeley A, McCready W (1979): Are we a nation of mystics? In: Goleman D Davidson RC (eds): Consciousness: brain states of awareness and mysticism. New York, pp. 178–183

Green E, Green A, Walters E (1970): Voluntary control of internal states: Psychological and Physiological. Journal of Transpersonal Psychology 1: 1–26

Halberstadt A, Geyer M (2012): Do psychedelics expand the mind by reducing brain activity? Scientific American, May 15, 2012

Hardy AC (1970): A scientist looks at religion. Proceedings of the Royal Institute of Great Britain 43: 201ff

Hay D (1979): Religious experience amongst a group of post-graduate students – a qualitative study. Journal for the Scientific Study of Religion 18: 164–182

Hay D Morisy A (1978): Reports of ecstatic paranormal or religious experience in Great Britain and the United States – a comparison of trends. Journal for the Scientific Study of Religion 17: 255–268

Heigl P (1980): Mystik und Drogenmystik. Düsseldorf

Hess WR (1925): Über die Wechselbeziehungen von psychischen und vegetativen Funktionen. Zürich

Hess WR (1962): Psychologie in biologischer Sicht. Stuttgart

Holstege G Georgiadis JR Paans AM Meiners LC van der Graaf FH Reinders AA (2003): Brain activation during human male ejaculation. Journal of Neuroscience 23: 9185–9193

Hood RW (ed) (1994): Handbook of Religious Experience. Birmingham

Horgan J (2003): Rational mysticism. Boston, New York

Huxley A (1962): Island. London

Isbert OA (1970): Die Entwicklung aktiver Atemformen nach dem Yoga-System. In: Heyer-Grote L (Hrsg.): Atemschulung als Element der Psychotherapie. Darmstadt, S. 9–13

James W (1920): Die religiöse Erfahrung in ihrer Mannigfaltigkeit. Leipzig

Joas CD (2008): Bewusstseinsveränderungen während lang anhaltender, willkürlicher Hyperventilation unter besonderer Berücksichtigung der Aspekte von Set und Setting. Universität Giessen: Diplomarbeit Psychologie

Karnath HO, Farber S, Himmelbach M (2001): Spatial awareness is a function of the temporal not the posterior parietal lobe. Nature 411: 950–3

Karnath HO, Fruhmann Berger M, Küker W, Rorden C (2004): The anatomy of spatial neglect based on voxel-wise statistical analysis: a study of 140 patients. Cerebral Cortex 14: 1164–1172

Katz R (1985): Num – Heilen in Ekstase. Interlaken

Keilbach W (1973): Religiöses Erleben. München, Paderborn, Wien

Kety SS, Schmidt CF (1946): The effects of active and passive hyperventilation on cerebral blood flow cerebral oxygen consumption cardiac output and blood pressure of normal young men. Journal of Clinical Investigation 25: 107–119

Kokoszka A (1992/93): Occurrence of altered states of consciousness among students: profoundly and superficiallly altered states in wakefulness. Imagination, Cognition and Personality 12: 231–247

Kraft U (2002): Wo Gott wohnt. Gehirn und Geist 2: 10–13

Kunisch H (Hrsg.) (1958): Eckhart, Tauler, Seuse: Ein Textbuch aus der altdeutschen Mystik. Hamburg

La Barre W (1989): The Peyote Cult. London

Langen D (1963): Archaische Ekstase und asiatische Meditation. Stuttgart

Leary T, Litwin GW, Metzner R (1963): Reactions to psilocybine in a supportive environment. Journal of Nervous and Mental Disease 137: 561–73

Leonard J, Laut P (1988): Neugeboren werden. Rebirthing – Der Weg zu Selbstentfaltung und Lebensfreude. München

Lowry T (ed) (1967): Hyperventilation and Hysteria. Springfield, Ill

Ludwig A (1966): Altered states of consciousness. Archives of General Psychiatry 15: 225–234

Lysebeth Av (1972): Pranayama – Die große Kraft des Atems. Weilheim

Metzner R (ed) (2005): Sacred mushroom of visions: Teonanacatl. Rochester

Miller WR, C'de Baca J (2001): Quantum Change. New York

Naranjo C (1979): Die Reise zum Ich. Frankfurt am Main

Newberg A, d'Aquili E (2001): Why God won't go away. New York

Newberg A (2010): Principles of Neurotheology. Farnham Surrey

Nichols DE (2017): N,N-dimethyltryptamine and the pineal gland: Separating fact from myth. Journal of Psychopharmacology 2017: 1–7

Niemann U, Wagner M (2005): Visionen – Werk Gottes oder Produkt des Menschen? Regensburg

Oesterreich TK (1921): Die Besessenheit. Langensalza

Otto R (1963): Das Heilige. München

Pahnke WN (1963): Drugs and mysticism: An analysis of the relationship between psychedelic drugs and the mystical experience. Harvard University Dissertation

Palmer J (1979): A community mail survey of psychic experiences. Journal of the American Society for Psychical Research 73: 221–251

Passie T, Dürst T (2009): Heilungsprozesse im veränderten Bewusstsein. Berlin

Passie T, Goetzke A, Pleske R, Bruns-Pleske R, Schneider U, Wiese B, Emrich HM (2019): Alterations of consciousness and blood gases during forced and prolonged voluntary hyperventilation. Journal of Psychophysiology

Passie T, Hartmann U, Schneider U, Emrich HM (2003): On the function of groaning and hyperventilation during sexual intercourse: intensification of sexual experience by altering brain metabolism through hypocapnia. Medical Hypotheses 60: 660–663

Passie T, Warncke J, Peschel T, Ott U (2013): Neurotheologie: Neurobiologische Modelle religiöser Erfahrungen. Nervenarzt 84: 283–293

Passie T, Pleske R (2011): Wirkungen therapeutischen Atmens. Berlin

Passie T, Scharfetter C (2012): Ekstasen – Ihre Bedeutung in der Psychotherapie mit psychoaktiven Substanzen. In: Passie T, Belschner W, Petrow E (Hrsg.): Ekstasen: Kontexte – Formen – Wirkungen. Würzburg, S. 291–310; siehe auch S. 161 in diesem Band

Persinger MA (1983): Religious and mystical experiences as artifacts of temporal lobe function: a general hypothesis. Perceptual and Motor Skills 57: 1255–62

Persinger MA (1987): Neuropsychological bases of god beliefs. New York, Westport, London

Persinger MA, Koren SA (2005): A response to Granqvist et al. „Sensed presence and mystical experiences are predicted by suggestibility, not by the application of transcranial weak magnetic fields". Neuroscience Letters 380: 346–47

Petzold H (Hrsg.) (1977): Die neuen Körpertherapien. Paderborn

Posse S, Olthoff U, Weckesser M, Jäncke L, Müller-Gärtner HW, Dager SR (1997): Regional dynamic signal changes during controlled hyperventilation assessed with blood oxygen level-dependent functional MR imaging. American Journal of Neuroradiology 18: 1763–1770

Reid F (1902): Following Darkness. London

Riba J, Romero S, Grasa E, Mena E, Carrio I, Barbanoj MJ (2006): Increased frontal and paralimbic activation following ayahuasca the pan-amazonian inebriant. Psychopharmacology 186: 93–98

Ritter J, Gründer K (Hrsg.) (1984): Historisches Wörterbuch der Philosophie. Bd. 6. Basel, Stuttgart

Rosenbohm A (1991): Halluzinogene Drogen im Schamanismus. Berlin

Saver JL, Rabin J (1997): The neural substrates of religious experience. Journal of Neuropsychiatry and Clinical Neuroscience 9: 498–510

Scharfstein B-A (1973): Mystical Experience. Oxford

Schenk A, Kalweit H (Hrsg.) (1987): Heilung des Wissens. München, S. 212–226

Schjoedt U (2009): The religious brain: a general introduction to the experimental neuroscience of religion. Method and Theory in the Study of Religion 21: 310–339

Schubart W (1966): Religion und Eros. 4 Aufl. München

Schüttler G (1968): Das mystisch-ekstatische Erlebnis. Systematische Darstellung der Phänomenologie und des psychopathologischen Aufbaues. Bonn: Diss. med. 1968

Schultes RE, Hofmann A (1980): Pflanzen der Götter. Bern

Schusser G, Stellberg R, Görner B (Hrsg.) (1990): Rebirthing – Aspekte einer Metatherapie. Osnabrück

Seuse H (1966): Deutsche mystische Schriften. Düsseldorf

Shanon B (2002): The Antipodes of the Mind. Oxford, New York

Smith H (2000): Cleansing the doors of perception. New York

Soeling C, Voland E (2002): Review: Toward an evolutionary psychology of religiosity. Neuroendocrinology Letters 23: 98–104

Stace WT (1960): Mysticism and Philosophy. New York, Philadelphia

Stellberg R (1992): Rebirthing. Mannheim

Stadler G, Steurer J, Dur P, Binswanger U, Vetter W (1995): Elektrolytveränderungen während und nach willkürlicher Hyperventilation. Schweizerische Rundschau für Medizin 84: 328–334

Strassman R (2001): DMT – The spirit molecule. Rochester

Suzuki DT (1927): Mysticism: Christian and Buddhist. New York

Taft R (1969): Peak-Experiences and ego permissiveness: an exploratory factor study of their dimension in normal persons. Acta Psychologica 29: 34–-64

Tagliazucchi E, Roseman L, Kaelen M, Orban C, Muthukumaraswamy SD, Murphy K, Laufs H, Leech R, McGonigle J, Crossley N, Bullmore E, Williams T, Bolstridge M, Feilding A, Nutt DJ, Carhart-Harris R (2016): Increased Global Functional Connectivity Correlates with LSD-Induced Ego Dissolution. Curr Biology ;26 (8): 1043–50

Tart C (Hrsg.) (1969): Altered States of Consciousness. New York, London

Tiihonen J, Kuikka J, Kupila J, Partanen K, Vainio P, Airaksinen J, Eronen M, Hallikainen T, Paanila J, Kinnunen I (1994): Increase in cerebral blood flow of right prefrontal cortex in man during orgasm. Neuroscience Letters 170: 241–243

Underhill E (1928): Mystik. München

Vaas R (2005): Hotline zum Himmel. Bild der Wissenschaft 7/2005: 30–38

Vollenweider FX, Geyer MA (2001): A systems model of altered consciousness: integrating natural and drug-induced psychosis. Brain Research Bulletin 56: 495–507

Vollenweider FX, Leenders KL, Scharfetter C, Antonini A, Maguire P, Missimer J, Angst J (1997a): Metabolic hyperfrontality and psychopathology in the ketamine model of psychosis using positron emission tomography (PET) and [18F]fluorodeoxyglucose (FDG). Eur Neuropsychopharmacol 7: 9–24

Vollenweider FX, Leenders KL, Scharfetter C, Maguire P, Stadelmann O, Angst J (1997b): Positron emission tomography and fluorodeoxyglucose studies of metabolic hyperfrontality and psychopathology in the psilocybin model of psychosis. Neuropsychopharmacolog 16: 357–72

Weimann G (1968): Das Hyperventilationssyndrom. München

Wuthnow R (1976): Peak-Experiences: some empirical tests. Berkeley, CA: Unpublished manuscript 1976

Zaehner R C (1960): Mystik: Religiös und Profan. Stuttgart

Die Nahtod-Erfahrung als Prototyp ekstatischer Erfahrungen

Torsten Passie

Es soll hier einer Idee nachgegangen werden, die sich vielleicht am besten in einer Frage formulieren lässt: Inwieweit handelt es sich bei der „typischen" Nahtod-Erfahrung (NTE) bzw. dem Spektrum ihr zugeordneter Erlebnisphänomene um den Prototyp ekstatischer Erfahrungen? Die ersten Anstöße dazu stammen aus den Vorarbeiten zu einer Dissertation mit dem Arbeitstitel „Zur differentiellen Phänomenologie ekstatischer Zustände", die 2007 an der Medizinischen Hochschule Hannover begonnen wurde. Dabei ging es darum, über die „Auflistungen" von Begleiterscheinungen und Phänomenen ekstatischer Zustände hinauszugelangen und möglichen Unterschieden oder Gemeinsamkeiten von Untergruppen ekstatischer Zustände nachzugehen. Vor allem die Unterschiede ergaben sich erstaunlich zwanglos, sobald man genauer hinsieht. Um diese zu charakterisieren, war jedoch eine Beschreibung der Einzelstrukturen des Erlebens notwendig.

Nachdem wir eine umfassende Sammlung und Gliederung der im Rahmen ekstatischer Zustände erlebten Phänomene bzw. Erlebnisweisen erstellt hatten, fiel uns auf, dass lediglich zwei der vielfältigen Induktionsbedingungen ein wirklich umfassendes Spektrum von Erlebnisphänomenen erzeugen. Es sind dies zum einen ekstatische Erlebnisse, wie sie durch die psychedelischen Substanzen wie LSD, Dimethyltryptamin (DMT) oder Psilocybin erzeugt werden können; zum anderen die im Rahmen von NTE geschilderten ekstatischen Erfahrungen. Innerhalb dieser beiden Modalitäten können jeweils praktisch sämtliche das ekstatische Erleben kennzeichnenden Erlebnisphänomene auftreten.

Dass dies bei den pharmakologisch recht vielfältigen psychedelischen Substanzen so sein kann, mag noch einleuchten, da hier womöglich in ganz unterschiedlicher Weise Hirnfunktionen beeinflusst werden und es daher zu einem sehr breiten Spektrum von Erlebnisveränderungen kommen kann. Weniger leicht verständlich erscheint dagegen, warum die NTE ein solch breit gefächertes Spektrum von Erlebnisphänomenen hervorbringen. Auch bei den NTE sind die physiologischen Zuständlichkeiten, auf deren Basis sich diese Phänomene ereignen, teils sehr unterschiedlich (z.B. völlige gesundheitliche Intaktheit bei Bergsteigerabstürzen oder pathophysiologische Zustände bei schweren Erkrankungen). Doch kann unter beiderlei Bedingungen das volle Spektrum der Erlebnisphänomene der NTE zustande kommen. In diesem Aufsatz sollen zunächst die Eigenarten des ekstatischen Erlebens skizziert werden, um dann in einer Zusammenschau die oben genannte Hypothese zu diskutieren.

Phänomene ekstatischen Erlebens unter Psychedelika

Bekanntermaßen werden psychedelische Substanzen seit Jahrtausenden zur Erzeugung von Trance und ekstatischen Zuständen verwendet (SCHULTES und HOFMANN 1980). Durch diese Substanzen wird das Erregungsniveau im ZNS gesteigert und die Hirnaktivität umstrukturiert (s. VOLLENWEIDER 2001a, CARHART-HARRIS et al. 2012). Hatte man die durch die Psychedelika erzeugten Zustände zunächst für eine „experimentelle Psychose" (LEUNER 1962) gehalten, so stieß man – eher zufällig – zu Beginn der 1960er Jahre auf die Möglichkeit, mit diesen Mitteln ekstatische Zustände zu erzeugen. Im Jahre 1962 untersuchte dann der Arzt und Theologe Walter Pahnke an der Harvard Universität in einem Doppelblindversuch die Möglichkeit, mystisches Erleben durch Psilocybin zu stimulieren. Er fand eine Vielzahl von Übereinstimmungen des durch Psilocybin erzeugten mystisch-ekstatischen Erlebens mit den Kategorien, die von STACE (1960) für mystisch-ekstatische Erfahrungen herausgearbeitet wurden (PAHNKE 1963, 1966):

1. *Transzendieren der Subjekt-Objekt-Relation.* Hierunter sind Einheitserlebnisse zu verstehen, in denen der Betreffende den Unterschied von Ich und Umwelt nicht mehr erfährt; es kommt gleichsam zu einem Verschmelzen des Ichs mit der Umwelt. Meister Eckhart prägte die Formel „Alles ist Eines und Eines ist Alles" für diese Erlebnisse.

2. *Transzendenz von Raum und Zeit.* Während des mystischen Erlebnisses kommt es zu einem Verschwinden der Zeitempfindung, beschrieben häufig als Empfindung der „Ewigkeit", zeitlosen Glücks usw. Außerdem scheinen Vergangenheit und Zukunft nicht mehr von Bedeutung zu sein, und es kommt zum Empfinden des „absoluten Augenblicks". Das Transzendieren des Raumes bedeutet, dass die Person während des Erlebens die gewöhnliche Orientierung im Sinne einer dreidimensionalen Wahrnehmung der Umgebung verliert; erfahren wird dies als Erlebnis der „Unbegrenztheit".

3. *Tief empfundene positive Stimmung.* Die tragenden Gefühle mystischer Erlebnisse werden beschrieben als Freude, Seligkeit, Liebesempfindungen und innerer Frieden.

4. *Das Gefühl der Heiligkeit.* Das „Gefühl der Heiligkeit" ist eine nicht-rationale, intuitive, Schweigen herbeiführende Gefühlsempfindung voller Ehrfurcht und Erstaunen gegenüber den Gegebenheiten.

5. *Empfindung der Objektivität und Wirklichkeit:* 1. auf einer intuitiven, nicht-rationalen Ebene durch direktes Erleben erlangte Erkenntnis; 2. die unmittelbare Gewissheit, dass solches Erkennen wahr ist.

6. *Paradoxie.* Beschreibungen mystischen Erlebens haben die Eigenart, sich als logisch widersprüchlich zu erweisen. Beim Erleben innerer Einheit geht z. B. aller empirische Gehalt in einer leeren Einheit verloren, die zugleich vollständig angefüllt ist. Das „Ich" existiert (z. B. als das Erlebnis erinnerndes) – und existiert doch nicht.

7. *Unaussprechbarkeit.* Die Mystiker bestehen darauf, dass das mystische Erleben nicht in Worten ausgedrückt werden kann (PAHNKE 1963).

Es ist vorsorglich darauf hinzuweisen, dass diese Merkmale mystischen Erlebens nur einen Ausschnitt möglicher Komponenten ekstatischen Erlebens unter Psychedelika darstellen. Daher sollen hier noch einige weitere Phänomene angeführt werden. Dazu gehören etwa das Empfinden einer Einengung und Ausweitung des Bewusstseins, Aufhebung von Wahrnehmungsgewohnheiten, Zurücktreten konzeptueller Kognition, starke Gefühlsempfindungen, gesteigerte Imaginationstätigkeit, verändertes Körpererleben, Schwebeerlebnisse, außerkörperliche Erfahrungen, Selbstvergessenheit, Verbundenheitserleben mit der Umwelt, Empfindungen des Aufgehobenseins in etwas Umfassenderem/ Übergeordnetem, Lichterlebnisse und visionäres Erleben.

Visionäres Erleben unter Psychedelika ist nicht selten von persönlichen Inhalten erfüllt, kann aber auch archetypische oder „transpersonale" Qualitäten besitzen. Das Spektrum visionären Erlebens reicht vom Visualisieren einfacher geometrischer „Formkonstanten" (KLÜVER 1966) wie Spinnweben, Spiralen, Gitter usw. über persönlich bedeutsame Bilder bis zu ganzen dreidimensional erlebten Szenen, die sich als fließendes Auseinanderhervorgehen gestalten und die Begegnung mit mythischen oder anderen Wesenheiten beinhalten können. Visionär imaginierte Begegnungen mit Gott, dem Teufel und/oder religiösen Wesen sind nicht häufig, kommen aber regelmäßig vor (MASTERS und HOUSTON 1966; GROF 1978; STRASSMAN 2004). In den meisten Fällen sind diese Erscheinungen kongruent zum Gefühlserleben integriert und mit adäquaten Sinngehalten und Bedeutungen erfüllt. Außerdem erleben Betroffene nicht selten „kathartische" Begegnungen mit Vergangenem und Gegenwärtigem, was mit emotionalen Abreaktionen einhergehen kann (vgl. PASSIE und SCHARFETTER 2013).

Grundsätzlich gehören die Ekstasen unter Psychedelika zum Typ der luziden Ekstasen, bei denen Bewusstseinsklarheit und weitgehend intakte geistige Funktionen bestehen; dies im Unterschied zu den somnambulen Ekstasen, die typischerweise mit einer Trübung des Bewusstseins und Gedächtnisstörungen einhergehen (PASSIE 2011).

Es soll noch erwähnt werden, dass die psychedelischen Erfahrungen sich typischerweise in einer bestimmten Sequenz abspielen und nicht in jedem Fall dieselbe Qualität und Quantität von Erlebnisphänomenen in Erscheinung tritt. Die typische Sequenz stellt sich in etwa folgendermaßen dar: initiale vegetative Erscheinungen (Angst, Schwitzen, Übelkeit u.a.) > primitive visuelle Erscheinungen > gesteigertes Gefühlserleben >

komplexeres szenisches visuelles Erleben > psychodynamische und kathartische Erfahrungen > mögliches ekstatisches Erleben > Vertiefung von Einsichten in Verhalten, Persönlichkeit, Beziehungen und Wirkungen auf andere > Wiederherstellung des normalen Bewusstseinszustandes > „psychedelischer Afterglow" für einige Tage > transformierende Folgewirkungen.

Im Zusammenhang mit der hier entwickelten Hypothese sind die Nachwirkungen der durch Psychedelika hervorgebrachten mystisch-ekstatischen Erlebnisse von besonderem Interesse.

Diese Nachwirkungen wurden schon in den 1960er Jahren beforscht und zeigen, dass Menschen, die zu solchen Erfahrungen gelangten, oft einen bedeutsamen Wandel von Wertewelt, persönlicher Orientierung und nicht selten einen transformativen Persönlichkeitswandel mit einer Vermehrung von Toleranz und Mitgefühl, verminderter materieller Orientierung, Vermehrung von Offenheit, Demut und Altruismus zeigen (McGLOTHLIN et al. 1967; FADIMAN 1966; GRIFFITHS et al. 2006; McLEAN et al. 2011).

Diese Nachwirkungen von mystischen Erfahrungen beeinflussen die Persönlichkeitsentfaltung in der Regel dauerhaft und sind gewöhnlich sehr nachhaltig (GRIFFITHS et al. 2008).

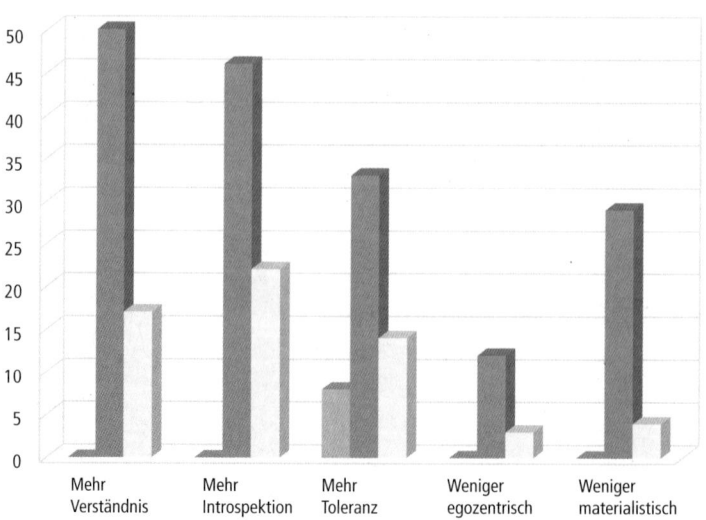

Abb. 1: Persönlichkeits- und Wertewandel nach kontrollierter LSD-Einnahme (McGLOTHLIN et al. 1967).
Hellgraue Balken = Kontrollgruppe mit 25 μg LSD, dunkelgraue Balken = Gruppe mit 200 μg LSD,
weisse Balken = Kontrollgruppe mit Amphetamin

Noyes und Kletti	Moody	Ring
Verändertes Zeiterleben	Unbeschreiblichkeit	Gefühl von Frieden und Wohlsein
Lebhafte Gedanken	Vernehmen von Neuigkeiten	Außerkörperliche Erfahrung
Empfindung von Harmonie oder Einheit	Gefühl von Frieden und Ruhe	Eintreten in die Dunkelheit
Beschleunigtes Denken	Das Gefühl, tot zu sein	Sehen eines weißen Lichts
Empfindung des Losgelöstseins	Außerkörperlichkeit	Begegnung mit einer „Präsenz"
Losgelöstsein vom Körper	Der dunkle Tunnel	Erleben des Lebensrückblicks
Gefühl der Unwirklichkeit	Wahrnehmung einer überirdischen Umwelt	Entscheidung zur Rückkehr ins Leben
Automatische Bewegungen	Andere treffen und mit ihnen kommunizieren	Gewahrsein einer „anderen Welt"
Wiedererleben von Erinnerungen	Ein strahlendes Licht sehen, Begegnung mit Lichtwesen	Kommunikation mit „Geistern" oder geliebten Menschen
Nichtvorhandensein von Gefühlen	Erfahrung von Akzeptanz und unbedingter Liebe	Hören wunderschöner Musik
Großes Verstehen	Panoramatischer Lebensrückblick	
Schärfer sehen oder hören	Vorschau oder Vorausblick	
Farben oder Visionen	Vision des Wissens	
Kontrolle durch äußere Kräfte	Wahrnehmung einer Grenze	
Objekte klein oder weit entfernt	Ein Reich der verwirrten Geister	
Lebhafte Vorstellungen	Rückkehr	
Stimmen, Musik oder Geräusche		

Tabelle 1: Elemente der NTE gemäss den einschlägigen Autoren (Noyes und Kletti 1976, Moody 1977, Ring 1984)

Phänomene ekstatischen Erlebens bei NTE

Die hier als ekstatisch angesprochenen NTE bieten wie die psychedelischen Erfahrungen ein breites Spektrum von Erlebnisphänomenen. Da hier der Raum für eine ausführliche Darstellung fehlt und eine solche für die Begründung der Hypothese auch nicht erforderlich ist, sollen nur in Kürze die wesentlichen Phänomene angesprochen werden, wie sie in der Literatur von verschiedenen Forschungsgruppen beschrieben werden.

Der NTE-Forscher Kenneth Ring hat zum Beispiel mittels empirischer Studien an NTE-Erfahrenen einen Kernbestand von Erlebnisphänomenen herausgearbeitet, den er zugleich für eine Stadieneinteilung der NTE zu nutzen versucht hat. Er nennt die folgenden Kernbestandteile:

1. Empfinden von Frieden und Wohlgefühl (mit den Subkomponenten: Angstfreiheit, Ruhe, Wärme, Schmerzlosigkeit, Entspannung, Glücksempfinden);

2. Separation vom Körper (teils mit Heautoskopie und/oder dem Empfinden eines Verlassens des Körpers);

3. Eintreten in die Dunkelheit (verbunden mit Friedensempfinden, nicht selten dem subjektiven Passieren eines Tunnels);

4. Die Lebensrückblende (mit Aufflackern einer sehr lebendigen und authentisch wirkenden – primär visuellen – Erinnerung an das eigene Leben, entweder im Sinne eines panoramatischen „Gesamtüberblicks" oder der Vertiefung in einige bedeutsame Stationen);

5. Die Begegnung mit „einer Präsenz" (manchmal als ein sehr tiefes Empfinden der Präsenz einer übergeordneten Wesenheit, manchmal mit einer zum Erfahrenden sprechenden Stimme);

6. Die Begegnung mit Verstorbenen (i.d.R. mit nahestehenden Personen, die verstorben sind und die mit dem Betroffenen zu kommunizieren scheinen);

7. Die Erscheinung eines Lichts (beschrieben meist als „brillantes goldenes Licht" von unglaublicher Schönheit);

8. Eingehen in das Licht (durch das Licht hindurch oder hinter ihm scheint sich die „jenseitige Welt" zu zeigen mit schönen Blumen, lieblicher Musik usw.) (Ring 1984).

Obgleich es gewisse Differenzen bezüglich der Beschreibung und Konzeptualisierung bei den Autoren gibt (siehe Tabelle 1), besteht im Grunde Einigkeit über die grundsätzlichen Features, wie sie bei NTE auftreten können (vgl. Sabom und Kreutzinger 1978; Sabom 1981; Osis und Haraldsson 1977; Greyson und Stevenson 1980).

Noyes und Slyman (1978) haben mit Faktorenanalysen drei Hauptkomplexe von Erlebnisphänomenen bei NTE herausgestellt. Sie benennen diese als: 1. Depersonalisation, 2. Überwachheit; 3. mystisches Bewusstsein. Diese Faktoren verweisen auf die bedeutenden Übereinstimmungen der Erlebnisphänomene bei NTE und psychedelischen Erfahrungen.

Ring (1984) hat im Rahmen seiner Forschungen eine Unterteilung in „deep experiencers" und „moderate experiencers" vorgenommen, um jene, die ein recht vollständiges Spektrum von Erlebnisphänomenen während der NTE erlebt haben, von denen unterscheiden zu können, die lediglich einige der Phänomene erfahren haben. Dadurch hat Ring die klinisch bekannte Tatsache herausgestellt, dass sich die Qualität und Quantität des jeweils Erlebten erheblich unterscheiden können.

Da die typischen Nachwirkungen von NTE (und Probleme bei deren Verarbeitung) dem Leser vermutlich bekannt sein werden, soll hier nur darauf verwiesen werden, dass sie im Wesentlichen jenen gleichen, die als Nachwirkung von mystisch-ekstatischen Erfahrungen berichtet werden (Passie und Petrow 2013).

Erlebnisphänomene bei ekstatischen Zuständen (nach Arbman 1963)	Vorkommen bei NTE	Vorkommen bei psychedelischen Zuständen
Verändertes Zeiterleben	+	+
Verändertes Raumerleben	+	+
Beschleunigtes Denken	+	+
Assoziatives Denken	+	+
Aufgehobenes Denken	+	+
Stimmungserfülltheit	+	+
Verstärktes Gefühlserleben	+	+
Empfinden von Frieden; Ruhe und Harmonie	+	+
Halluzinatorisches / visionäres Erleben innen / außen	+	+
Erleben bedeutsamer Visionen	+	+
Ungewöhnliches Körpererleben	+	+
Veränderung der Körpergrenzen	+	+
Außerkörperliche Erfahrung	+	
Abspaltung von der Umwelt	+	+
Erleben eines Lichts	+	+
Eingehen in ein Licht	+	+
Einheit von Ich und Welt (Unio mystica)	+	+
Begegnung mit Wesenheiten	+	+
Eintritt in die Dunkelheit	+	
Passieren eines Tunnels	+	
Begegnung mit Verstorbenen	+	
Begegnung mit Nahestehenden	+	
Empfinden großen Verständnisses	+	+
Eintreten in eine „unirdische Welt"	+	
Hören einer Stimme	+	+
Sehen schöner Farben	+	+
Auftauchen von Erinnerungen	+	+
Panoramatischer Lebensrückblick	+	

Tabelle 2: Vergleich von möglichen Phänomenen ekstatischen Erlebens bei NTE und Erfahrungen durch Psychedelika

Die NTE als Prototyp ekstatischer Erfahrungen

Die Tabelle 2 zeigt die Erlebnisphänomene, die während ekstatischer Zustände und während einer NTE auftreten können. Sie verdeutlicht, dass die NTE ein weites Spektrum von Erlebnisphänomenen aufweist. Sie zeigt außerdem, dass praktisch sämtliche Phänomene, wie sie während ekstatischer Zustände auftreten können, im Spektrum der NTE enthalten sind.

Darüber hinaus kommen einige Erlebnisphänomene vor, die bei ekstatischen Zuständen anderer Art nur selten oder gar nicht vorkommen (z. B. zeitlupenartige visuelle Wahrnehmung, Lebensrückschau). Wie aufgezeigt, reichen an die Vielfalt der Erlebnisphänomene bei NTE lediglich die vielgestaltigen Erfahrungen unter Psychedelika heran.

Aufgrund ihrer erlebnismäßigen Ähnlichkeit wurde von einigen Autoren eine unmittelbare Verwandtschaft von psychedelischen Erfahrungen und NTE postuliert (vgl. GROF und HALIFAX 1980). So schreibt etwa GROF (2005) über diejenigen Menschen, die im Vorfeld ihres Sterbens eine therapeutisch geleitete LSD-Erfahrung machen konnten:

„In dieser Gruppe hatten wir einige Beispiele von Patienten, die psychedelische Sitzungen in unserer Behandlung erlebt hatten und die später, als der Krebs fortschritt, tatsächliche Nahtod-Erfahrungen erlebten. So zum Beispiel einen Patienten, der einen Herzstillstand erlebte [und wiederbelebt wurde]. Als wir danach mit ihm sprachen, berichtete dieser, dass er sehr glücklich gewesen sei, die psychedelischen Sitzungen gehabt zu haben, weil er dadurch mit dem erlebten Territorium vertraut gewesen sei. Die Nahtod-Erfahrung habe ihn in die gleichen Bereiche geführt, die er während der Sitzungen erfahren hatte. Somit verglich er die beiden Erfahrungen miteinander und fand sie gleichartig beschaffen" [Übersetzung T.P.] (GROF 2005: 136).

Die hier aufgestellte Hypothese postuliert, dass die NTE als der Prototyp ekstatischer Erfahrungen verstanden werden kann, weil sie (im Sinne einer Erlebnisbereitschaft/-möglichkeit) das breiteste Spektrum von Erlebnisphänomenen ekstatischer Zustände bereithält. Legt man das bei NTE mögliche Spektrum von Erlebnisphänomenen zugrunde (Tabelle 1, Abb. 2), so kann man praktisch sämtliche anderen ekstatischen Zustände durch „Subtraktion" von dieser (umfassendsten) Erfahrung bestimmen, da sie alle weniger, doch praktisch niemals mehr Erlebnisphänomene als die NTE enthalten (vgl. zum Beispiel Abb. 3–5).

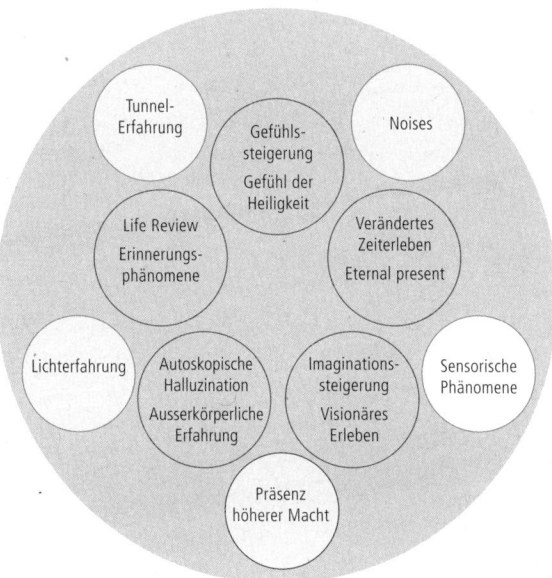

Abb. 2: Schematische Darstellung des Spektrums der Erlebnisphänomene bei einer NTE. Der graue Kreis im Hintergrund soll andeuten, dass eine NTE all diese Erlebnisphänomene umfassen kann. Die größeren Kreise stellen häufigere, die kleineren Kreise seltenere Erlebnisphänomene bei NTE dar.

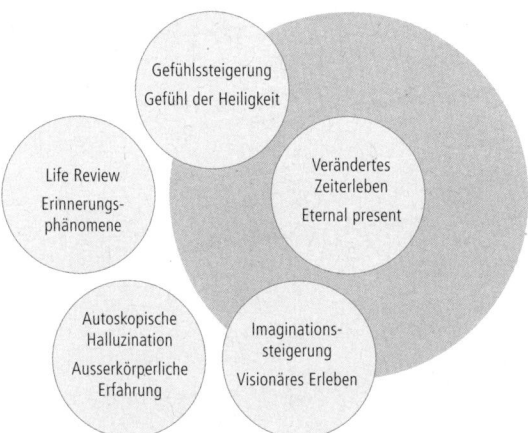

Abb. 3: Schematische Darstellung einer möglichen Konstellation von Erlebnisphänomenen bei einer visionären religiösen Erfahrung. Der graue Kreis deutet an, welche Erlebnisphänomene aus dem Spektrum der NTE involviert sind.

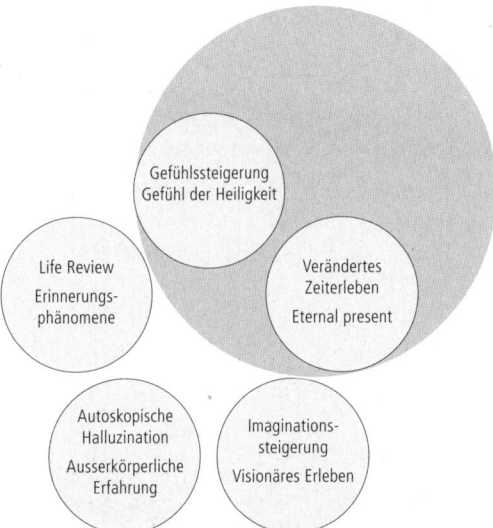

Abb. 4: Schematische Darstellung einer möglichen Konstellation von Erlebnisphänomenen
bei einer nicht-visionären religiösen Erfahrung

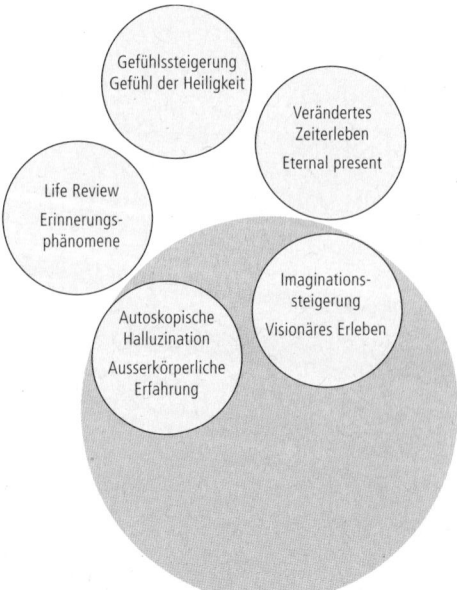

Abb. 5: Schematische Darstellung einer möglichen Konstellation von Erlebnisphänomenen
bei einer spontanen außerkörperlichen Erfahrung

Implikationen einer Prototypik der NTE für eine Theorie ekstatischer Zustände

Es ist aus heutiger Sicht nicht mehr zu erschließen, welche Art von ekstatischer Erfahrung dem Menschen zuerst zuteil geworden ist. Von NEWBERG und D'AQUILI (2001) wurde der sexuelle Orgasmus als die ursprüngliche Form ekstatischer Erfahrung postuliert, aus der sich alle anderen ekstatischen Erfahrungsformen abgeleitet hätten.

Die Hypothese der Prototypik der NTE weist insofern darüber hinaus, als dass

1. die NTE erheblich komplexer ist;

2. es sich bei der NTE um eine wahrscheinlich sehr alte, ursprüngliche und doch komplexe Assoziation ekstatischer Erlebnisphänomene handelt;

3. diese komplexe Erfahrungsform wahrscheinlich seit der Urzeit in der Neurobiologie des Menschen verankert ist;

4. die NTE schon lange da war, bevor der Mensch sich bewusst einen Zugang zu ekstatischen, mystischen, kathartischen und religiösen Erfahrungen im Rahmen von Schamanismus, religiösen Praktiken und Heilungsritualen erschlossen hat.

Es entbehrt daher nicht einer gewissen Logik zu postulieren, dass sich von einer derart lange im menschlichen Organismus verankerten Erfahrungsmöglichkeit/Erfahrungssequenz einzelne Elemente herausheben und gezielt erzeugen lassen und sich damit die „Basis" einer Kultivierung ekstatischer Erfahrungen gebildet haben könnte. Dass die „unspezifischsten" Induktionsmittel ekstatiformer Zustände, die psychedelischen Substanzen – als einzige der vielen Induktionsmethoden – in der Lage sind, nahezu das komplette Spektrum der Erlebnisphänomene einer NTE hervorzubringen, unterstützt m.E. eine solche Theorie. Dies insofern, als nur eine derart unspezifische Induktionsbedingung in der Lage sein kann, ein solch breites Spektrum von Erlebnisphänomenen hervorzurufen.

Demgegenüber mobilisieren Meditation, Atemtechniken, Hypnose, aber auch spezifischer wirkende psychoaktive Substanzen (z. B. MDMA, Ketamin) und „spontane" mystische Erfahrungen stets nur ein deutlich schmaleres Spektrum von Erlebnisphänomenen (vgl. HOLM 1982; SPOERRI 1968; ARBMAN 1963; LASKI 1961; MANTEGAZZA 1888). Die Diagramme (Abb. 1-4) versuchen beispielhaft zu verdeutlichen, wie sich aus dem „vollen" Spektrum möglicher Erlebnisphänomene eine je spezifische Konstellation in den ekstatischen Zuständen findet.

Wird ein populäres neurophysiologisches Modell der NTE zugrunde gelegt, welches eine „Enthemmung neuronaler Schaltkreise" während der NTE postuliert, so könnte spekuliert werden, inwieweit die verschiedenen Induktionsmethoden für ekstatische Zustände jeweils nur ein beschränktes Spektrum an Erlebnisphänomenen freilegen bzw. die entsprechenden Hirnstrukturen „enthemmend" beeinflussen können. Zu den Wirkungen von Psychedelika hat VOLLENWEIDER (2001b) das Modell einer partiellen

Enthemmung neuronaler Schaltkreise entwickelt. Eine kritische Übersicht zu neurobiologischen Modellen mystisch-ekstatischer Zustände weist darauf hin, dass ganz unterschiedliche neurobiologische Konfigurationen/Wirkmechanismen zu einer quasi-identischen mystischen Erfahrung führen können (Passie et al. 2013).

In diesem Zusammenhang ist die Tatsache interessant, dass der Kern der NTE, wie aufgezeigt, in vielen Fällen eine mystische Erfahrungsqualität aufweist. Es gleichen sich die klassischen mystischen Erfahrungen und die mystischen Erlebnisqualitäten, wie sie typischerweise bei einer NTE auftreten, offenbar so sehr, dass sie als in wesentlichen Teilen identisch betrachtet werden müssen.

Ausblick und Zusammenfassung

Von Interesse für die zukünftige Forschung wäre es, die Reichhaltigkeit der Erlebnisphänomene, d. h. die qualitative Struktur und das quantitative In-Erscheinung-Treten der jeweiligen Phänomene, mit deren Wirkungen und Folgewirkungen in Beziehung zu bringen. Die psychedelischen Erfahrungen mit ihrer Vielfalt und Eindrücklichkeit könnten Hinweise darauf vermitteln, dass ekstatisches Erleben, je umfassender es ist, zu stärkeren Folgewirkungen auf die Entwicklung der Person führt.

Zusammenfassend ergibt sich das Bild der NTE als eine Urform komplexer ekstatischer Erfahrung, in deren Rahmen sämtliche Erlebnisphänomene ekstatischer Zustände (und noch einige mehr) vorkommen können. Die Kohärenz und Sequenz des während einer NTE Erlebten wie auch die interkulturellen Übereinstimmungen verweisen auf ihre über vermutlich erhebliche Zeitspannen stabile Form und neurobiologische Verankerung im Organismus. Alle anderen Ekstaseformen lassen sich – so die hier entwickelte Hypothese – mittels „Subtraktion" aus der erlebnismäßig umfassendsten ekstatischen Erfahrung (der NTE) als dem *Prototyp ekstatischer Erfahrung* ableiten. Vor diesem Hintergrund erscheint es denkbar, dass die NTE einen erlebnismäßigen und neurobiologischen Ausgangspunkt, eine „Basis" für die Kultivierung ekstatischer Zustände in Schamanismus, Heilungsritualen und religiösen Praktiken gebildet hat.

Literatur

Abramson HA (ed.) (1967): The Use of LSD in Psychotherapy and Alcoholism. Indianapolis, New York, Kansas City

Arbman E (1963–1970): Ecstasy or religious trance. 3 Bde. Norstedt

Carhart-Harris RL, Erritzoe D, Williams T, Stone JM, Reed LJ, Colasanti A, Tyacke RJ, Leech R, Malizia AL, Murphy K, Hobden P, Evans J, Feilding A, Wise RG, Nutt DJ (2012): Neural correlates of the psychedelic state as determined by fMRI studies with psilocybin. Proc Natl Acad Sci USA 109: 2138-43

Ebeling J (2014): Zur differentiellen Phänomenologie ekstatischer Zustände. Hannover: Dissertation an der Medizinische Hochschule Hannover

Fadiman J (1966): Behavior Change Following Psychedelic (LSD) Therapy. Stanford: Stanford University Ph.D. Dissertation

Gasser P, Holstein D, Michel Y, Doblin R, Yasar-Klosinski B, Passie T, Brenneisen R (2014): Safety and efficacy of Lysergic acid diethylamide-assisted psychotherapy for anxiety associated with life threatening illnesses. The Journal of Nervous and Mental Disease 202(7): 513-20. http://www.maps.org/research/lsd/Gasser-2014-JMND-March14.pdf

Grof S (1978): Topographie des Unbewussten. LSD im Dienst der tiefenpsychologischen Forschung. Stuttgart

Grof S, Halifax J (1980): Die Begegnung mit dem Tod. Stuttgart

Grof S (2005) (2005): The great awakening: psychology, philosophy, and spirituality in LSD psychotherapy. In: Walsh, R Grob CS (eds.) Higher Wisdom. Albany, NY, 119–144

Greyson, B. (1984): The Near-Death Experience Scale. In: Greyson B, Flynn C (eds.) The near-death experience – problems, prospects, perspectives. Springfield, IL, pp. 45–59

Greyson B, Flynn C (eds) (1984): The near-death experience – problems, prospects, perspectives. Springfield, IL

Greyson B, Stevenson I (1980): The phenomenology of near-death experiences. Am J Psychiat 137: 1193-1196

Griffiths R, Richards W, Johnson M, McCann U, Jesse R (2008): Mystical-type experiences occasioned by psilocybin mediate the attribution of personal meaning and spiritual significance 14 months later. J Psychopharmacol 22: 621-32

Griffiths RR, Richards WA, McCann U, Jesse R. (2006): Psilocybin can occasion mystical-type experiences having substantial and sustained personal meaning and spiritual significance. Psychopharmacology (Berl.) 187: 268-83

Hintzen A, Passie T (2010:): The Pharmacology of LSD. Oxford, New York u.a.

Holm NG (1982): Religious ecstasy. Stockholm

Klüver H (1966): Mescal and mechanisms of hallucination. Chicago

Laski M (1961): Ecstasy in secular and religious experiences. London

Leuner H (1962): Die experimentelle Psychose. Berlin, Göttingen, Heidelberg

MacLean KA, Johnson MW, Griffiths RR (2011): Mystical experiences occasioned by the hallucinogen psilocybin lead to increases in the personality domain of openness. J Psychopharmacol 25: 1453-61

Mantegazza P (1888): Die Ekstasen des Menschen. Jena

Masters REL, Houston J (1966): The varieties of psychedelic experience. New York, Chicago, San Francisco

McGlothlin W, Cohen S, McGlothlin MS (1967): Long Lasting Effects of LSD on Normals. Arch Gen Psychiatry 17: 521–532

Moody RA (1975): Life after life. Covington, GA

Newberg A, d'Aquili E (2001): Why God won't go away. New York

Noyes, R., Kletti, R. (1976): Depersonalization in the face of life-threatening danger: A description. Psychiatry 39: 19–27

Noyes R, Slyman D (1978): The subjective response to life-threatening danger. Omega 9: 313–321

Osis K, Haraldsson E (1977): At the hour of death. New York

Pahnke WN (1963): Drugs and mysticism: an analysis of the relationship between psychedelic drugs and mystical consciousness. Boston: Harvard University Dissertation

Pahnke W (1966): Psychopharmaka und mystische Erfahrung. Zeitschrift für Parapsychologie und Grenzgebiete der Psychologie 9: 85–106

Passie T, Belschner W (Hrsg.) (2008): Ekstase: Phänomen – Erfahrung – Heilung. Hannover

Passie T, Pleske R (2011): Wirkungen therapeutischen Atmens. Berlin

Passie T (2007): Bewusstseinszustände: Konzeptualisierung und Messung. Münster u.a.

Passie T, Warncke J, Peschel T, Ott U (2013): Neurotheologie: Neurobiologische Modelle religiöser Erfahrungen. Nervenarzt 84: 283–293

Passie T, Dürst T (2009): Heilungsprozesse im veränderten Bewusstsein. Berlin

Passie T (1996): Phänomenologisch-anthropologische Psychiatrie und Psychologie. Hürtgenwald

Passie T (2011): Trance und Besessenheitszustände. In: Machleidt W, Heinz A (eds.) Praxis der interkulturellen Psychiatrie und Psychotherapie. München, S. 355–362

Passie T (2013): Traum, Trance und Ekstase – Ihr Verschwinden in der Kulturgeschichte des Abendlandes. In: Passie T, Belschner W, Petrow E (Hrsg.): Ekstasen: Kontexte – Formen – Wirkungen. Würzburg, S. 51–64

Passie T, Petrow E (2013): Folgewirkungen mystischer Erfahrungen. In: Passie T, Belschner W, Petrow E (Hrsg.): Ekstasen: Kontexte – Formen – Wirkungen. Würzburg, S. 255–276

Ring K (1982): Frequency and stages of the prototypic near-death experience. In: Lundahl CR (ed.) A collection of near-death research readings. Chicago, pp. 110–147

Ring K (1984): Further studies of the near-death experience. In: Greyson B, Flynn C (eds), The near-death experience – problems, prospects, perspectives. Springfield, IL, pp. 30–36

Sabom MB (1981): Recollections of death: A medical investigation. New York

Sabom MB, Kreutziger S (1977): The experience of near death. Death Education 1: 195–203

Schultes RE, Hofmann A (1980): Pflanzen der Götter. Bern

Stace, Walter T.(1960): Mysticism and philosophy. Philadelphia

Strassman R (2004): DMT – Das Molekül des Bewusstseins. Aarau

Vollenweider F (2001a): Brain mechanisms of hallucinogens and entactogens. Dialogues in Clinical Neuroscience 3: 265–279

Vollenweider FX, Geyer MA. (2001b): A systems model of altered consciousness: integrating natural and drug-induced psychoses. Brain Res Bull 56: 495–507

Psychiatrische Aspekte von Trance und Besessenheit
Torsten Passie

Einleitung

Der umfassende *Oxford Companion to the Mind* (2004) enthält, wie auch praktisch alle aktuellen Lehrbücher der Psychiatrie, keinen Eintrag zum Stichwort Trance oder Besessenheit. Dies verweist auf die randständige Bedeutung dieser Zustände im westlichen Kulturkreis, die sich auch darin zeigt, wie wenig Gewicht die in der Psychiatrie gebräuchlichen Diagnosehandbücher und Klassifikationen (ICD-10 und DSM-V) diesen Zuständen beimessen.

Doch veränderte Bewusstseinszustände wie Traum, Trance, Besessenheit und Ekstase spielen seit Beginn der Menschheitsgeschichte eine bedeutende Rolle im kulturellen Leben fast aller Völker. Nicht nur, dass wichtige Entdeckungen während traum- oder tranceartiger Bewusstseinszustände gemacht wurden (TART 1969); auch scheint dem Menschen ein Drang zur Veränderung seines Bewusstseinszustandes innezuwohnen, der in einer jahrtausendealten Nutzung veränderter Bewusstseinszustände zu Zwecken von Heilung, Divination, als Bestandteil von Initiations- und Übergangsritualen, aber auch der Rekreation bei fast allen Völkern der Erde seinen Ausdruck findet (Tabelle 1).

Ein Idealtyp des Heilens in Trance findet sich verkörpert im Schamanismus, der ursprünglich wahrscheinlich bei sibirischen Völkern ausgeprägt wurde und dessen Name oft auch zur Beschreibung vergleichbarer Heilpraktiken in Trance verwendet wird. Häufig „bereist" ein solcher Heiler, vermittelt über selbstinduzierte veränderte Bewusstseinszustände wie Trance, Besessenheit und Ekstase, die Bereiche der nicht-sichtbaren Welten, die als übergeordnete Matrix die sichtbare Welt umfassen. In diesen Bereichen ist, so die Vorstellung der Schamanen, im Falle einer Krankheit eine Störung aufgetreten, die der Schamane auf seiner ekstatischen Reise, dem „Seelenflug", aufzulösen trachtet (LOMMEL 1980).

Auch ganze Menschengruppen oder Einzelne im Kontext religiöser Gruppen können Trancezustände im Rahmen kulturell überformter Rituale erleben. Diese müssen dann nicht notwendig pathologisch sein, sondern können Zwecken der intrapsychischen, interpersonellen und kulturellen Regulation dienen. Was diese Zustände von pathologischen Formen unterscheidet, ist, dass sie freiwillig und kontrolliert ausgelöst bzw. angestrebt werden und nur zeitlich begrenzt auftreten. Zudem wird durch sie zumeist kein Leiden hervorgerufen; obgleich durch das veränderte Erleben manchmal auch Erfahrungen ausgelöst werden können, die nicht direkt nach dem Ritual in ihren Wirkungen voll überstanden und integriert sind (BARUSS 2003).

	Anzahl untersuchter Gesellschaften	Anzahl mit institutionalisierten veränderten BZ	Anzahl ohne institutionalisierte veränderte BZ
Afrika südlich der Sahara	114	94 (82%)	20 (18%)
Mittelmeerraum	44	35 (80%)	9 (20%)
Osteurasien	65	61 (94%)	4 (6%)
Pazifik-Inseln	86	81 (94%)	5 (6%)
Nordamerika	120	116 (97%)	4 (3%)
Südamerika	59	50 (85%)	9 (15%)
Gesamt	488	437 (90%)	51 (10%)

Tabelle 1: Institutionalisierte Formen von Trance- bzw. Besessenheitszuständen: Vorkommen in den ethnographischen Hauptregionen (nach BOURGUIGNON 1973)

Veränderte Bewusstseinszustände

Das gewöhnliche Tag-Wach-Bewusstsein umfasst ein weites Spektrum subjektiver Erfahrungen, abhängig von Faktoren wie physischen und sozialen Rahmenbedingungen, Stimmungen und Erregungsniveau, der Befasstheit mit inneren oder äußeren Stimuli oder dem inneren Erleben von Denkvorgängen, Vorstellungen und Erinnerungen. Nach TART (1969: 1) können veränderte Bewusstseinszustände (VBZ) so definiert werden: Ein VBZ ist ein Zustand, in dem die betreffende Person in klarer Weise eine *qualitative* Verschiebung innerhalb des gewöhnlichen Musters mentalen Funktionierens verspürt. Das heißt, sie bemerkt nicht nur eine *quantitative* Verschiebung (mehr oder weniger wach, mehr oder weniger visuell imaginativ etc.), sondern auch die Qualitäten ihrer mentalen Prozesse sind verschieden.

Veränderte Bewusstseinszustände sind somit nicht nur Veränderungen der Bewusstseinsinhalte, sondern umfassen weiterhin Veränderungen kognitiver Funktionen (Aufmerksamkeit, Konzentration, Gedächtnis usw.; vgl. Tabelle 2), Verhaltensmodifikationen und physiologische Veränderungen (Erregungsniveau, neurometabolisches Muster usw.) (PASSIE 2007). VBZ werden nicht notwendigerweise während ihres Auftretens als solche erkannt, können aber retrospektiv zugänglich sein. VBZ sind gewöhnlich lediglich kurzzeitig anhaltende, reversible Verfassungen (LUDWIG 1966).

Veränderungen von
• Denken
• Konzentration
• Aufmerksamkeit
• Gedächtnisfunktionen
• Urteilsvermögen
• Reflektiver Wahrnehmung
• Zeitwahrnehmung
• Selbstverfügbarkeit/Selbstkontrolle (qualitativ und quantitativ)
• Emotionalem Ausdruck
• Des Körpererlebens
• Des Selbst-Erlebens
• Depersonalisation/Derealisation
• Des Erlebens von Grenzen (Selbst/Andere, Selbst/Welt)
• Ich-Funktionen
• Beobachter-Funktionen
• Kontroll-Funktionen
• Integrativen Funktionen
• Intersubjektiven Funktionen
• Exekutiven Funktionen
• Imaginativen Fähigkeiten

Tabelle 2: Veränderte psychische und kognitive Funktionen bei veränderten Bewusstseinszuständen (nach PASSIE 2007)

Epidemiologie

Die kulturell eingebundene Nutzung von veränderten Bewusstseinszuständen, insbesondere auch von Trance und Besessenheitstrance, ist auf allen Kontinenten verbreitet (Tabelle 1). Allerdings scheint die Prävalenz mit zunehmender Industrialisierung abzunehmen.

Obgleich bisher keine systematischen Daten über leidensverursachende Nachwirkungen oder Komplikationen von willentlich hervorgerufenen Zuständen von Trance oder Besessenheit vorliegen, ist anzunehmen, dass solche psychopathologischen Wirkungen vorkommen.

In Bezug auf das Erleben von Depersonalisation ist die Prävalenz unbekannt, aber es ist gesichert, dass mehr als die Hälfte der Erwachsenen nach willentlich induzierter

Trance Depersonalisation temporär erlebt hat. Bedeutung könnte auch unfreiwilligen Induktionen von Trance- oder Besessenheitszuständen bei religiösen oder satanistischen Sekten zukommen, wobei sich hierbei die Symptome von dissoziativen Störungen und Trancezuständen bzw. deren Nachwirkungen mischen dürften.

Von Interesse ist die Tatsache, dass aus Indien praktisch keine Fälle von multiplen Persönlichkeitsstörungen (MPD) berichtet werden, obgleich das klinische Bild, das im westlichen Kulturkreis die Diagnose einer MPD impliziert, vielfach beschrieben wurde (VARMA et al. 1981). Aus diesen Gründen ist wahrscheinlich von einer erheblichen Inzidenz von – aus westlicher Sicht nicht vorschnell zu pathologisierenden – dissoziativen „Störungen" im asiatischen Raum auszugehen. Doch kommen diese Störungen unter anderen Labels und mit anderen Behandlungsimplikationen bei weitem nicht immer in medizinische Behandlung (SPITZER und FREYBERGER 2008). Aus soziologischer Perspektive sind junge Frauen die vulnerabelsten Gesellschaftsmitglieder in Indien. Sie besitzen den geringsten sozialen Status in der Familie und haben die geringste Macht. Von daher sind sie quasi ungeschützt vor ernstlichem Missbrauch und unbeachtet in der Familie. Diese Besonderheit der Sozialstruktur erklärt vielleicht die hohe Inzidenz dissoziativer Störungen auf diesem Subkontinent (VARMA et al. 1981).

Die im westlichen Kulturkreis, nicht zuletzt aufgrund der nahen Verwandtschaft zu den hysterischen Störungen, vermutete größere Häufigkeit dissoziativer Störungen beim weiblichen Geschlecht konnte allerdings durch neuere Studien nicht bestätigt werden (SPITZER und FREYBERGER 2008).

Trance und Besessenheitstrance

Trance und Besessenheitstrance sind gekennzeichnet durch eine Veränderung des Bewusstseinsrahmens, d.h. dessen, was an inneren und äußeren Reizen bewusst erfahren wird. Das Bewusstsein kann verengt, aber auch erweitert sein. Die Wachheit kann erhöht, aber auch vermindert sein.

Leichtere Formen von tranceartigen Zuständen, die jeder von uns einmal erlebt hat, sind das Tagträumen, die Autobahn-Hypnose sowie Zustände von Übermüdung und Erschöpfung. Heutzutage wird von vielen Autoren nur die durch Hypnose ermöglichte Trance diskutiert. Dies erscheint zwar aufgrund einiger Ähnlichkeiten gerechtfertigt, greift aber doch zu kurz, da das Spektrum der Trancezustände erheblich breiter ist. Es reicht von Tagträumen über Faszination und Ergriffenheit bis zur vertieften Trance durch Trommeln, Tanz, Hyperventilation oder den durch halluzinogene Drogen ausgelösten sehr komplexen Trancezuständen (PRINCE 1968, ZUTT 1971). Ein sachlich sinnvolles Unterscheidungskriterium könnte die Tiefe der Absorption im Trancezustand sein.

Während eines Trancezustandes sind das gesamthafte subjektive Erleben, Kognition und Bewusstseinsrahmen verändert. Im Anschluß an zwei zeitübergreifend bedeutende Autoren (OESTERREICH 1921, BOURGUIGNON 1973) können Trancezustände in zwei Kategorien unterteilt werden:

– Die *luzide Trance,* bei der ein klares Bewusstsein mit – mindestens partiell – geordnetem Erlebnisstrom herrscht, der, bei meist fehlenden abstrakten Denkprozessen und verminderter Besonnenheit, gewöhnlich in einem imaginativen Bilderfluss und ohne gedankliche Vorgänge erlebt wird. Typischerweise kann auch eine Defokussierung des Bewusstseins vorkommen, das aufgrund der veränderten Hirnfunktionen Reize weniger selektiv und konzeptgebunden verarbeitet. Das Gefühlserleben ist bei der Trance in einigen Fällen gesteigert, in anderen weicht es einer Art Gleichmut oder ist schlicht reduziert. In der luziden Trance sind körperliche Koordination und Teile der Realitätsprüfung erhalten, obgleich die Fähigkeit zur Selbstreflexion reduziert ist. Die Erlebnisinhalte sind zum größten Teil erinnerlich.

– Die *somnambule Trance,* in der die Bewusstseinshelligkeit verringert ist, das Sensorium getrübt oder abgeschaltet, steht dem Traum erheblich näher. Das Bewusstsein ist meist auf ein eingeengtes Erlebnisfeld bezogen, der Fluss des Erlebens eher verlangsamt, teils gar verarmt, doch dann auch wieder dynamisch, konvulsionsartig gesteigert. Er wirkt unkoordiniert, wenig auseinander hervorgehend, eher fragmentiert und sprudelnd wie im Traum. Abstrakte Denkprozesse treten praktisch nicht auf, von einer koordinierten, kortikal mitgestalteten Erlebnisformierung, etwa im Sinne der selektiven Aufmerksamkeitsausrichtung oder Lenkung des Erlebens, kann nicht mehr gesprochen werden. Der Betroffene erscheint meist wie in einer anderen Welt, ist nur reduziert ansprechbar, wirkt abwesend und nicht auf die Umwelt bezogen. Das Gefühlserleben kann stark gesteigert, aber auch verringert sein. Es können persönlichkeitsfremde Äußerungen und Verhaltensweisen auftreten. Die Realitätsprüfung ist erheblich reduziert, eine Selbstreflexion nicht mehr möglich. Die körperliche Koordination ist noch rudimentär erhalten. Der Inhalt des Erlebten kann in der Regel nicht erinnert werden (OESTERREICH 1921, BOURGUIGNON 1973).

Neurobiologische Aspekte

Neurobiologisch liegen Zuständen von Trance und Besessenheit Veränderungen des funktionellen Zusammenspiels von Hirnarealen zugrunde. Einige Ansätze der modernen Hirnforschung konzeptualisieren kognitive Funktionen als in einer hierarchischen Ordnung stehend. Demnach begünstigte evolutionärer Selektionsdruck die Entwicklung von höherstufigen integrativen Strukturen, die in der Lage sind, zunehmend komplexere Informationen zu verarbeiten. Dies führe zu einer Steigerung der Verhaltensflexibilität. Der zerebrale Kortex, insbesondere der präfrontale Kortex, steht demzufolge an der Spitze der Hierarchie und repräsentiert die neurale Basis höherer kognitiver Funktionen. Diesem – nicht unproblematischen – Modell folgend, geht eine neuere Theorie zur Erklärung von Trancezuständen davon aus, dass es während veränderter Bewusstseinszustände zu einer Deregulierung der Funktionen des präfrontalen Kortex bei der Ausgestaltung der bewussten Erfahrungswelt kommt. Dies finde gewöhnlich durch präfrontal modulierte Interaktionen kortikaler und subkortikaler Hirnbereiche statt. Bestimmte Merkmale der Erfahrungswelt in Trancezuständen gäben Hinweise auf das zeitweilige Fehlen spezifischer, durch präfrontale Kortexareale vermittelter Funktionen, was implizieren könnte, dass die höheren kortikalen Funktionen zugunsten tiefer gelegener Hirnareale (limbisches System) reduziert sind (DIETRICH 2003).

Es könnte sich allerdings auch um eine systemische Wandlung der Organisationsstruktur des Gehirns handeln, die ihre eigenen Aufgaben, Zweckmäßigkeiten und Vorteile hat. In diese Richtung weisen auch aktuelle Befunde aus der Hirnforschung, wo man zunehmend Belege dafür findet, dass sich in veränderten Bewusstseinszuständen das komplexe Zusammenwirken der Hirnareale in sogenannten Netzwerken erheblich verändert (z.B. CARHART-HARRIS et al. 2016). Trancezustände und die dabei mögliche Modifikation von Sinneswahrnehmungen und kognitiven Leistungen können aus einer solchen Sicht auch als eine in der Komplexität gesteigerte Leistung des Gehirns betrachtet werden. Dabei spielt anscheinend bei einigen Formen von Trancezuständen (z.B. Hypnose) ein komplexes und weitverzweigtes Aktivierungsmuster der Hirnaktivität mit Einbindung präfrontaler und cingulärer Areale eine Rolle (HALSBAND und LANGE 2006, FAYMONVILLE 2006).

Psychopathologische Aspekte

Im international gebräuchlichen Diagnosemanual der Weltgesundheitsorganisation, der *International Classification of Dissease Version 10*, abgekürzt ICD-10, werden Trance und Besessenheitszustände im Rahmen der neurotischen Störungen beschrieben. Es handele sich um „Störungen, bei denen ein zeitweiliger Verlust der persönlichen Identität und der vollständigen Wahrnehmung der Umgebung auftritt; in einigen Fällen verhält sich ein Mensch so, als ob er von einer anderen Persönlichkeit, einem Geist, einer Gottheit oder einer ‚Kraft' beherrscht wird. Aufmerksamkeit und Bewusstsein können nur auf ein oder zwei Aspekte der unmittelbaren Umgebung begrenzt und konzentriert sein, und häufig findet sich eine eingeschränkte, aber wiederholte Folge von Bewegungen, Stellungen und Äußerungen." Zugleich aber wird in der ICD-10 einschränkend bemerkt: „Es sollen hier nur Trancezustände einbezogen werden, die unfreiwillig oder ungewollt sind und sich innerhalb täglicher Aktivitäten abspielen, die also außerhalb religiöser oder anderer in diesem Sinn kulturell akzeptierter Situationen auftreten oder höchstens im Anschluss an diese."

Differenzialdiagnostisch sei zu berücksichtigen, dass unter dieser diagnostischen Kategorie keine Trancezustände klassifiziert werden sollen, „die während schizophrener oder akuter Psychosen mit Halluzinationen oder Wahn oder im Rahmen einer multiplen Persönlichkeit auftreten. Diese Kategorie ist nicht zu verwenden, wenn der Trancezustand mit einer körperlichen Krankheit (wie etwa Temporallappenepilepsie oder einer Kopfverletzung) oder mit einer Intoxikation durch psychotrope Substanzen in Zusammenhang steht" (ICD-10: 178).

Das amerikanische Diagnosesystem, abgekürzt DSM-V, verwendet mehr Text auf die Klassifikation und Einordnung von Trance und Besessenheitszuständen, die im Zusammenhang mit den dissoziativen Störungen abgehandelt werden (DSM V: 394–413). Dissoziative Störungen definiert das DSM-V als Störungen, bei denen eine Unterbrechung der normalerweise integrativen Funktionen des Bewusstseins, des Gedächtnisses, der Identität oder der Wahrnehmung der Umwelt eintritt. Schon in der Einleitung wird auf transkulturelle Aspekte hingewiesen, da dissoziative Zustände in vielen Gesellschaften ein akzeptierter Ausdruck kultureller Aktivitäten oder religiöser Erfahrungen sind. Dissoziation ist daher nicht von vornherein als pathologisch zu verstehen. Auch führt sie nicht immer zu bedeutsamem Leiden oder psychosozialen Beeinträchtigungen (DSM V: 399–400). Allerdings können Betroffene, die im Rahmen kulturell akzeptierter Rituale Trance- oder Besessenheitszustände erleben, durchaus einmal Symptome entwickeln, die zu Leiden oder Beeinträchtigung führen. Trance- oder Besessenheitstrancezustände mit Krankheitswert, also die pathologischen Trance- und Besessenheitszustände (ICD-10 F44.3), sind dadurch definiert, dass sie keine Akzeptanz als normaler Bestandteil der allgemeinen kulturellen oder religiösen Riten finden. Sie sind auch nicht durch die ritualisierten Praktiken des betreffenden Kulturkreises ausgelöst bzw. in diese integriert, sondern treten unwillkürlich auf. Die Betroffenen leiden subjektiv erheblich darunter und sind in ihren beruflichen und sozialen Funktionen beeinträchtigt. Die pathologischen Trance- und Besessenheitstrancezustände können durch Außenstehende provoziert oder auch unterdrückt werden. Die in den kulturell üblichen Trance- und Besessenheitstrancezuständen positiv erlebten Geister werden in den pathologischen Zuständen als feindlich und fordernd erlebt. Bis zu fünf verschiedene „geistige Mächte" können nacheinander während einer Episode erlebt werden. Im Zusammenhang mit pathologischen Trance- oder Besessenheitstrancezuständen sind Suizidversuche und Unfälle bekannt geworden. Die Dauer der Episoden reicht von wenigen Minuten bis Stunden. Sie stellen je nach Ausprägung eine schwere subjektive und soziale Behinderung dar und zeigen häufig einen chronischen Verlauf.

	Hysterisches Besessenheitssyndrom	Multiple Persönlichkeit
Episodischer Charakter	Kann gegeben sein	Gewöhnlich gegeben
Bewusstsein der Umgebung	Nicht immer erhalten	Erhalten
Gewahrsein der abnormalen Persönlichkeit	Gegeben	Nicht gegeben
Gewahrsein der eigentlichen Identität	Meist gegeben	Gegeben
Natur der angenommenen Persönlichkeit	Keine Manifestation einer bekannten Persönlichkeit	Gottheit, Geist oder bekannte Person

Tabelle 3: Eigenschaften von hysterischem Besessenheitssyndrom und multipler Persönlichkeitsstörung im Vergleich

In Bezug auf Trance- bzw. Besessenheitszustände werden Einzelaspekte wie etwa amnestische Phänomene, dissoziative Identitätsstörung oder Depersonalisationserleben häufiger erwähnt. Die anscheinend zentralen Depersonalisationsstörungen sind definiert als „andauernde oder wiederkehrende Erfahrungen, sich von den eigenen geistigen Prozessen oder vom eigenen Körper losgelöst oder sich wie ein außenstehender Beobachter der eigenen geistigen Prozesse oder des eigenen Körpers zu fühlen (z.b. sich zu fühlen, als sei man im Traum)". Die Depersonalisation kann etwa als Erfahrung des geteilten Selbst auftreten, mit einem beobachtenden und einem teilnehmenden Aspekt. Eine Extremform wäre dann die „außerkörperliche Erfahrung" (Out-of-Body-Experience). Es wird explizit darauf hingewiesen, dass „willkürlich herbeigeführte Erfahrungen von Depersonalisation oder Derealisation Teil von meditativen und Trance-Praktiken [sein können], wie sie in vielen Religionen und Kulturen vorkommen" und nicht als Depersonalisationsstörung diagnostiziert werden sollten (DSM V: 416).

Eine Unterscheidung von Trance und Besessenheits-Trance (die auf die Arbeiten von BOURGUIGNON [1973] zurückgehen dürfte) wird dahingehend getroffen, dass in einem Zustand der Trance die Veränderung bzw. der Verlust der gewohnten Identität nicht mit einem Auftreten anderer Identitäten einhergeht und die während des Trancezustandes ausgeführten Handlungen in der Regel wenig komplex sind (einfache Bewegungen, Laute etc.). In der Besessenheitstrance treten dagegen eine (oder mehr) abgrenzbare Identitäten mit charakteristischen Verhaltensweisen, Gedächtnisinhalten und Einstellungen auf, und die von den Betroffenen ausgeführten Handlungen tendieren zu mehr Komplexität. Zudem sei die Besessenheitstrance viel häufiger von einer Amnesie begleitet als die Trance. Für beide Arten von Zuständen gelte, dass ihr Verlauf typischerweise von kurzer Dauer (Minuten bis Stunden) sei. Somit könnte man hier auch die oben angeführte Unterscheidung von *luzider* versus *somnambuler* Trance anwenden.

Aus klinisch-psychiatrischer Sicht bietet sich eine ähnliche Zweiteilung psychiatrisch bedeutsamer Trancezustände in eine *hysteriforme Besessenheit* und das *Syndrom der multiplen Persönlichkeit* an. Die hysteriforme Besessenheit kann episodisch auftreten und Tage oder Wochen dauern. Die Person kann in bizarrer Weise agieren, je nachdem was sie als angemessen empfindet, gemäß den Eingaben des Geistes oder der Entität, die von ihr Besitz ergriffen hat. Gewöhnlich bleibt sich die Person jedoch der Umgebung bewusst und behält auch ein Bewusstsein der eigenen Identität. Im Unterschied zeichnet sich die multiple Persönlichkeit (MPD) durch episodische Störungen der persönlichen Identität aus, d.h. die originäre Alltagspersönlichkeit ist sich der Identitäten, die im Rahmen der Störung von ihr Besitz ergreifen, nicht bewusst und vice versa. Gelegentlich kann der „Switch" von einer Sub-Persönlichkeit zu einer anderen auch von einem Bewusstsein der unmittelbar vorhergehenden Sub-Persönlichkeit begleitet sein. Das Bewusstsein der unmittelbaren Umgebung geht meist nicht verloren, doch reagiert der Betroffene auf die Umgebung in einer Weise, wie sie der aktuell präsenten Sub-Persönlichkeit entspricht (SCHARFETTER 1999).

Teja fasste die typische indische Besessenheit folgendermaßen zusammen:„Das übliche klinische Bild [bezieht sich auf] eine junge Frau, ungefähr in den Dreißigern, die mit ungewöhnlichem Verhalten auffällt. Plötzlich beginnt sie veränderte Bewusstseinszustände zu erleben, als wenn sie eine andere Person wäre, besessen vom Geist eines verstorbenen Angehörigen, eines Nachbarn oder eines Gottes" (TEJA et al. 1970: 73, Übersetzung T.P.).

Für die Art der angenommenen Identitäten wie auch die grundsätzlich differente Auffassung und Beschreibung der psychischen Vorgänge spielt der kuturelle Hintergrund eine ausschlaggebende Rolle. In Indien, wo der Hinduismus vorherrscht, wird eine polytheistische Gottheitenvielfalt angenommen, die mit ihren verschiedenen Stufen und Variationen dem Betroffenen eine reiche Auswahl an möglichen Identifikationen erlaubt. Häufig berichteten die Betroffenen allerdings nicht von einer Inbesitznahme durch Götter, sondern vielmehr durch „Geister", d.h. nicht-göttliche Entitäten wie etwa Verstorbene. Auch der Glaube an die Unsterblichkeit der Seele und an Reinkarnation begünstigt die Auffassung von Trancezuständen als Inbesitznahmen durch Götter und Geister (SOMASUNDRAM et al. 2008).

Pathologische Besessenheit in Indien und die multiple Persönlichkeitsstörung in Nordamerika erscheinen aus psychiatrischer Sicht als kulturell unterschiedliche, aber weitgehend parallele „Trancestörungen", d.h. Manifestationen derselben zugrunde liegenden pathogenetischen Prozesse, die jedoch kulturell unterschiedlich erfahren, ausgedrückt und verstanden werden (VARMA et al. 1981, CASTILLO 1994).

Die Besessenheit kann im Fall einer Besessenheit durch einen *bösartigen* Geist als Krankheit betrachtet werden, aber auch als Bereicherung im Fall einer Besessenheit durch einen *gutartigen* Geist.

Indische Psychiater stimmen darin überein, dass es sich bei der Geist-Besessenheit in Indien um psychische Störungen basierend auf dissoziativen Prozessen handelt. Doch interpretieren sie diese nicht als multiple Persönlichkeitsstörungen, da die Vorstellung, dass die Geister in eine Person ein- oder austreten können, völlig konsistent mit der hinduistischen Auffassung von der menschlichen Natur ist, die diese als durchlässig, transaktional oder gar fließend betrachtet (ADITYANJEE et al. 1989).

Therapeutische Aspekte

Therapeutische Interventionen sind selbstverständlich in den Fällen angezeigt, wo eine signifikante Psychopathologie und ein Leiden daran (außerhalb der rituellen Kontexte) vorliegen. Nicht selten dienen jedoch die Rituale, in denen Zustände von Trance und Besessenheit induziert werden, dem Gegenteil von Krankheit, nämlich der psychischen „Reinigung" und Gesunderhaltung.

Sollte es zu unfreiwillig erlebten und/oder über den vorgesehenen Zeitraum hinaus-reichenden pathologischen Trance- oder Besessenheitszuständen kommen, so ist zunächst zu erheben, wo, in welchem Zusammenhang und mit welchen Methoden die Zustände erzeugt wurden (Eigen- und Fremdanamnese). Die weitere Behandlung hängt von diesen Faktoren ab und muss die jeweiligen kulturellen Umfelder sowie deren Glaubensmodelle berücksichtigen und in die Behandlung einbeziehen. Dies kann implizieren, dass mit einheimischen Medizinmännern oder Schamanen eng zusammengearbeitet werden sollte, um eine Leidensminderung zu erreichen.

In vielen Fällen von unerwünschten Nachwirkungen von Trance- und Besessenheitszu-ständen dürfte es ausreichend sein, mit supportiven psychotherapeutischen Maßnahmen eine Stabilisierung zu erreichen, um das sukzessive Abklingen der Symptome mit zuneh-mendem Abstand zum initialen Ereignis zu unterstützen (SCHARFETTER 1999).

Sollte es sich bei den Störungen um Folgen traumatischer Erlebnisse, dissoziative Stö-rungen oder multiple Persönlichkeitsstörungen handeln, so ist zunächst eine Stabilisierung und eine symptomatische Behandlung des Betroffenen das Ziel. In geeigneten Fällen kann dann gegebenenfalls zu einer spezifischen psychotherapeutischen Behandlung geschritten werden. Diese kann sich Methoden wie Dissoziationsstopp, stabilisierenden Imaginati-onsübungen, der Screen-Technik der inneren Distanzierung, aber gegebenenfalls auch des Eye Movement Desensitization and Reprocessing (EMDR) und anderer Methoden der modernen Traumatherapie bedienen. In einigen Fällen kann aufgrund des Fixiert-seins von bestimmten Erlebnissen im Sinne „unabgeschlossener Erlebnisgestalten" auch die erneute Induktion eines tranceartigen Zustandes einer Symptomreduktion zuträglich sein, indem die unabgeschlossene Erlebnisgestalt darüber zum Abschluss gebracht wird (vgl. GROF 1983). Entscheidend dürfte sein, inwieweit die Betroffenen wieder zu einem stabilen Gewahrsein ihrer eigenen Identität, einem stabilen Selbstbild und einem stabilen, unfragmentierten Bewusstseinszustand gelangen können.

Im Bezug auf Verständnis, Behandlung und Outcome finden sich bedeutende Unterschiede zwischen amerikanischer MPD (multipler Persönlichkeitsstörung) und südasiatischer Besessenheit. Bei der MPD wird angenommen, dass ein vordem einheitliches Selbst in verschiedene Teile zerspalten wurde, die dann im Rahmen der Therapie wieder zusammengefügt werden. Bei der südasiatischen Besessenheit wird dagegen angenommen, dass der Körper des Patienten von einem oder mehreren äußeren Geistern in Besitz genommen wurde. Deshalb besteht die Behandlung in der Befreiung des Patientenkörpers von diesen fremden Wesen. Die traditionellen Behandlungsstrategien bei der Geist-Besessenheit versuchen in der Regel, das gesamte soziale Umfeld des Patienten mit einzubeziehen; basierend auf der Vorstellung, dass die Gründe für die Besessenheit bei jemandem innerhalb der Familie (oder schon verstorbenen Mitgliedern) zu finden sind. Teile dieser Prinzipien ähneln westlichen Konzepten von systemischer oder Familientherapie (VERDELI et al. 2003).

In neuerer Zeit wurden verschiedene Versuche unternommen, um kultursensitive Behandlungsansätze zur Beratung und Psychotherapie von dissoziativen bzw. Besessenheitsstörungen zu entwickeln (z.B. VERDELI et al. 2003).

Literatur

Adityanjee, Raju GS, Khandelwal SK (1989): Current status of multiple personality disorder in India. American Journal of Psychiatry 146: 1607–1610

Baruss I (2003): Alterations of consciousness. Washington, DC

Bourguignon E (Ed.) (1973): Religion, altered states of consciousness, and social change. Columbus

Castillo RJ (1994): Spirit possession in South Asia, dissociation or hysteria? Part 2: Case histories. Culture, Medicine, Psychiatry 18: 141–62

Dietrich A (2003): Functional neuroanatomy of altered states of consciousness: the transient hypofrontality hypothesis. Consciousness and Cognition 12: 231–56

American Psychiatric Association (1996): Diagnostisches und Statistisches Manual psychischer Störungen DSM-IV. Göttingen, Bern, Toronto, Seattle: Hogrefe

Faymonville ME, Boly M, Laureys S (2006): Functional neuroanatomy of hypnotic state. Journal of Physiology 99: 463–469

Gregory RL (Ed.) (2004): The Oxford Companion to the mind. Oxford

Grof S (1983): LSD-Psychotherapie. Stuttgart

Halsband U, Lange RK (2006): Motor learning in man: a review of functional and clinical studies. Journal of Physiology 99: 414–424

Weltgesundheitsorganisation (1992): Internationale Klassifikation psychischer Störungen (ICD-10). Bern, Göttingen, Toronto, Seattle

Lommel A (1980): Schamanen und Medizinmänner. 2. Aufl. München

Ludwig AM (1966): Altered states of consciousness. Archives of General Psychiatry 15: 225–234

Oesterreich TK (1921): Die Besessenheit. Langensalza

Passie T (2007): Bewusstseinszustände: Konzeptualisierung und Messung. Münster: LIT

Prince R (Ed.) (1968): Trance and possession states. Montreal: R.M. Bucke Memorial Society

Scharfetter C (1999): Dissoziation, Split, Fragmentation. Bern

Somasundaram D, Thivakaran T, Bhugra D (2008): Possession states in Northern Sri Lanka. Psychopathology 41: 245–53

Spitzer C, Freyberger HJ (2008): Geschlechtsunterschiede bei dissoziativen Störungen. Bundesgesundheitsblatt Gesundheitsforschung Gesundheitsschutz 5: 46–52

Tart C (Ed.) (1969): Altered states of consciousness. New York, London, Sydney, Toronto

Teja JS, Khanna BC, Subrahmanyam TS (1970): Possession states in indian patients. Indian Journal of Psychiatry 12: 58–69

van Duijl M, Cardeña E, De Jong JT (2005): The validity of DSM-IV dissociative disorders categories in south-west Uganda. Transcultural Psychiatry 42: 219–41

Varma VK, Bouri M, Wig NN (1981): Multiple personality in India: comparison with hysterical possession state. Amercan Journal of Psychotherapy 35: 113–20

Verdeli H, Clougherty K, Bolton P, Speelman L, Lincoln N, Bass J, Neugebauer R, Weissman MM (2003): Adapting group interpersonal psychotherapy for a developing country: experience in rural Uganda. World Psychiatry 2: 114–20

Zutt J (Hrsg.) (1971): Ergriffenheit und Besessenheit. Bern, München

Ist Schamanismus Mystik?

Torsten Passie *

> *„Gott schläft im Stein,*
> *atmet in der Pflanze,*
> *träumt im Tier,*
> *wacht auf im Menschen"*

Sollen mögliche Beziehungen von Mystik und Schamanismus untersucht werden, so ist zunächst zu skizzieren, was unter Mystik und Schamanismus überhaupt zu verstehen ist. Bei dem hier intendierten Vergleich werde ich die Mystik repräsentativer Hochreligionen wie Christentum und Buddhismus den mystischen Aspekten des Schamanismus gegenüberstellen.

Mystik

Der Begriff „Mystik" hat seinen Ursprung im griechischen Verb *myein* = sich schließen, zusammengehen. Eine andere Bedeutung ist verbunden mit Begriffen wie „Geheimnisvolles", „Dunkles", „das den Sinnen und der Vernunft Verschlossene". In dem hier verwendeten Sinne meint Mystik anschließend an den mittelalterlichen Sprachgebrauch die Erfahrung einer Versenkung der Seele in ihren göttlichen Grund, die innerlich einigende Begegnung mit der den Menschen und alles Seiende begründenden göttlichen Unendlichkeit (sog. *Unio mystica*) oder mit einem personalen Gott, wie sie im Christentum, dem Islam und dem Judentum vornehmlich erfahren wird. Somit kann Mystik als eine Form religiösen Erlebens verstanden werden. Eine weitere Form der Mystik stellt die Naturmystik dar, auf die ich später zurückkomme. Gemeinsam ist den verschiedenen Formen, dass durch Versenkung in die innere oder äußere Welt mittels kultischer Mittel die Herbeiführung entsprechender seelischer Erlebnisse anstrebt wird, um auf diese Weise das Einswerden der Einzelseele mit dem Göttlichen, der Natur oder der „Weltseele" unmittelbar zu erfahren.

Die universalen, das heißt jene Merkmale mystischer Erfahrungen, die sich kontext- und kulturunabhängig regelmäßig zeigen, wie z.B. das Transzendieren der Subjekt-Objekt-Relation sowie die Transzendenz von Raum und Zeit, ein Gefühl der Heiligkeit oder das Empfinden objektiver Wirklichkeit, wurden von dem amerikanischen Philosophen STACE (1960) zusammengefasst[1]. Der Philosoph Eduard von Hartmann bezeichnete Mystik als den letzten und tiefsten Grund aller Religiosität, „weil in ihm die Religion ihre Fundierung und Selbstgewissheit hat". Mystik ist nachweislich als Erfahrungstatsache und

---

* Diese Arbeit entstand auf Anregung von Prof. Christian Scharfetter.

1 Eine ausführliche Beschreibung der Merkmale mystischer Erfahrung nach Stace findet sich in den Texten *Die Nahtod-Erfahrung als Prototyp ekstatischer Erfahrungen* und *Psychophysiologische Modelle ekstatischer Erfahrungen* in diesem Band.

Bestandteil selbst ursprünglichster Religiosität in erstaunlicher Übereinstimmung weltweit verbreitet. So bescheinigt der Orientalist Gelpke: „Vergleicht man die Berichte von Mystikern aus den verschiedenen Jahrhunderten und Kulturen miteinander, so wird man feststellen, dass sie bei formaler Unterschiedlichkeit inhaltlich übereinstimmen" (GELPKE 1969: 202).

Nach einem religionsgeschichtlich begründeten Ansatz des Oxforder Religionswissenschaftlers ZAEHNER (1960) lassen sich drei Formen der Mystik aufgrund ihres Eingebundenseins in jeweils unterschiedliche Gottesvorstellungen differenzieren. So unterscheidet er: 1. die Naturmystik, 2. die monistische Mystik und 3. die theistische Mystik.

Um diese Formen zu veranschaulichen, lasse ich hier einige Beispiele folgen. Zunächst eines für ein Erlebnis der Naturmystik: „Werde ich je wieder so wunderbare Träume haben wie damals … im Gebirge zur Zeit der Mittagssonne oberhalb von Lavey, als ich unter einem Baum und drei Schmetterlinge mich umspielten. Und noch einmal in der Nacht an der sandigen Küste des Ozeans, als ich im Sand auf dem Rücken lag und mein Auge die Milchstraße verfolgte. Großartige, weite, unsterbliche kosmogonische Träume: Man reicht bis zu den Sternen und ist im Besitz des Unendlichen! Göttliche Augenblicke, Stunden des Entzückens, in denen unsere Gedanken von einer Welt zur anderen fliegen und das große Rätsel durchdringen, da unser Sinnen so ruhig und tief ist wie das Meer und so still und endlos … wie das Firmament … Augenblicke eines unmittelbaren Anschauens, in denen man sich so groß wie das Universum und so erhaben wie Gott fühlt …" (AMIEL 1883: 43 f.).

Und noch ein weiteres: „Es war, als hätte ich nie zuvor erkannt, wie lieblich die Welt war. Ich legte mich auf den Rücken in das warme feuchte Moos und hörte dem Gesang der Lerche zu … Keine andere Musik hatte mir je solche Freude gemacht wie dieser leidenschaftliche Jubelgesang. Es war eine Art hüpfende, überströmende Verzückung, ein heller, flammengleicher Klang, jubelnd in sich selbst. Und dann kam eine merkwürdige Erfahrung über mich. Es war, als ob alles, das vorher außerhalb und um mich herum zu sein schien, plötzlich in mir sei. Die ganze Welt schien in mir zu sein. In mir wiegten die Bäume ihre grünen Kronen, in mir sang die Lerche, in mir schien die heiße Sonne und in mir war der kühle Schatten. Eine Wolke stieg am Himmel auf und zog mit einem leichten Regenschauer vorbei, der auf die Blätter trommelte, und ich fühlte, wie die Frische in meine Seele fiel, und in meinem ganzen Sein spürte ich den köstlichen Geruch der Erde, von Gras, Pflanzen und dunkelbraunem Acker. Ich hätte vor Freude schluchzen können" (REID 1902).

Diese Beispiele machen deutlich: Die Naturmystik ist das Erleben der Einheit von Ich und Welt. Die Welt wird als Teil des expandierten Ichs erfahren. Man ist von daher geneigt, die Naturmystik als Höhepunkt eines Gefühls der Naturverehrung oder Naturvergötterung zu betrachten. Gleichwohl gibt es Überschneidungen zur theistischen Mystik, bei der in der Versenkung „durch die Natur hindurch" Gott geschaut wird.

In der monistischen Mystik dagegen zieht sich das Ich bewusst von der durch die Sinne vermittelten Naturwelt zurück. Diese Form hat sich besonders in der östlichen Mystik herausgebildet. Im Yoga etwa liegt die Seligkeit in der endgültig geglückten Isolierung des Geistes von der Sinneswelt, das heißt in der ausschließlichen Betrachtung der Seele durch sich selbst. Weltanschauliche Widerspiegelung findet das im Vedanta: Brahman ist das Absolute, die Seele des Menschen ist von ihrem Wesen her mit dem Absoluten identisch. Die Wirklichkeit des Geistes daher ist die einzige Wirklichkeit, unabhängig von Raum, Zeit und Kausalität. Die sichtbare Sinnenwelt ist dagegen Täuschung und Illusion: Sie hat keine wirkliche Existenz. Um ein derartiges mystisches Erleben in seiner Eigenart zu verdeutlichen, sei der englische Mystiker Symonds zitiert: „Es war ein allmähliches und doch schnelles Verschwinden von Raum, Zeit, Empfindung und all den anderen Erfahrungen, die das ausmachen, was wir so gern unser Selbst nennen. In dem Maße aber, wie diese Bedingungen des gewöhnlichen Bewusstseins schwanden, gewann das Gefühl von einem tiefer liegenden Bewusstsein an Kraft. Schließlich blieb nichts übrig als das reine, absolute Ich. Die ganze Außenwelt verlor Gestalt und Inhalt … die Rückkehr in den gewöhnlichen Bewusstseinszustand setzte damit ein, dass ich die Sinnesempfindung wiedererlangte und dass dann allmählich aber schnell die bekannten Eindrücke und täglichen Interessen wieder erwachten" (BROWN 1895: 29 ff.).

Der japanische Zen-Meister Yamada Kyozo beschreibt das Erleuchtungserlebnis des „Satori" als „… das Erlebnis, dass das Ich und das All absolut eins sind. Man erkennt, dass alles, Ich und das, was um mich ist, leer ist. Alle Dinge sind nur Erscheinungen. … Während der Erleuchtung gibt es kein Gefühl, da man in dem Moment nicht mehr existiert. Man hört nichts und man sieht nichts. Man erlebt keine Erweiterung des Ichs, keine Verschmelzung mit dem All; sondern das All und das Ich sind plötzlich eins" (SCHÜTTLER 1974: 49f.).

Das Ziel der östlichen monistischen Mystik ist demnach die unbedingte Konzentration auf den reinen Geist und damit die Abkehr von allem, was nicht dieser Geist ist. Das Göttliche und die menschliche Seele sind identisch, die erfahrbare Außenwelt dagegen Illusion. Zaehner bezeichnet alle mystischen Strömungen, in denen sich der menschliche Geist auf eine einzige (innere oder äußere) Wirklichkeit beschränkt, als monistische Mystik.

Die theistische Mystik, die hier nur kurz gestreift werden kann, intendiert und erfährt die Vereinigung mit einem göttlichen Urgrund im mystischen Erlebnis und zwar vor allem als Vereinigung mit einem personalen Gott. Sie ist im Christentum, dem Judentum und Islam ausgeprägt. Diese Anschauung setzt einen personalen Gott voraus, der das Universum erschaffen hat und zu den menschlichen Einzelseelen in einem besonderen Verhältnis steht. Er ist weder identisch mit der Einzelseele noch mit der Natur. In der christlichen Mystik bleibt deshalb das Bewusstsein der Geschöpflichkeit gegenüber dem Schöpfer gewahrt. Hingabe an ihn wird nie zu völliger Identifizierung mit ihm, wohl aber zu höchster Geborgenheit in ihm. Ein Beispiel dafür liefert der mittelalterliche Mystiker Heinrich Seuse: „ … Der gute und getreue Knecht wird eingeführt in die Freude seines Herrn: Da wird er trunken von dem unermesslichen Überfluss des göttlichen Hauses. Denn ihm geschieht in unaussprechlicher Weise … dass er nicht mehr sein Selbst ist, dass er sich ganz seines Selbst entäußert und sich ganz in Gott verloren hat …, wie ein kleines Tröpflein Wasser, das man in viel Wein gegossen hat. Wie das Tröpflein Wasser seine Eigenschaft verliert, so dass es Farbe und Geruch des Weines annimmt und in sich zieht, so geschieht denen, die im Vollbesitz der Seligkeit sind: Ihnen gehen alle menschlichen Begierden verloren, sie gehen sich selbst verloren und tauchen ganz in den göttlichen Willen ein" (SEUSE 1966: 340f.).

Um weitere Anhaltspunkte für den Vergleich von Hochmystik und Schamanismus zu gewinnen, werde ich Stace folgend eine zusätzliche Unterteilung einführen, die sich die dominierende Gerichtetheit des Erlebens zur Grundlage macht. Demnach lassen sich zwei Formen unterscheiden:

1. eine „extrovertierte Mystik" und 2. eine „introvertierte Mystik".

Der wesentliche Unterschied zwischen beiden liegt darin, dass sich das extrovertierte Erlebnis durch die Sinne nach außen richtet, während sich das introvertierte nach innen auf den Geist oder Gott hin orientiert. Beide gipfeln in der Wahrnehmung einer höchsten Einheit und der Empfindung des Menschen, dass er selbst damit verschmilzt oder sogar identisch wird.

Der extrovertierte Mystiker nimmt die Vielheit der äußeren Gegenstände in einer mystisch verwandelten Weise wahr: Durch die Vielheit hindurch erscheint ihm der Einheitsgrund aller Wesen, in den sich das Ich als eingebunden erfährt. Für den Mystiker ergibt sich die feste Auffassung eines einheitlichen inneren Grundes in allen Dingen, beschrieben als allgegenwärtiges Leben und Bewusstsein, gepaart mit der Gewissheit, dass nichts wirklich „tot" ist. Der deutsche Mystiker Jacob Boehme beschreibt ein solches Erlebnis: „Mit einem großen Sturme … brach der Geist durch … bis in die innerste Geburt der Gottheit und wurde all da von Liebe umfangen. … Was aber für ein Triumphieren in dem Geiste gewesen sei, kann ich nicht schreiben noch reden, es lässt sich auch mit nichts vergleichen … In diesem Lichte hat mein Geist alsbald durch alles gesehen und an allen Kreaturen, am Kraut und Grass Gott erkannt, wer er, wie er und was sein Wille war" (zit. n. BUCKE 1925: 131). Wie dieses Beispiel zeigt, wird das innere Wesen der Objekte intuitiv erlebt und in seinem Ursprung als gleich erfühlt. Ähnliches beschreibt der Sioux-Schamane Black Elk bei einer indianischen Visionserflehung: „Der wichtigste Grund zu flehen ist aber wohl, dass es uns hilft, unser Einssein mit allen Dingen zu erkennen, zu wissen, dass alle Dinge unsere Verwandten sind; und dann beten wir im Namen aller Dinge zu Wakan Tanka, er möge uns die Erkenntnis von ihm geben, von der Quelle aller Dinge, die doch größer als alle Dinge ist" (TEDLOCK 1975: 43).

Der introvertierte Mystiker hingegen sucht in die Tiefen des eigenen Ichs oder in die Stille einzutauchen, indem er die Sinnesempfindungen ausblendet und bewusst die Vielfalt der Empfindungen, Bilder und Gedanken aus dem Bewusstsein zu löschen trachtet. In dieser Dunkelheit und Stille nimmt er das „Eine" wahr und wird mit ihm vereinigt, bar

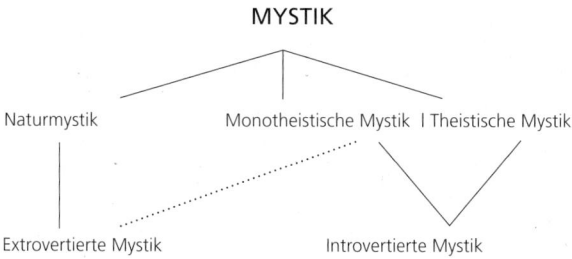

Abb. 1: Unterteilung der Mystik nach ZAEHNER und STACE

jeglicher Vielheit. Im Buddhismus wird dies als Bewusstsein des Nichtformbereiches bezeichnet: „Nach Ausschaltung aller Ding- und Formvorstellungen ist der Raum das unmittelbare Objekt des Bewusstseins. Es hat zwei Eigenschaften: die der Unendlichkeit und die der Nichtgegenständlichkeit"; beide sind Objekte des intuitiven Bewusstseins (GOVINDA 1992: 110). In diesem Zustand des Bewusstseins sind Freiheit, Ruhe und Serenität verwirklicht. Die Meditation wird als ein Vorgang fortschreitender Vereinheitlichung verstanden: von der Differenzierung des Oberflächenbewusstseins (und des dieser Form zugehörigen Ich-Bewusstseins) zur Einheit des Tiefenbewusstseins. „In der buddhistischen Leere gibt es keine Zeit. keinen Raum, kein Werden, keine Dinghaftigkeit. Reine Erfahrung ist, wenn der Geist sich selbst sieht … Das ist nur möglich, wenn der Geist … leer ist von all seinen möglichen Inhalten außer sich selbst" (SUZUKI 1927: 28). Auch im Christentum dürfte die introvertierte Mystik häufiger anzutreffen sein als die extrovertierte, hier vor allem induziert durch Kontemplation und Gebet.

Schamanismus

Unter Schamanismus wird hier eine Ursprungsform der Religiosität und des Medizinwesens verstanden. Als Schamanen werden gemäß kulturanthropologischer und religionswissenschaftlicher Definitionen die religiösen Mittler und Heilkundigen der sogenannten Naturvölker bezeichnet. Neben einer detaillierten Kenntnis der überlieferten Stammesmythologie sowie der religiösen Vorstellungswelt und der traditionellen Heilverfahren/-pflanzen wird ihnen insbesondere die Fähigkeit zugesprochen, mittels bestimmter Kulthandlungen und Techniken in ein breites Spektrum von veränderten Bewusstseinszuständen eintreten und zwischen diesen Zuständen willentlich wechseln zu können. Dadurch können Schamanen zwischen der alltäglichen Wirklichkeit und den ihr über und untergeordneten Weltregionen — der Geisterwelt, den Ahnen und den Naturkräften – hin und her „reisen" und im Dienste der Gemeinschaft vermitteln, Kranke heilen oder Ahnen besänftigen (vgl. ELIADE 1957; FINDEISEN 1957; HALIFAX 1983). Bei den schamanistischen Praktiken und Ritualen geht es in erster Linie um die Herstellung bzw. Wiederherstellung von Gleichgewichten mit/in der umgebenden Natur, den Geistwesen des Ortes und den Ahnen sowie um die Harmonisierung in der Gruppe und in der Einzelseele. In diesem Zusammenhang spielen auch mystische Erlebnisweisen der im Vorstehenden skizzierten Formen eine Rolle. Das naturmystische Erleben scheint dabei zu dominieren und bestimmt auch wesentliche Teile des Naturempfindens und Naturverhältnisses dieser Völker. Trotz der Schwierigkeit, aus den durch kulturspezifische Metaphern verschlüsselten Erlebnisbeschreibungen explizit mystische Erlebnisse herauszulesen, die zudem in der Literatur selten sind, repräsentiert der Schamanismus „… die glaubwürdigste mystische Erfahrung der Welt der Primitiven. Innerhalb der archaischen Welt spielt er dieselbe Rolle wie die Mystik in der offiziellen Religiosität der großen historischen Religionen vom Buddhismus bis zum Christentum", so der bekannte Religionsgeschichtler ELIADE (1951: 96).

Einige Gründe für die Schwierigkeit, Beschreibungen mystischer Erlebnisse, trotz deren grundlegender Bedeutung für die Weltanschauung der Naturvölker, in der Literatur zu finden, sind im Folgenden quellenkritisch zu erörtern. Ethnographische Berichte über den Schamanismus wurden größtenteils zu Beginn des 20. Jahrhunderts verfasst. Sie sind deshalb von einer damals weitgehend unreflektierten eurozentristischen Perspektive geprägt und mit deren Implikationen für eine Minderbewertung der Lebensauffassungen sogenannter Primitiver behaftet. Nur in seltenen Fällen dokumentieren sie originale mündliche Aussagen der Schamanen. Dass Schamanen selbst zu Wort kommen, ist erst in neuester Zeit der Fall (vgl. HALIFAX 1981). Hinzu kommt die Tatsache, dass die „Aushörungen" durch ethnographische Feldforscher oft von einem Bemühen der Schamanen bestimmt waren, stärker ihre persönlichen Visionen und weniger die überindividuelle und zudem schwer beschreibbare Erlebnisse zu schildern. Ein weiterer Grund mag darin liegen, dass die von Schamanen erzeugten „veränderten Bewusstseinszustände" (TART 1969) ein breites Spektrum verschiedenartiger Zustände umfassen. Insbesondere trance- und traumartige Erlebnisweisen werden von den Schamanen als sehr bedeutsam eingestuft. Auch starke Erregungszustände bis hin zum Halluzinieren–meist erzeugt durch Trommeln und Tanzen sowie stimulierende Drogenpräparate (vgl. ROSENBOHM 1991) haben einen wichtigen Platz in schamanistischen Praktiken und sind weltweit verbreitet.

Trotz der Vielfalt der von den Schamanen erzeugten veränderten Bewusstseinszustände lassen sich einige immer wiederkehrende Themenkomplexe bzw. Metaphern innerhalb dieser Erfahrungswelten im veränderten Bewusstsein mit erstaunlicher Gleichförmigkeit weltweit nachweisen: Weltenschichtung in Ober- und Unterwelt, Zerstückelungsvisionen, Seelenflug, Gottesanflehung, Ahnenkontakte, Lebensbaum sowie die Verbindung zu Pflanzen- und Tiergeistern. Diese Zentralthemen verweisen häufig auf Probleme in der Lebenswelt der Naturvölker (Wetter, Jagdtiere u.ä.). In einem weiteren Sinne würde mancher Religionswissenschaftler auch Teile solcher Erlebnisse den mystischen Erlebnissen zurechnen. Aber gemäß dem hier zu Beginn skizzierten engen Sinn können bestenfalls einzelne Passagen derartiger Erlebnisse den mystischen Erlebnissen zugerechnet werden.

Obgleich meist eingebunden in andere Formen veränderten Wachbewusstseins, spielen mystische Erlebnisse dennoch eine durchaus tragende Rolle in vielen Formen des Schamanismus und stimmen in wesentlichen Punkten mit den zu Beginn skizzierten Grundelementen mystischen Erlebens überein. Um das zu belegen, bringe ich im Folgenden einige Beispiele. „Von einer Sekunde zur anderen war ich hellwach. Ein Gefühl der Schwerelosigkeit, Energie und unbeschreiblichem Glück durchströmte mich. Es war so stark, dass ich außer dieser körperlichen Empfindung nichts anderes mehr wahrnahm. Eine Zeit lang schwebte ich in einer schwarzen Unendlichkeit, aus der plötzlich, mit der Leuchtkraft von … Blitzen, Farben explodierten. … es war etwas tief in mir drinnen, das lachte. … Das normale Bewusstsein schien außerhalb von mir zu sein. … Es hatte keinen Einfluss mehr auf den grenzenlosen Zustand, in dem ich mich befand" (HAAN 1985: 152f.). Eine ähnliche mystische Vision im Rahmen eines indianischen Huichol-Rituals beschreibt Prem Das: „Ich verlor das Bewusstsein für meine Umgebung und fiel in einen dunklen Gang hinein, der spiralförmig nach unten führte, tief ins innere der Erde. Mir war, als ob ich in Felsritzen und unterirdische Höhlen hinabsteigen würde, wo es dunkel und abweisend war. Eine unbekannte Kraft bewegte mich … ; es war, als würde ich auf einem reißenden Strom dahintreiben … Als ich mir sicher war, dass meine Situation völlig hoffnungslos war und ich nicht mehr zurückkehren konnte, tauchte plötzliche ein grelles Licht auf. … Mein Herz hüpfte vor Freude … Wärme umhüllte mich und belebte mein Leben neu …" (PREM DAS 1987: 225). Ein weiteres Beispiel liefert der sibirische Schamane Aua: „Das große Meer hat mich in Bewegung gebracht, hat mich in Fahrt gebracht. Es treibt mich wie eine Alge im Fluss. Das Himmelsgewölbe und die gewaltige Luft bewegen mich, sie bewegen mein Inneres und haben mich mitgerissen, dass ich zittere vor Freude" (RINNE 1983: 20). Obwohl sich in den Beschreibungen extrovertierte und introvertierte Mystik zu überschneiden scheinen, ergibt sich doch bei einer systematischen Durchsicht einer größeren Zahl von Erlebnisbeschreibungen (vgl. ADAMI 1983; PASSIE 1992) unzweideutig die Tendenz der schamanistischen Mystik zur extrovertierten Richtung.

Schamanismus und Hochmystik: Ein Vergleich

Vergleicht man Schamanismus und Hochmystik, wird schnell deutlich, dass es sowohl Gemeinsamkeiten als auch erhebliche Unterschiede gibt.

Die größte Gemeinsamkeit liegt sicher darin, dass bei allen kulturellen und religiösen bzw. kosmologischen Unterschieden fast identische Erlebnisweisen beschrieben werden. Zwar überwiegen im Schamanismus die extrovertierten und in der Hochmystik die introvertierten Beschreibungen, in den von Stace zusammengefassten Merkmalen herrscht jedoch eine große Übereinstimmung.

Unterschiede zeigen sich in verschiedener Hinsicht. Zum einen ist das Spektrum der im Schamanismus kultivierten veränderten Bewusstseinszustände erheblich breiter als jenes der Hochmystik. Die Hochmystik scheint, nicht zuletzt aufgrund ihrer anderen sozialen Funktion und Einbettung, eine ganz spezifische Form mystischen Erlebens – die hier als „introvertiert" beschriebene monistische und theistische Mystik – kultiviert zu haben. Das systematische Streben in Richtung auf „Erleuchtung" bleibt hier meist Mitgliedern einer sozial abgehobenen Gruppe vorbehalten (Priester, Mönche usw.). Diese durchlaufen einen systematischen Schulungsweg, der zu immer größerer Näherung an das Numinose, bis hin zum mystischen Erleuchtungserlebnis, führen soll. Individuelle Heilung und Harmonisierung sind zwar auch hierbei wichtige Ziele, beziehen sich aber auf Nächstenliebe, Einvernehmen mit Gott, eigene innere Erlösung und weniger auf konkrete Konflikte und Disharmonien des sozialen Zusammenlebens, anderer Individuen, des Verhältnisses zu den Ahnen oder des Gesamtverhältnisses Mensch Natur. Die Beziehung zur Natur spielt in den konkreten Lebensverhältnissen dieser Menschen (auch geographisch-klimatisch) nur (noch) eine untergeordnete Rolle und tritt somit auch in den Erlebnissen der introvertierten Mystiker kaum noch in Erscheinung. Die erstrebte höchste Erfahrung hat im Unterschied zum Schamanismus einen ganz spezifischen Charakter und alle andersartigen Bewusstseinserlebnisse werden als Störungen oder Vorstufen angesehen.

Während nun bei der Hochmystik überwiegend die Versenkung in Gott als mystische Innenschau angestrebt wird, wird im Schamanismus das gesamte Spektrum vom traumartig veränderten Erleben über Trancezustände verschiedenster Tiefe bis hin zur mystischen Ekstase genutzt und kultiviert. Im Gesamtspektrum machen mystische Erlebnisweisen zwar nur einen begrenzten Ausschnitt aus. Allerdings werden bei bestimmten Gruppenritualen wie dem Peyote-Kult (La Barre 1989; Myerhoff 1980) und der Ayahuasca-Religion (MacRae 1992) solcherart mystische Erlebnisse nicht nur von den Schamanen, sondern auch einem Großteil der Normalpopulation gezielt angestrebt. Sie vermitteln Gefühle der Geborgenheit, des Aufgehobenseins in der Welt der natürlichen Kräfte und fördern so die innere Harmonisierung der Einzelseele wie auch den Zusammenhalt der Gruppe. Aus der über diese Erlebnisse vermittelten Verankerung im Transzendenten gewinnen der Schamane bzw. die Teilnehmer der Rituale Kraft und Vertrauen, um die Unbilden der alltäglichen Wirklichkeit zu ertragen und lernend zu überwinden. Schon aufgrund des in entsprechenden Naturvölkern viel stärkeren Ausgesetztseins gegenüber den Naturgewalten ergibt sich sowohl eine ausgeprägte Ängstigung des Menschen durch das Ausgeliefertsein an die Naturkräfte, als auch die Notwendigkeit ihre ungerichteten Kräfte zu besänftigen und symbiotisch zu nutzen. Insofern sind der angstmindernde Aspekt mystischen Erlebens sowie eine darüber vermittelte Förderung der Gruppenkohäsion in seiner Bedeutung größer als bei den Hochreligionen einzuschätzen. Mystisches Erleben gemahnt die Menschen somit an ihre unverbrüchliche Einheit mit der Natur. Einen Beleg mag dafür auch die Tatsache abgeben, dass schamanistische Rituale häufig an speziellen, aufgrund bestimmter Eigenschaften für besonders kraftvoll bzw. heilig erachteten Naturplätzen abgehalten werden (SWAN 1989; MYERHOFF 1980; SHARON 1980). Damit könnten die mystischen Erfahrungen sogar einen prägenden Einfluss auf das Naturverhältnis dieser Menschen gewinnen, indem es ihnen trotz stets präsenter Bedrohung durch die ungezügelten Naturgewalten immer wieder ein Gefühl seliger Geborgenheit im Schoß der Natur vermittelt.

Insbesondere im Peyote-Kult der nordamerikanischen Indianer gewinnt diese Tendenz eine hochkomplexe ritualisierte Gestalt. „Während der Peyote-Jagd wird Wirikuta als Ort des Beginns und als Zustand der Einheit wiedererlangt. ... Diese Vereinigungen geschehen gleichzeitig auf mehreren Ebenen: Auf der gesellschaftlichen Ebene werden ... soziale Schranken transzendiert, wenn der Marakame (Huichol-Schamane) und seine Gruppe ein einziges Wesen werden ... sogar biologische Unterschiede zwischen männlich und weiblich, alt und jung, verschwinden, da Männer, Frauen und Kinder gleichwertig und vollständig teilnehmen ... Erschreckt und erhoben durch diese Freiheit, die seit dem Augenblick vor der Geburt ... nicht mehr erfahren wurde, stehen sie nackt nebeneinander, undefiniert, verwundbar und rein menschlich. Die reine Landschaft wird geheiligt, die Höhlen, Quellen, Berge, Flüsse, Kakteenhaine, und die Züge der mythischen Welt werden zur kosmischen Bedeutung erhoben. 'Pflanzen' und 'Tiere' werden zu bloßen Etiketten, Übereinkünften, menschlichen Denkkategorien. Unterschiede zwischen ihnen sind Illusion. Der Mensch ist Natur, er ist eine Ausdehnung von ihr.... Die Bedingung der Sterblichkeit wird transzendiert und dem Menschen ozeanische Seligkeit und Allmacht zurückgegeben. ... Für einen Moment ist das Paradies der menschliche Ursprung. ...Er ist der Kosmos, ohne Haut und Membran, ohne ein Ich, das ihn hält und trennt. Er erreicht die ekstatische Durchdringung aller Grenzen" (MYERHOFF 1980: 175f.).

Diese Beschreibungen verdeutlichen auch nochmals die Naturverbundenheit und den auf Sinneswahrnehmungen beruhenden extrovertierten Charakter eines Großteils der „schamanistischen Mystik". Dieser extrovertierte Charakter zeigt sich in einer stärkere Mitbeteiligung der Sinne: Bei den Ritualen wird gesungen, getanzt, es werden Räucherwerk und Instrumente verwendet oder die Tiefe und Art der bewusstseinsveränderten Erfahrungen durch verschiedene psychoaktive Substanzen gesteuert; oft ist die gesamte Gemeinschaft in das Ritual eingebunden. Demgegenüber wird in der Hochmystik eine auf die Erfahrung des reinen, allumfassenden Bewusstseins zielende

Mystik der Hochreligionen	Schamanismus
Versenkungszustände	Erregungszustände
Introvertierte Mystik	Extrovertierte Mystik
Individualitätsüberwindung durch Ich-„Implosion"	Individualitätsüberwindung durch Ich-Expansion
Einheitserleben über Innenschau – Leere-Erlebnis / „Nichts" als Urgrund / Einswerdung mit Gott	Einheitserleben über Außenschau – Fülle-Erlebnis / Natur als Mutter / Einswerdung mit Urgrund Natur
Mystisches Erleben als höchstes Gut, alle anderen Zustände abzulehnende Störungen	Mystisches Erleben als integraler Bestandteil eines Spektrums von Bewusstseinformen

Abb. 2: Phänomenologie mystischer Erlebnisse

Hochmystik	Schamanismus
Erstreben intrapsychischer Harmonie	Erstreben individueller und sozialer Harmonie
Ziel: Erlösung der Seele	Ziel: Krankenheilung, Förderung des Gruppen- zusammenhalts, Angstminderung
Repräsentation des religiösen Weges (Missionierung, mentale Selbstbeherrschung)	Vermittlung der Geisterwelt / der Naturkräfte („mentale Naturbeherrschung")
Besserung persönlicher Haltungen (Demut, Selbstbeherrschung)	Förderung einer ehrfürchtigen Haltung zur Natur, Zugewinn persönlicher Macht
–	Vermittlung zu den Ahnen
Konzepte: Monotheistisch I theistisch	Konzepte: Animismus I Pantheismus

Abb. 3: Soziale und weltanschauliche Bedeutung / Funktion mystischer Erlebnisweisen

monotheistische oder theistische Mystik der introvertierten Richtung kultiviert, die von Askese, Rückzug, Stille und Zurückhaltung geprägt ist.

Was die im Titel ausgesprochene Frage angeht, muss man sagen: Ja und nein. Schamanismus ist auch Mystik, da sich aus der vorstehenden Darstellung ergibt, dass – im Gegensatz zur Hochmystik – im Schamanismus mystische Erfahrungen durchaus eine nicht nur periphere, sondern vielleicht sogar die zentrale Rolle spielen könnten. Dies deshalb, weil in ihnen und durch sie die Anbindung an den tiefsten Grund – im Weltbild der Naturvölker meist die Natur als große, nährende Mutter – und das Geborgensein in ihm zur lebens- und gemeinschaftserhaltenden Grunderfahrung wird.

Allerdings markieren die angeschnittenen Aspekte nur Schwerpunkte und Tendenzen, da sich das Problem vielfältiger Überschneidungen stellt und hier nur anfänglich skizziert werden kann. Kaum ein anderer als der transkulturell versierte Religionsgeschichtler Eliade dürfte mehr berufen sein, die bei allen Differenzen grundsätzliche Universalität mystischen Erlebens abschließend zu betonen: „Bei den ‚primitiven‘ Völkern, genauso wie bei den Heiligen und den christlichen Theologen, ist die mystische Ekstase eine Rückkehr ins Paradies, die sich durch Überwindung von Zeit und Geschichte ausdrückt … und eine Wiederentdeckung des ursprünglichen Zustandes des Menschen darstellt" (ELIADE 1960: 75).

Literatur

Adami N (1983): Schamanismus-Bibliographie. Teil 1: Allgemeine Literatur. In: Bochumer Jahrbuch für Ostasienforschung 6: 98–186

Albrecht C (1951): Psychologie des mystischen Bewusstseins. Bremen

Amiel F (1883): Fragments d'un Journal Intime. Bd. I

Brown HF (1895): J.A. Symonds. A Biography. London

Bucke RM (1925): Kosmisches Bewusstsein. Celle

Eliade M (1951): Einführende Betrachtung über den Schamanismus. In: Paideuma 5, 87–97

Eliade M (1957): Schamanismus und archaische Ekstasetechnik. Zürich

Eliade M (1960): The Yearning for Paradise in Primitive Tradition. In: Murray HA (Hrsg.): Myth and Mythmaking. New York, S. 61–75

Findeisen H (1957): Schamanentum. Stuttgart

Friedrich A, Budruss, G (1955): Schamanengeschichten aus Sibirien. München-Planegg

Govinda LA (1992): Die Dynamik des Geistes. Bern, München, Wien

Gelpke R (1969): Drogen und Seelenerweiterung. München

Haan Prem Lelia de (1985): Bei Schamanen. München

Halifax J (1981): Die andere Wirklichkeit der Schamanen. Bern, München

Halifax J (1983): Schamanen. Frankfurt/M

Halifax J (1989): Schamanenreise, buddhistischer Weg. In: Doore G (Hrsg): Opfer und Ekstase. Freiburg/Br., S. 283–292

Hartmann E (o.J.): Philosophie des Unbewussten. Band 1. Leipzig

Heigl P (1980): Mystik und Drogenmystik. Düsseldorf

Hozzel M (1977): Magie und Bewusstseinswandel in anthropologischer Sicht. Heidelberg

James W (1920): Die religiöse Erfahrung in ihrer Mannigfaltigkeit. 3. Aufl. Leipzig

Kunisch H (Hrsg) (1958): Eckhart / Tauler / Seuse: Ein Textbuch aus der altdeutschen Mystik. Hamburg

Kaltenbrunner GK (Hrsg.) (1976): Die Suche nach dem anderen Zustand: Wiederkehr der Mystik? Freiburg, Basel, Wien

Keilbach W (1973): Religiöses Erleben. München, Paderborn, Wien

La Barre W (1989): The Peyote Cult. 5th ed. Norman/London

Langen D (1963): Archaische Ekstase und asiatische Meditation. Stuttgart

MacRae E (1992): Guiado pela Lua: Xamanismo e Uso Ritual da Ayahuasca no Culto do Santo Daime. Sao Paulo (Brasilien)

Mattiesen E (1925): Der jenseitige Mensch. Eine Einführung in die Metapsychologie der mystischen Erfahrung. Berlin, Leipzig

Myerhoff B (1980): Der Peyote-Kult. München

Nicholson S (Hrsg) (1987): Shamanism: An Expanded View of Reality. Wheaton, Madras, London.

Nioradze G (1925): Der Schamanismus bei den sibirischen Völkern. Stuttgart

Otto R (o.J.): Das Heilige. München

Passie T (1992): Schamanismus. Eine kommentierte Auswahlbibliographie. Hannover

Schenk A , Kalweit H (Hrsg) : Heilung des Wissens. München, S. 212–226

Reid F (1902): Following Darkness. London

Rinne O (Hrsg) (1983): Wie Aua den Geistern geweiht wurde: Geschichten, Märchen und Mythen der Schamanen. Darmstadt/Neuwied

Ritter J , Gründer K (Hrsg) (1984): Historisches Wörterbuch der Philosophie. Bd. 6. Basel, Stuttgart

Rosenbohm A (1991): Halluzinogene Drogen im Schamanismus. Berlin

Schmidt PW (1954): Der Ursprung der Gottesidee. Bd. XI: Die asiatischen Hirtenvölker. Münster

Schüttler G (1968): Das mystisch-ekstatische Erlebnis. Systematische Darstellung der Phänomenologie und des psychopathologischen Aufbaues. Bonn: Diss. med.

Schüttler G (1974): Die Erleuchtung im Zen-Buddhismus. Freiburg, München

Schultes RE, Hofmann A (1980): Pflanzen der Götter. Bern

Seuse H (1966): Deutsche mystische Schriften. Düsseldorf

Sharon D (1980): Magier der vier Winde. Freiburg/Breisgau

Sheldrake R (1987): Society, Spirit und Ritual. Morphic Resonance and the Collective Unconscious II. Psychological Perspectives 18: 320–331

Stace WT (1960): Mysticism and Philosophy. New York, Philadelphia

Struve W (1969): Philosophie und Transzendenz. Freiburg/Breisgau

Suzuki DT (1927): Mysticism: Christian and Buddhist. New York

Swan J (1989): Heilige Orte in der Natur. Eines der Instrumente aus dem schamanistischen Medizinkoffer. In: Doore, G. (Hrsg): Opfer und Ekstase. Freiburg/Breisgau, S. 218–229

Tart C (Hrsg) (1969): Altered States of Consciousness. New York, London

Tedlock D, Tedlock B (Hrsg) (1980): Über den Rand des tiefen Canyon. Lehren indianischer Schamanen. Düsseldorf, Köln

Underhill E (1928): Mystik. München

Zaehner RC (1960): Mystik: Religiös und Profan. Stuttgart

Die Ekstasen der Mystikerin Teresa von Ávila (1515–1582)

Torsten Passie und Elisabeth Petrow

Einleitung

Ekstatische Zustände gehören seit jeher zum Menschen und seinem Dasein und können bei ihrer enormen Verbreitung und auch bezüglich ihres Angelegtseins in jedem Menschen zur Conditio humana gezählt werden. Obgleich Ekstasen und Ekstatiker über Jahrtausende weltweit bedeutenden kulturellen Einfluss nahmen, wurden sie in der Neuzeit zunehmend marginalisiert (DANZEL 1928, PASSIE 2013).

Der Begriff Mystik hat seinen Ursprung im griechischen Verb *myein* = „sich schließen, zusammengehen". Eine andere Bedeutung ist verbunden mit Begriffen wie „Geheimnisvolles", „Dunkles", „das den Sinnen und der Vernunft Verschlossene". Im vorliegenden Text schließt der Begriff „Mystik" an den mittelalterlichen Sprachgebrauch an – im Sinne der Erkenntnis durch die Erfahrung einer Versenkung der Seele in ihren göttlichen Grund, die innerlich einigende Begegnung mit der den Menschen und alles Seiende begründenden göttlichen Unendlichkeit, auch bezeichnet als „Unio mystica".

Die Mystik bzw. mystisch-ekstatisches Erleben ist als Bestandteil selbst ursprünglichster Religiosität in erstaunlicher Übereinstimmung weltweit verbreitet. So bescheinigt der Orientalist Gelpke: „Vergleicht man die Berichte von Mystikern aus den verschiedenen Jahrhunderten und Kulturen miteinander, so wird man feststellen, daß sie bei formaler Unterschiedlichkeit inhaltlich übereinstimmen" (GELPKE 1966: 202).

Außerkirchliche Schriftsteller sehen nicht selten in der Ekstase den Höhepunkt, das eigentliche Wesen der Mystik. Nicht wenige katholische Autoren sind dagegen der Auffassung, die Ekstase gehöre überhaupt nicht zum Wesen der Mystik. Diese Verwirrung gibt es auch unter den Mystikern selbst, bei denen verschiedenen Auffassungen zu finden sind. Im Einvernehmen mit MAGER (1945) kann die Ekstase im Rahmen der Mystik am ehesten aufgefasst werden als ein Durchgangs- oder Zwischenstadium der mystischen Entwicklung.

In der vorliegenden Arbeit sollen die ekstatischen Erfahrungen der Teresa von Ávila, die offenbar meist mystisches Gepräge besaßen, untersucht werden und zwar primär im Hinblick auf ihre Beschaffenheit, aber auch ihre Nach- und Nebenwirkungen. Eine weitere Frage wird jene nach der Ursache dieser – bei Teresa offenbar mit besonderer Häufigkeit – ekstatischen Erfahrungen sein. Damit verbunden ist die Frage nach einer möglichen individuellen Disposition in Konstitution und Krankheitsgeschichte der Teresa. Die Krankheitsgeschichte findet hier deshalb Berücksichtigung, da sie für ein neurobiologisches Ursachengefüge ihrer ekstatischen Fähigkeiten eine besondere Rolle spielen dürfte.

Ekstase und mystisches Erleben

Die Ekstase ist verschiedentlich von Religionswissenschaftlern und Theologen definiert worden, aber auch von Ethnologen und Psychologen. Allgemeine Definitionen verweisen auf die griechische Herkunft des Begriffes *ékstasis* = außer sich sein. Andere Termini für die Beschreibung der Ekstase sind Entrückung, Entzückung, Verzückung, Raptus oder auch – durch die Fremdheit des Erlebens gegenüber dem Normalzustand – „alienatio mentis".

In der Ekstase können wahrnehmungsartige Erlebnisse (Visionen, Auditionen, Leib-Erlebnisveränderungen, Levitation usw.) mit einem dominierenden Affekt („Verzückung", Glück, Freude, Liebe, Psychalgie [= seelischer Schmerz], Trauer, Angst, Panik, Wut) oder mit einer emotionalen Turbulenz vieler Gefühle und Stimmungen vorkommen. Das Ich-/Selbst-Bewusstsein kann in verschiedenem Grade aufgehoben sein. In schweren Ausprägungen fehlen reflexive Selbst-Bewusstseinsfunktionen und die Selbststeuerung. Aber ein Rest vom Ich-Bewusstsein bleibt dennoch erhalten, denn nach der Ekstase kann zumindest ein Teil des Erlebten als Eigenes erkannt und berichtet werden. Diese Egoifizierung des Erlebten und der mnestische Einbau in die Biographie ist für die Wirkung, besonders für die Langzeitwirkung von Ekstasen, wichtig.

Als wesentliche Eigenarten des ekstatischen Zustandes werden beschrieben:

1. Verlust des Realitätsbezuges/-sinnes. Der in Ekstase Befindliche nimmt die Umwelt nicht mehr wahr und ist unfähig, Reize von außen zu registrieren.

2. Das Empfinden des eigenen Körpers wird erheblich reduziert oder sogar ausgeschaltet.

3. Der Schwerpunkt des Erlebens liegt im seelischen Bereich mit Gefühlserregung, Visionen und Auditionen.

4. Das gewaltige, oft auch überwältigende innere Erleben entzieht sich der Steuerung durch das Ich. Es besteht oft der Eindruck, das Erlebte stamme von außerhalb des eigenen Ichs, von einer höheren Macht.

Gemäß dem Bild, das der Ekstatiker nach außen zeigt, können nach Ludwig KLAGES (1922) zwei Grundformen der Ekstase unterschieden werden:

1. die bewegte (motorische) Ekstase und

2. die unbewegte Ekstase.

Klages nennt die erstere die „Sprengungs-Ekstase", die zweite die „Schmelzungs-Ekstase". Erstere tritt oft in Gruppen auf (Mänaden, Sufis), wo körperliche Bewegtheit bzw. Tanzen im Zentrum steht mit sich langsam steigernden Bewegungen, die über die Trance in einen Höhepunkt münden. Die unbewegte Ekstase ist dagegen mit einer Ruhe des Körpers assoziiert und tritt durch einen inneren Erlebniswandel in Erscheinung. Die ekstatischen Zustände der Teresa sind – obwohl sie nicht selten mit motorischen Entäußerungen einhergingen – überwiegend dem Typ der unbewegten Ekstasen zuzurechnen, da zu ihrer

Induktion keine verstärkten äußeren Bewegungen angewandt wurden, sondern sie meist vom Gebet oder der Meditation ihren Ausgang nahmen. Eine weitere Einteilung der Ekstasen bezieht sich auf Unterschiede in der Bewusstseinshelligkeit. Die luzide Ekstase, bei der ein klares Bewusstsein mit – mindestens partiell – geordnetem Erlebnisstrom vorliegt, wird bei meist fehlenden abstrakten Denkprozessen und verminderter Besonnenheit gewöhnlich als eine Art imaginativer Bilderfluss und ohne gedankliche Vorgänge erlebt. Das Gefühlserleben ist in einigen Fällen gesteigert, in anderen weicht es einer Art Gleichmut oder ist schlicht reduziert. Körperliche Koordination und Teile der Realitätsprüfung bleiben in der Regel erhalten, obgleich die Fähigkeit zur Selbstreflexion reduziert ist. Die Erlebnisinhalte sind zum größten Teil erinnerlich.

Die somnambule Ekstase, in der die Bewusstseinshelligkeit verringert, das Sensorium getrübt oder gar abgeschaltet ist, steht dem Traum erheblich näher. Abstrakte Denkprozesse treten praktisch nicht auf, von einer koordinierten, kortikal mitgestalteten Erlebnisformierung etwa im Sinne der selektiven Aufmerksamkeitsausrichtung oder Lenkung des Erlebens kann nicht mehr gesprochen werden. Der Betroffene ist nur reduziert ansprechbar, wirkt abwesend und nicht auf die Umwelt bezogen. Das Gefühlserleben kann stark gesteigert, aber auch verringert sein. Die Realitätsprüfung ist erheblich reduziert, eine Selbstreflexion nicht mehr möglich. Die körperliche Koordination ist zumeist noch mindestens rudimentär erhalten. Der Inhalt des Erlebten kann in der Regel nicht oder nur eingeschränkt erinnert werden (ausführlich dazu PASSIE und SCHARFETTER 2013, BOURGUIGNON 1973, OESTERREICH 1921).

Zusammenfassend lässt sich vorab festhalten, dass die Ekstasen der Teresa, zumindest die in ihren Schriften dokumentierten, dem Typ der unbewegten, luziden Schmelzungsektasen zugehören. Wir kommen später darauf zurück.

Phänomenologie mystisch-ekstatischen Erlebens

Während eines ekstatischen Zustandes sind das gesamthafte subjektive Erleben, die Kognition und der Bewusstseinsrahmen also verändert. Im Folgenden soll das mystisch-ekstatische Erleben genauer beschrieben und eingegrenzt werden, da es Voraussetzung für deren näheres Verständnis und die weiteren Erörterungen ist. Zudem ermöglicht es dem Leser einen Abgleich dieser Merkmale mit den Beschreibungen der Teresa.

Wir beziehen uns auf die Typologie universaler Merkmale mystischen Erlebens durch den amerikanischen Philosophen STACE (1960). Dieser beschreibt die wesentlichen Elemente folgendermaßen:

1. *Transzendieren der Subjekt-Objekt-Relation.* Darunter sind Erlebnisse zu verstehen, in denen der Betreffende den Unterschied von Ich und Umwelt nicht mehr erfährt; es kommt gleichsam zu einem Verschmelzen des Ichs mit der Umwelt.

2. *Transzendenz von Raum und Zeit.* Während des mystischen Erlebnisses kommt es zu einem Verschwinden der Zeitempfindung, was häufig als Empfindung der „Ewigkeit" oder zeitlosen Glücks beschrieben wird. Auch scheinen Vergangenheit und Zukunft nicht mehr von Bedeutung zu sein, mitunter kommt es zum Empfinden des „absoluten Augenblicks". Transzendenz des Raums meint, dass die Person die gewöhnliche Orientierung i.S. einer dreidimensionalen Wahrnehmung der Umgebung verliert, was als Erlebnis der „Unbegrenztheit" erfahren wird.

3. *Tief empfundene positive Stimmung.* Die tragenden Gefühle mystischer Erlebnisse werden beschrieben als Freude, Seligkeit, Empfinden von umfassender Liebe, tiefer Geborgenheit und innerem Frieden.

4. *Gefühl der Heiligkeit.* Dies wird beschrieben als eine nicht-rationale, intuitive Gefühlsempfindung von Ehrfurcht, Erstaunen, Beseligung, Tiefe und Demut.

5. *Empfindung der Objektivität und Gewissheit.* Auf einer intuitiven, nicht-rationalen Ebene wird „Erleuchtung" erfühlt bzw. wissender Einblick durch direktes Erleben gewonnen. Damit verbunden ist ein Gefühl von objektiver Wahrheit und absoluter Gewissheit, d.h., dass solches Wissen wirklich wahr ist und keines Beweises auf rationaler Ebene mehr bedarf.

6. *Paradoxie.* Beschreibungen mystischen Erlebens haben die Eigenschaft, logisch widersprüchlich zu erscheinen. Beim Erleben innerer Einheit geht z.b. aller empirischer Gehalt in einer leeren Einheit verloren, die zugleich als angefüllt und vollständig erlebt wird.

7. *Unaussprechlichkeit.* Mystiker bestehen darauf, dass mystisches Erleben nicht in Worten ausgedrückt werden kann, sondern allenfalls Annäherungen, oft auch in Gleichnissen, gegeben werden können, da Denken und Verbalisierungen einem solch fundamentalen und alle gewöhnlichen Erfahrungen übersteigenden Erlebnis, aber auch seiner widersprüchlichen Natur nicht gerecht werden können.

Man könnte versucht sein, den oben genannten Kriterien für das unmittelbare Erleben die tiefe Einprägung und Erinnerbarkeit sowie die Nachwirkungen an die Seite zu stellen. Auch wenn wir uns dessen enthalten wollen, so ist doch – auch im Hinblick auf Teresas Ekstasen – von großer Bedeutung, wie sich für sie die subakuten und längerfristigen Nachwirkungen solcher Erfahrungen ausnehmen. Wir kommen später darauf zurück.

Transzendieren der Subjekt-Objekt-Relation
Transzendenz von Raum und Zeit
Tief empfundene positive Stimmung
Gefühl der Heiligkeit
Empfinden der Gewissheit
Paradoxie
Unaussprechlichkeit

Abb. 1: Merkmale mystischen Erlebens nach STACE (1960)

Die Ekstasen der Teresa von Ávila

Chronologie

Teresa hat schon früh – vermutlich, als sie sich 1532/33 bei ihrem Onkel aufhielt – das „innere Beten" kennengelernt. Als sie im Alter von 23 Jahren erneut bei ihrem Onkel ist, schenkt dieser ihr ein Büchlein „Drittes ABC" (V 4,7), das sie zum Gebet der Sammlung anleitet, was sie mit großer Begeisterung aufgreift und praktiziert. Kurz darauf „begann also der Herr, mich auf diesem Weg so zu verwöhnen, dass er mir die Gnade erwies, mir das Gebet der Ruhe zu schenken, und manchmal gelangte ich sogar zu dem der Gotteinung. (…) Es ist allerdings wahr, dass das Gebet der Gotteinung nur sehr kurz anhielt" (V 4,7)* – Teresa scheint zu dieser Zeit erstmals zu kurzen ekstatischen Zuständen erhoben worden zu sein. Nach einer langen Pause berichtet sie erst um 1555 – und damit nach ihrer „zweiten Bekehrung" 1554 – wieder von mystisch-ekstatischen Erlebnissen.

POULAIN (1925) gibt an, Teresa habe im Alter von 20 Jahren (1535) während eines ganzen Jahres in großer Sammlung gelebt und sei für kurze Momente zu ekstatischen Zuständen (i.S. von Teresas „Gebet der Ruhe" oder der „vollen Vereinigung") erhoben worden. Nach einer langen Pause habe sie erst um 1555 wieder mystisch-ekstatische Erlebnisse beschrieben.

Intellektuelle und imaginative Visionen hatte sie nach eigenen Angaben etwa ab 1560 (s. V 26,5 und V 28,1;3), die über zweieinhalb Jahre häufig vorkamen (V 29,2). In den darauffolgenden drei Jahren folgten die Aufwallungen (V 29,8), die sie für eine Sonderform mystischen Erlebens hielt. In ihrem 51. Lebensjahr, also um 1566, schließt sie mit ihrem „Leben" und beginnt „den Weg der Vollkommenheit". Zu der Zeit dieser Verzückungen fühlt sie sich von dem Verlangen, Gott zu sehen, mit großen Schmerzen gequält. Ende 1572 wird sie zur Höchstform der mystischen-visionären Ekstase erhoben, der „Geistigen Vermählung" (POULAIN 1925: 292/3).

Selbstbeschreibungen der Ekstasen durch Teresa

Die folgenden Selbstbeschreibungen (SB) der Ekstasen werden im Anschluss in Stichworten bezüglich ihrer Inhalte und Merkmale charakterisiert, um Verbindungen zu dem im vorigen Abschnitt genannten Charakteristika ekstatischer Zustände aufzeigen und im weiteren Verlauf der Arbeit darauf Bezug nehmen zu können.

---

* Aus den Werken der Teresa von Ávila wird – nach internationalem Standard – folgendermaßen zitiert: Teresas *Buch meines Lebens* (spanisch: *Libro de la Vida*) wird mit „V" abgekürzt und dann die Kapitel- und die Versnummer angegeben. Teresas Werk *Wohnungen der inneren Burg* (spanisch: *Las Moradas de castillo interior*) wird mit „M" abgekürzt; dann zuerst die Nummer der Wohnung, z.B. „6M" und danach die Kapitel- und die Versnummer angegeben.

Selbstbeschreibung 1

„In dem Gebet um die Einheit ist die Seele völlig wach für alles, was Gott betrifft, aber tief im Schlaf den Dingen der Welt und sich selbst gegenüber. Solange die Vereinigung dauert, ist sie gleichsam jeder Empfindung beraubt, und selbst wenn sie wollte, könnte sie an nichts denken. Deshalb braucht sie sich gar nicht weiter Mühe zu geben, den Gebrauch des Verstandes auszuschalten. Er bleibt in solcher Untätigkeit, dass sie weder weiß, was sie liebt, noch wie sie liebt, noch was sie will. Kurz, sie ist für die Dinge der Welt wie tot und lebt einzig in Gott … Ich weiß nicht, ob sie in diesem Zustand noch genug Leben zum Atmen übrig hat. … Ihr Verstand möchte wohl gern wissen, was in ihr vorgeht; aber er hat dann so wenig Kraft, dass er durchaus unwirksam ist. … So hebt Gott, wenn er eine Seele zur Vereinigung mit sich emporhebt, die natürliche Wirksamkeit aller ihrer Fähigkeiten auf. Sie sieht und hört und versteht nichts, solange sie mit Gott vereint ist. Aber die Zeit der Vereinigung dauert nie lange und erscheint noch kürzer, als sie tatsächlich ist. Gott erfüllt dann die Seele in einer Weise, dass es ihr, wenn sie wieder zu sich kommt, völlig unmöglich ist, daran zu zweifeln, dass sie in Gott und Gott in ihr gewesen ist. Diese Wahrheit bleibt ihr so tief eingeprägt, dass sie die Gnade, die sie empfangen hat, weder vergessen, noch an ihrer Wirklichkeit zweifeln kann, selbst wenn viele Jahre vergehen sollten … Wenn nun jemand fragt, wie es denn der Seele möglich ist, zu sehen und zu wissen, dass sie in Gott gewesen, da sie doch während der Vereinigung nichts sieht und versteht, so antworte ich, dass sie es nicht jener Zeit sieht, sondern später, wenn sie wieder zu sich gekommen ist, nicht in einer Vision, aber vermöge einer Gewissheit, die ihr stets verbleibt, und die allein Gott geben kann …" (Teresa zit. n. Poulain 1925: 326).

Elemente der Selbstbeschreibung: Unempfindlichkeit den Reizen der Außenwelt gegenüber; Unfähigkeit/Untätigkeit des Verstandes, der Kognition, der Metakognition; Änderung des Zeiterlebens; Gewissheitserleben; Dauerhaftigkeit der Erinnerung.

Selbstbeschreibung 2

„Eines Tages im Gebet wurde es mir gegeben, in einem Augenblick alle Dinge in Gott zu schauen. Ich sah sie nicht in ihrer eigentlichen Gestalt, aber mit solcher Klarheit, dass sie mir stets lebendig vor der Seele stehen. Dies ist eine der höchsten Gnadenbezeugungen, die mir der Herr gewährt hat. Der Anblick war so zart und fein, dass der Verstand ihn nicht fassen kann … Die Wonne einiger dieser Zustände scheint jedes sonstige Glücksgefühl zu übersteigen. Sie scheint auch organische Empfindungen mit einzuschließen, denn es heißt manchmal, sie sei für den Menschen zu groß und grenze an körperlichen Schmerz. Aber sie ist zu fein und zu durchdringend, als dass Worte sie beschreiben könnten" (Teresa, zit. n. Poulain 1925: 327).

Elemente der Selbstbeschreibung: Gefühl des Erfassens einer ewigen und umfassenden Wahrheit; extremes Glücksgefühl, Eindruck des tiefen Verstehens; Empfindung des Zarten, der Feinheit; Unbeschreibbarkeit.

Abb. 2: Teresa von Ávila (anonyme Kopie nach einem Werk von José de Ribera (1591–1652),
Öl auf Leinwand, 104 cm x 83 cm

Selbstbeschreibung 3

„Ich gestehe sogar, dass es mich in großen Schrecken versetzte, anfangs sogar panikartig, als ich erlebte, dass sich ein Leib von der Erde erhob, denn auch wenn ihn der Geist mit sich fortträgt und das mit großer Zärtlichkeit geschieht, wenn man sich nicht widersetzt, verliert man doch nicht das Bewusstsein. Zumindest war ich so weit bei mir, dass ich erkennen konnte, dass ich fortgetragen wurde. Es wird die Majestät dessen sichtbar, der das zuwege bringt, so dass sich einem die Haare sträuben und große Furcht zurückbleibt, einen so gewaltigen Gott zu beleidigen" (V 20,7).

Elemente der Selbstbeschreibung: Furcht, Schrecken, Ehrfurcht; Leibesphänomene wie Levitation, Empfindung von Zärtlichkeit; bewusste Wahrnehmung des Erlebten (vermutlich zu Beginn der Ekstase).

Selbstbeschreibung 4

„Ich meine, dass es mir oftmals so vorkam, als lasse sie meinen Leib so leicht zurück, dass sie mir seine ganze Schwere weggenommen hat, und mitunter war das so stark, dass ich fast nicht merkte, wie ich die Füße am Boden aufsetzte. Während er nämlich in der Verzückung weilt, ist der Leib wie tot, oftmals ohne aus sich etwas zu vermögen, und so wie sie ihn packt, verbleibt er: ob stehend oder sitzend, ob mit offenen oder geschlossenen Händen. Denn wenn man die Sinneswahrnehmung auch nur wenige Male verliert, so ist es mir doch ein paarmal passiert, sie ganz und gar zu verlieren, selten und nur kurz. Aber für gewöhnlich ist es so, dass sie gestört ist, und wenn man auch von sich aus bezüglich des Äußeren nichts zu tun vermag, so hört man doch nicht auf, gleichsam aus der Ferne etwas zu vernehmen und zu hören. Das dauert nur kurze Zeit, sage ich … Zumeist sind die Augen geschlossen, auch wenn wir sie nicht schließen wollen, und sollten sie manchmal offen sein, dann trifft oder beachtet man nicht, was man sieht, wie ich schon sagte. Damit sage ich nicht, dass man auf dem Höhepunkt der Verzückung noch etwas vernimmt oder hört (Höhepunkt nenne ich die Zeiten, in denen die Seelenvermögen verloren gehen, weil sie tief mit Gott geeint sind), denn dann sieht oder hört oder fühlt man meines Erachtens nichts. Wie ich aber schon beim vorigen Gebet der Gotteinung sagte, dauert diese völlige Gleichgestaltung der Seele mit Gott nur kurz. Solange sie aber andauert, spürt man kein Vermögen, noch weiß man, was da vor sich geht" (V 20,18).

Elemente der Selbstbeschreibung: Gefühl der Leichtigkeit des Leibes nach der Ekstase. Tot-Sein des Leibes in der Verzückung, ohne aus sich selbst heraus etwas zu vermögen; Verminderung bis Aufhebung der Sinneswahrnehmung; Unfähigkeit der Einflussnahme auf Sinneswahrnehmungen und Handlung. Kein Hören, kein Sehen, kein Fühlen, allenfalls undeutlich wie von weitem.

Selbstbeschreibung 5

„Es gefiel dem Herrn, dass ich dabei einige Male folgende Vision sah: Ich sah einen Engel neben mir, an meiner linken Seite, und zwar in leiblicher Gestalt, was ich sonst kaum einmal sehe … Ich sah in seinen Händen einen langen goldenen Pfeil, und an der Spitze dieses Eisens schien ein wenig Feuer zu züngeln. Mir war, als stieße er es mir einige Male ins Herz, und als würde es mir bis in die Eingeweide vordringen. Als er es herauszog, war mir, als würde er sie mit herausreißen und mich ganz und gar brennend vor starker Gottesliebe zurücklassen. Der Schmerz war so stark, dass er mich diese Klagen ausstoßen ließ, aber zugleich ist die Zärtlichkeit, die dieser ungemein große Schmerz bei mir auslöst, so überwältigend … Es ist dies kein leiblicher, sondern ein geistiger Schmerz, auch wenn der Leib durchaus Anteil daran hat, und sogar ziemlich viel. Es ist eine so zärtliche Liebkosung …" (V 29,13). „Da ich sah, dass ich wenig bis gar nichts tun konnte, um diese starken Aufwallungen nicht zu haben, bekam ich auch Angst, sie zu erleben; denn wie Schmerz und Glück zusammengehen konnten, das konnte ich nicht verstehen. Leiblicher Schmerz und geistiges Glücksgefühl, dass das gut möglich ist, das wusste ich schon, aber so extremer geistiger Schmerz mit einem so überaus starken Wohlgefühl, das machte mich durcheinander" (V 30,1).

Elemente der Selbstbeschreibung: Großer Schmerz. Stoß ins Herz, dennoch geistiger, kein leiblicher Schmerz; brennend vor starker Gottesliebe; zugleich überwältigende Zärtlichkeit; Ohnmacht dem Ablauf der Aufwallungen gegenüber; Angst/Furcht vor der Ohnmacht der Ekstasen; Kombination von geistigem Schmerz mit überstarkem Glücksgefühl.

Selbstbeschreibung 6

„Ich wollte, ich könnte etwas weniges von dem, was ich da erkannte, zu verstehen geben, aber wenn ich dann darüber nachdenke, wie das gehen kann, entdecke ich, dass es unmöglich ist. Denn allein schon für den Unterschied, der zwischen dem Licht, das wir hier sehen, und dem, das einem dort gezeigt wird, besteht, wo doch alles Licht ist, gibt es keinen Vergleich, denn sogar die Klarheit der Sonne sieht wie etwas völlig Lichtloses aus. Kurz, nicht einmal die Vorstellungskraft, so scharfsinnig sie auch sein mag, schafft es, zu zeichnen oder zu umreißen, wie dieses Licht ist, ebenso wenig wie irgendeines der anderen Dinge, die mir der Herr mit einem so sublimen Glücksgefühl zu verstehen gab, dass man es nicht aussprechen kann" (V 38,2).

Elemente der Selbstbeschreibung: Unbeschreiblichkeit, insbesondere der Lichtvision / -empfindung; Glücksgefühl.

Selbstbeschreibung 7

„Kurz danach wurde mein Geist so sehr entrückt, dass mir schien, er befände sich fast ganz außerhalb des Leibes; zumindest erkennt man dann nicht, dass er noch in ihm lebt. Ich sah die allerheiligste Menschheit mit mehr überströmender Herrlichkeit, als ich sie je gesehen hatte. Es wurde mir durch eine wunderbare und klare Erkenntnis gezeigt, wie er an den Brüsten des Vaters ruht. Ich könnte nicht ausdrücken, wie das ist, denn ohne es zu sehen, war mir, als würde ich mich in der Gegenwart dieser Gottheit sehen … Dieselbe Vision habe ich noch dreimal geschaut. Sie ist meiner Meinung nach von allen Visionen, die zu schauen mich der Herr begnadet hat, die höchste, und sie zieht überaus große Vorteile nach sich. Es scheint, als läutere sie die Seele in hohem Maße und nehme dieser unserer Sinnenwelt nahezu alle Kraft. Sie ist eine gewaltige Flamme, die, so scheint es, alle Wünsche des Lebens verbrennt und zunichte macht" (V 38,17–18).

Elemente der Selbstbeschreibung: Gefühl, außerhalb des Leibes zu sein, man erkennt die Verbindung zu ihm nicht mehr; Herrlichkeit des Geschauten; Sehen, ohne etwas zu sehen. Unaussprechlichkeit; Läuterung durch Gegenwart Gottes; höchste Form der Visionen.

Aus den Selbstbeschreibungen (SB) wird deutlich, dass in ihnen die meisten der von Stace und Pahnke definierten Merkmale mystischen Erlebens erkennbar sind. Allerdings gehen einige der Beschreibungen in nicht wenigen Aspekten darüber hinaus. Sie werfen ein Licht auf weniger beachtete Aspekte ekstatischer Zustände, vermitteln aber auch Hinweise auf mögliche subakute und langfristige Folgewirkungen.

Weitere Aspekte der Ekstasen Teresas

Sinneswahrnehmung und Ekstase

Wiederholt ist in der Literatur über ekstatische Zustände, aber auch in den Beschreibungen der Teresa zu lesen, dass die Sinne während der ekstatischen Zustände aufhören zu arbeiten bzw. die Sinneswahrnehmungen wie „ausgeschaltet" seien (z.b. SPOERRI 1968, POULAIN 1925, FISCHER 1971). In der SB 1 spricht Teresa von dem „Schlaf den Dingen der Welt (…) gegenüber". In der SB 4 berichtet sie von einer Ausschaltung der Sinne, die aber nicht immer vollständig sein müsse, sondern manchmal auch noch Restwahrnehmungen „aus der Ferne" erlaube. In einer anderen SB spricht sie davon, dass einige „Sinne gelegentlich noch etwas länger durchhalten" (6M 4,13) und gibt diesem Ausschalten der Sinne auch einen besonderen Zweck, wenn sie annimmt, dass Gott „… sich von niemandem stören lassen [wolle], weder von den Seelenvermögen, noch von den Sinnen …" (6M 4,9). In einer anderen SB wird ein Zusammenhang mit der Intensität der inneren Gefühle suggeriert: „Die Seligkeit dieser Verzückung war überaus groß. … Ich sah nichts und hörte nichts, wie man so sagt, vor großer innerer Freude" (V 38,11). Der Ekstaseforscher Roland FISCHER (1915–1997) spricht von der Ausschaltung der Sinneswahrnehmung als einem wesentlichen Merkmal ekstatischer Zustände (FISCHER 1971). Er sieht eine Ursache dafür im Ausmaß der inneren Erregung, die eine Perzeption der Außenwelt verhindere, da der Erlebnisraum von den inneren Empfindungen ausgefüllt sei, der „Datenstrom fast ausschließlich von „innen" komme.

Teresa erwähnt die Ausschaltung der Sinne als einen Schutzmechanismus. So wäre die Aufwühlung durch die Ergriffenheit nicht auszuhalten, wenn auch die Außenwelt und der Körper im Bewusstsein noch Platz haben sollten. Das heißt, diese Bewusstseinsenge fungiert als Schutz vor Reizüberflutung.

Seelenvermögen, Kognition und Ekstase

Teresa differenziert in ihren Selbstbeschreibungen (SB) zwischen Sinneswahrnehmungen und Seelenvermögen. Zu den Sinnen zählt sie Hören, Sehen, Tasten. Schmecken, Riechen. Zu den Seelenvermögen rechnet sie die Fähigkeit zur Bewegung des Leibes, das Gedächtnis, das Denkvermögen, das Fühlen, das Sprechenkönnen, die Verstandeskräfte und den Willen. Grundsätzlich scheinen dies Vorgänge zu sein, bei denen eine bewusste Initiierung, Aufrechterhaltung (oder mindestens Mitbeteiligung) Voraussetzung ist. In mehreren SB finden sich Hinweise auf die weitgehende oder völlige Ausschaltung der Seelenvermögen während des Erlebens ekstatischer Zustände, wie z.B. „… die Seelenvermögen so hingerissen sind, dass wir sagen können, sie seien tot …" (6M 4,4). Etwas detaillierter ist diese Beschreibung: „Im höchsten Grad der Ekstase werden alle Seelenvermögen so gebunden, dass sie nicht mehr vernommen werden, und man nicht weiß, was in ihnen vorgeht …". Die Ausschaltung der Seelenvermögen muss jedoch nicht immer vollständig sein; worauf etwa die Erinnerbarkeit des ekstatischen Erlebnisses, aber auch dessen nicht aufgehobene Zuordnung zum Ich hinweisen. Auch Teresa berichtet von einer solchen Differenzierung: „… weil Gott, nachdem Er die Seele mit all ihren Kräften und Vermögen zunächst gerne an sich gezogen hat, dann vielleicht zwei derselben entlässt, etwa das Gedächtnis und das Denkvermögen, und bloß den Willen mit sich verbunden erhält …" (Teresa, zit. nach TRITSCH 1990: 254).

„Sich-nicht-widersetzen-Können" und Aufhebung der Steuerungsfähigkeit

Aus Teresas Selbstbeschreibungen wird deutlich, dass sie die ekstatischen Zustände weder beliebig herbeirufen konnte, denn es „… gibt [keine] Mittel, um es zu wiederholen, solange es der Herr nicht will …" (6M 11,10), noch sich in der Lage sah, diese zu steuern oder zu verhindern. Einmal stellt sie die Frage: „Gibt es ein Mittel, um sich widersetzen zu können?" und antwortet darauf: „Keinesfalls, es wird nur schlimmer …" (6M 5,2). Nehmen wir, wie es verschiedene Autoren getan haben, eine epilepsieartige Mitverursachung der Ekstasen an (s.u.), so muss es nicht wundern, dass die Steuerung über das Auftreten weitgehend, wenn nicht völlig fehlt. „Das ist bei allen Visionen ohne jede Ausnahme so, daß man selbst nichts dazu tun kann und unser eigenes Bemühen weder etwas dazu tut noch wegtut." (V 29,3). So sind „… die Verzückungen sehr beständig, ohne dass es eine Abhilfe gäbe, um sie zu vermeiden …" (6M 6,1).

Allerdings ist festzuhalten, dass auch bei fast allen auf anderen Wegen zustande gekommenen mystisch-ekstatischen Erfahrungen die Steuerungsfähigkeit weitgehend aufgehoben ist. Es mag allerdings sein, dass bei diesen der Grad der Plötzlichkeit und Überraschtheit in vielen Fällen etwas geringer ausfällt, insbesondere, wenn es sich um

Zustände durch den Einsatz von bewusstseinserweiternden Substanzen, Tanz oder ähnlichem handelt. Demgegenüber mag der Grad des Überwältigtwerdens und die Plötzlichkeit bei aus dem Gehirn selbst angestoßenen Ereignissen (wie bei der Entstehung epileptischer Übererregungen) stärker sein. Dies spiegelt sich in einer SB Teresas, wenn sie schreibt, dass der Seele „… nun klar sein soll, dass sie keinen Anteil mehr an sich selber hat und spürbar mit stürmischer Bewegung entrückt wird". Um diese Zustandsveränderung nicht durch Widerstand zu erschweren, nahm sie sich vor, „… nicht mehr zu tun als der Strohhalm, wenn er den Bernstein an sich zieht …" (6M 5,2).

Dauer der Ekstasen

In ihren SB beschreibt Teresa ein Andauern der ekstatischen Zustände von meist sehr kurzer Dauer; von einigen Sekunden über wenige Minuten („Dauer eines Ave Maria") bis zu – in seltenen Fällen – einigen Stunden. Dabei muss nicht der ekstatische Zustand in seiner vollen Ausprägung über den gesamten Zeitraum anhalten, sondern er kann in einer sich sukzessive abschwächenden Ausprägung noch partiell weiterbestehen: „Im höchsten Grad der Ekstase werden alle Seelenvermögen so gebunden, dass sie nicht mehr vernommen werden … Solches kann jedoch niemals sehr lange dauern. Und doch verlängert sich bisweilen die Dauer der Ekstase auf Stunden hinaus: weil Gott, nachdem Er die Seele mit all ihren Kräften und Vermögen zunächst gerne an sich gezogen hat, dann vielleicht zwei derselben entlässt, etwa das Gedächtnis und das Denkvermögen, und bloß den Willen mit sich verbunden erhält …" (Teresa, zit. n. TRITSCH 1990: 254). Auch aus den äußeren Beschreibungen des Erlebens Teresas ergibt sich der Eindruck eines Anhaltens der ekstatischen Zustände von Sekunden bis Stunden (POULAIN 1925).

Das Nahezu-Heraustreten aus dem Leib

Aufgrund der typischerweise verringerten Sinneswahrnehmung wird auch der Leib vermindert oder gar nicht mehr wahrgenommen. „… eines Tages [vermutlich am 29.5.1563] … Während ich noch bei dieser Betrachtung war, überkam mich eine gewaltige Aufwallung, ohne dass ich ihren Anlass erkannte. Mir schien, als wollte meine Seele aus dem Leib fahren, denn sie war außer sich" (V 38,9). In anderer Formulierung: „Gott reißt die Leibseele an sich, so dass es scheint, als würde sie sich vom Körper trennen. Der Körper verfällt in einen todesähnlichen Zustand, eine Art Erstarrung" (Teresa, zit. n. MAGER 1945: 374). Interessant ist, dass sich die Formulierungen wiederholen, die lediglich vom Anschein oder einem Nahezu-Heraustreten sprechen: „… Dieses urplötzliche

Entrücktwerden des Geistes [ist] (…) derart heftig, dass es scheint, als würde er wirklich aus dem Leib heraustreten …" (6M 5,7). Teresa scheint sich auch darüber im Klaren zu sein, dass es stark subjektive Empfindungen sind, die diesem Eindruck zugrunde liegen. „Ob all das geschieht, während man im Leib oder außerhalb von ihm weilt, kann ich nicht sagen; zumindest würde ich nicht beschwören, dass man im Leib weilt, aber auch nicht, dass der Leib ohne die Seele ist" (6M 5,8). „Kurz danach wurde mein Geist so sehr entrückt, dass mir schien, er befände sich fast ganz außerhalb des Leibes; zumindest erkennt man dann nicht, dass er noch in ihm lebt" (V 38,17).

Angst unmittelbar vor oder während des Beginns der Ekstase

In einigen der SB Teresas wird im Zusammenhang mit den Ekstasen auch Angst erwähnt, die gelegentlich den Beginn oder Verlauf der Ekstasen begleitet. Ein prägnantes Beispiel bietet diese Beschreibung: „[Eine] weitere Art der Verzückung oder ‚Geistesflug', so nenne ich es, [wenn] man … urplötzlich eine so rasche Bewegung der Seele verspürt, so dass es scheint, als werde der Geist mit solcher Geschwindigkeit entrückt, dass es große Furcht verursacht, vor allem an den Anfängen … [so dass] großer Mut nötig ist, dann auch Glauben und Vertrauen, und große Ergebenheit, damit unser Herr mit der Seele mache, was er mag" (6M 5,1).

Bedeutung des Leibes

Es ist nicht typisch, dass Erfahrungen der „unbewegten Schmelzungsekstase" nach KLAGES (1922), wie wir sie oben charakterisiert haben, mit starken Veränderungen des Leiberlebens einhergehen. Meist kommt es – auch durch die Ausschaltung der Sinneswahrnehmungen und der Seelenvermögen – zu einer verringerten oder gar aufgehobenen Wahrnehmung des Leibes. Dies scheint bei Teresa nicht der Fall zu sein, die mehrfach eine starke „Beteiligung des Leibes" beschreibt. Zwar scheinen die Leibwahrnehmungen oft verfremdet, sind aber noch deutlich vorhanden, wie es diese Selbstschilderung zeigt: „Andere Male … wurde mir die Seele fortgetragen und fast immer auch der Kopf hinterher, ohne dass ich ihn zurückhalten konnte, ja, gelegentlich der ganze Leib, den es sogar vom Boden erhob" (V 20,4). Kennzeichnend für die unbewegte Ekstase ist auch die Unfähigkeit, den Körper willkürlich bewegen zu können. „So gibt es zeitweise keine Kraft im Leib, um sich bewegen zu können, selbst wenn ich mich noch so sehr bemühe; alle Kraft hat die Seele mit sich fortgetragen." (V 20,21).

Manchmal scheint sich auch ein Erleben von Bedrohung über die Leibwahrnehmung zu ergeben: „… Es besteht da sicherlich unmittelbare Todesgefahr. Auch wenn es nur kurz anhält, macht es den Leib ganz verrenkt, ihr Puls ist dann so stockend, wie wenn sich die Seele schon Gott hingeben wollte … Ihre Körperwärme setzt aus … Sie [hat] zwei oder drei Tage lang nicht einmal die Kraft zum Schreiben hat, und dazu starke Schmerzen …" (6M 11,4).

Für eine Überreizung der Muskulatur, wie sie typischerweise bei epileptischen Anfällen durch die unwillkürliche Verkrampfung der Muskulatur auftritt, spricht diese Selbstschilderung: „So setzen bisweilen fast alle Pulsschläge aus, wenigstens nach Aussage derjenigen unter den Schwestern, die dann manchmal herbeieilen und dies schon in etwa kennen; meine Handgelenke treten stark hervor und die Hände sind so starr, dass ich sie manchmal nicht falten kann. Daher fühle ich sogar am nächsten Tag noch Schmerzen an den Pulsen und am ganzen Körper, so dass es mir vorkommt, als hätte man mir die Knochen ausgerenkt" (V 20,12).

Es ist laut Teresa so, dass sich das Seelenleben, aber auch der Körper, an diese Einwirkungen gewöhnt. Wenn diese Gewöhnung eingetreten ist, vermag der Leib sie besser zu ertragen, ohne das Leben zu gefährden. Sie schreibt sogar, dass es den Leib stärken könne: „Oftmals – wenn er richtig krank oder von starken Schmerzen geschüttelt war – ist er nachher gesund und leistungsfähiger …" (V 20,21) Doch während der meisten Ekstasen selbst werden ihren SB gemäß die körperlichen Funktionen auf ein Minimum reduziert, das gerade noch ausreicht, um das Leben aufrechtzuerhalten.

Zusammenfassung der Merkmale der Ekstasen der Teresa von Ávila

Aus den Selbstschilderungen lassen sich die folgenden Hauptmerkmale ekstatischen Erlebens bei Teresa ableiten:

- Überwältigungscharakter
- Ausschaltung der Sinne
- Aufhebung der Seelenvermögen
- Verändertes Zeiterleben
- Entängstigung, Freude, Glückseligkeit, Beseligung, köstlicher Schmerz
- Ängste, Zweifel und Zaghaftigkeit weichen der Klarheit des Wissens
- Eindruck des Nahezu-Heraustretens aus dem Leib
- Auflösen der Seele in Gott / „Geist der Seele" wird eins mit Gott
- Paradoxie / Unbeschreiblichkeit
- Vermögen, davon zu berichten
- Erlebnisse bleiben tief eingeschrieben

Als Nebenmerkmale können angeführt werden:

- Angst unmittelbar vor/zu Beginn der Ekstasen
- Starke Einbeziehung des Leibes
- Keine willentliche Wiederholbarkeit

Stimmt diese Aufstellung, so enthalten die Selbstschilderungen der Teresa praktisch sämtliche Haupt- und Nebenmerkmale mystisch-ekstatischen Erlebens, wie sie in den ersten Abschnitten ausgeführt wurden.

Drei Formen der Ekstase nach Teresa von Ávila

In ihren Schriften unterscheidet Teresa ihrerseits drei Formen ekstatischer Zustände:
1. die einfache Ekstase
2. die tiefe Verzückung und
3. den Seelenflug/die Aufwallungen.

1. Die einfache Ekstase

Teresa setzt die einfache Ekstase mit dem „Gebet der Ruhe" gleich. Die einfache Ekstase habe nicht den „zwingenden" Charakter wie die tiefe Verzückung. „Bei der einfachen Ekstase, wenn wir uns gleichsam noch in unserem Lande befinden, können wir, obwohl mit Mühe und großer Anstrengung, fast immer dem Zuge des Herrn widerstehen. Anders ist es jedoch bei der tiefen Verzückung, denn dieser kann man nicht widerstehen …" (Teresa zit. nach POULAIN 1925: 255). Es komme zwar zum „Schlaf" von Sinnes- und Seelenfähigkeiten, aber es ist nur die Tätigkeit der äußeren zugunsten der inneren Sinne eingestellt. Die inneren Sinne sind dabei nicht (wie im Gebet der Vereinigung) in todesähnlichem Schlaf, sondern außer sich vor Erstaunen über das, was von der Geistseele in die Leibseele überströmt. Der Körper scheint bei der einfachen Ekstase meist in einem Zustand der Untätigkeit, ja Unbewegtheit zu verharren. Bei dieser Form der Ekstase richtet sich das „mystische Wirken" unmittelbar auf die leibseelischen inneren Sinne (MAGER 1945: 375).

2. Die tiefe Verzückung

Die tiefe Verzückung bahnt sich schneller an, vollzieht sich plötzlicher und überwältigender. Die Steuerungsfähigkeit geht dramatisch schnell verloren. „… Dieses urplötzliche Entrücktwerden des Geistes [ist] derart heftig, dass es scheint, als würde er wirklich aus dem Leib heraustreten … Kann sie einige Augenblicke lang nicht sagen, ob sie noch im Leib oder außerhalb ist. Ihr kommt es vor, als sei sie in Gänze in einer anderen Region gewesen … wo ihr ein anderes Licht gezeigt wurde …" (6M 5,7). Es scheint, so suggerieren die Selbstschilderungen, dass der Erkenntnisgewinn größer ist als in der einfachen

Ekstase: „Und da geschieht es, dass ihr in einem Augenblick so vieles auf einmal gelehrt wird, dass sie nicht einmal ein Tausendstel davon zusammenbrächte, auch wenn sie sich jahrelang bemühen würde …" (6M 5,7). Diese Form der Ekstase fällt mit Teresas „Gebet der Einigung" zusammen.

Bei der tiefen Verzückung handele es sich um Vorgänge, die sich ausschließlich in der Geistseele abspielen, während die Leibseele völliger Untätigkeit verfällt. „Gottes Wirken" erfasse dabei das innerste Wesen der Seele unmittelbar von innen her. Damit vereinigt sich die Seele soweit mit Gott, dass sie „die göttliche Art des Denkens und Wollens" übernimmt und damit in den *modus divinans* übertritt (MAGER 1945: 364).

3. Der Seelenflug / die Aufwallungen

Charakteristisch für diese Form der Ekstase scheint ihr fast gewaltförmiges Andrängen, die unmittelbare Wucht des Auftretens, wie es in dieser SB zum Ausdruck kommt: Eine „weitere Art der Verzückung oder ‚Geistesflug', … gibt es … [wenn] man … urplötzlich eine so rasche Bewegung der Seele verspürt, so dass es scheint, als werde der Geist mit solcher Geschwindigkeit entrückt, dass es große Furcht verursacht, vor allem an den Anfängen … [so dass] großer Mut nötig ist, dann auch Gauben und Vertrauen, und große Ergebenheit, damit unser Herr mit der Seele mache, was er mag" (6M 5,1).

Auch scheint es zu einer besonderen Art der Veränderung des Leiberlebens zu kommen. Dieser wird als fremd, fern oder nicht mehr vorhanden wahrgenommen, was dann zum Eindruck eines „außerkörperlichen Erfahrung" (vgl. BLACKMORE 1982) führt. „Man erkennt klar, dass es Fliegen ist, wozu sich der Geist hier anschickt, um sich über alles Geschaffene zu erheben, und über sich selbst zuerst. Es ist aber sanftes Fliegen, es ist beseligendes Fliegen, lautloses Fliegen" (V 20,24).

Nach Teresas Auffassung wird durch das ekstatische Gebet die Leibseele so gereinigt und zubereitet, dass sie an der „mystischen Geistseele" partizipieren und sich selber nach geistseelischer Art betätigen kann. Die Seele löst sich in Gott auf, sie fühlt sich nicht mehr als ein von ihm verschiedenes Wesen. Tritt die Seele in diese Form der Ekstase ein, so hat sie nach Teresa die höchste hienieden erreichbare Form der Gottesvereinigung, die geistige Vermählung, erfahren.

Die Unterscheidung von authentischen und nicht-authentischen Ekstasen

Teresa hat in ihren Darstellungen zwischen authentischen und nicht-authentischen Ekstasen unterschieden. Sie hat einige Gesichtspunkte angeführt. die eine Unterscheidung ermöglichen. Es ist ihr wichtig, dass die echten Ekstasen, die „Verzückungen, nicht Schwächeanfälle von Frauen" (6M 4,2) sind, in welchen eine schwache Veranlagung sich ausdrückt. Sollte keine echte Ekstase vorliegen, sondern ein Hineinphantasieren in derartige Zustände, „...dann ist es nicht eine wahre Vision gewesen, sondern eine tiefe Betrachtung eigener Phantasie, eine natürliche Schwachheit, wie sie bei uns Frauen häufig eintritt". Direkt danach verweist sie auf die fehlenden Folgewirkungen, denn diese Pseudo-Ekstasen sind „... keine andere Wirkung zurücklassend, als etwa die Betrachtung eines heiligen Bildes, und schneller aus ein Traum aus dem Gedächtnis sich verlierend. Ist es aber ein wahres Gesicht gewesen, dann bleibt es so fest eingeprägt, dass es nie mehr in Vergessenheit fallen kann" (Teresa, zit. n. TRITSCH 1990: 254). Teresa macht demnach die Authentizität der Ekstase primär von ihren Folgewirkungen abhängig, d.h. an dem, was die Person danach in Bezug auf ihr eigenes Leben umsetzt: „Bei den vorgetäuschten Verzückungen die Wirkungen ganz anders [sind und] ... die Anzeichen und Wirkungen einer so großen Gnade nicht entsprechen ..." (6M 4,17).

Es darf vermutet werden, dass zu Zeiten Teresas, wo die mystische Erfahrung, aber noch mehr die visionären Erscheinungen (vgl. BENZ 1969) in der Kirche sehr umstritten waren, aber diese dennoch von vielen Gläubigen als Zeichen der Frömmigkeit angestrebt wurden, es zu vielfachen Angaben ekstatischer Zustände ohne deren wirkliches Durchleben gekommen sein dürfte. Daher dürfte diese Unterscheidung damals durchaus wichtig gewesen sein.

Folgewirkungen ekstatischer Erfahrungen

Schon seit Jahrhunderten wird in der Debatte um die „Echtheit" mystischer Erfahrungen als ein wesentliches Kriterium die Wirkung auf das Leben des Betroffenen angeführt. Die Frage der Authentizität hat nicht zuletzt die Kirchen beschäftigt, die immer wieder mit Visionen und Propheten beschäftigt waren, die authentische Erscheinungen behaupteten, deren Inhalt aber oftmals mit kirchlichen Paradigmen nicht übereinstimmte, so dass deren „Echtheit" in Frage gestellt und kritisch überprüft wurde.

HEIGL (1980) und SMITH (2000) haben gezeigt, dass die Phänomenologie mystisch-ekstatischer Erfahrungen bei einer Vielzahl von Kontexten und Auslösebedingungen sehr ähnlich ist. Es lässt sich daraus ableiten, dass es bei durchaus gleichartiger Erfahrung nicht immer zu gleichartigen Folgewirkungen kommen muss. PASSIE und PETROW (2013) haben einige mögliche Verläufe nach dem Erleben mystischer Erfahrungen aufgezeigt, die offenbar sehr unterschiedlich ausfallen können.

Im Folgenden sollen die subakuten als auch die langfristigen Folgewirkungen mystisch-ekstatischer Erfahrungen, wie sie von Teresa beschrieben wurden, dargestellt werden. Es ist zunächst zu beachten, dass, wie oben ausgeführt, i.d.R. eine lebhafte Erinnerung an das Erfahrene besteht. Diese Erinnerbarkeit besteht vermutlich auch aufgrund der Intensität der Erfahrungen, die sich dadurch „tief in die Seele einprägen". Die außergewöhnliche Intensität kann auch erklären, dass mystische Erfahrungen nicht selten „ein ganzes Leben durchgreifend verändern" können. Dies auch dann, wenn die Erfahrung selbst nur Sekunden oder Minuten gedauert hat. Auch wenn eine Beschreibbarkeit praktisch nicht gegeben ist, „… so bleibt ihr zwar die Erinnerung an die Großartigkeiten, die sie gesehen hat, wenn sie wieder zu sich kommt …" (6M 4,8).

Obgleich das aus den mystischen Ekstasen resultierende Erkennen nicht mit gewöhnlichen Begriffen zu fassen ist, wirkt es auf einer tieferen intuitiven Ebene und wird auf dieser auch verankert. „Und da geschieht es, dass ihr [der Seele] in einem Augenblick so vieles auf einmal gezeigt wird, dass sie nicht einmal ein Tausendstel davon zusammenbrächte, auch wenn sie sich jahrelang bemühen würde" (6M 5,7). Teresa stellt die kritische Frage, was denn resultieren kann „wenn die Seele nachher doch keine Erinnerung an diese erhabenen Gnaden haben wird, … was für einen Nutzen bringen sie ihr dann?". Doch folgt ihre Antwort sogleich: „Er ist so groß, dass man ihn gar nicht übertreiben kann … so bleiben sie der Seele ganz tief eingeschrieben …" (6M 4,6). „Es kommt vor, wenn es dem Herrn gefällt, dass eine Seele während des inneren Betens und ganz wachen Sinnes plötzlich eine Aufhebung überkommt, in der der Herr ihr große Geheimnisse zu verstehen gibt, die sie, wie ihr scheint, in Gott selbst sieht. Es …ist dies keine imaginative, sondern eine rein intellektuelle Vision, in der ihr aufgedeckt wird, wie in Gott alle Dinge geschaut werden und er sie alle in sich selbst birgt. Das ist von großem Nutzen, denn es bleibt tief eingemeißelt, auch wenn es in einem Nu vorbei ist …" (6M, 10,2).

Subakute Nachwirkungen

Als subakute Nachwirkungen möchten wir solche Erscheinungen bezeichnen, die während der Stunden oder Tage nach den Ekstasen auftreten und womöglich noch Folgen der besonderen leibseelischen Anstrengung sind, die die Ekstasen dem Betroffenen abverlangen. So schreibt Teresa nach einer Reihe von Verzückungen: „In all diesen Tagen war ich beinahe so wie ein berauschter Mensch … Es kostet die Seele Mühe, sich mit anderen Dingen als mit ihrem göttlichen Gegenstande zu beschäftigen" (Teresa, Brief an den Bruder, Januar 1577, zit. n. POULAIN 1925: 255). An anderer Stelle beschreibt sie eine quasi über Tage unvollständig gebliebene Rückkehr in das Alltagsbewusstsein: „Es kommt aber vor, dass der Wille, auch wenn die Entrückung abebbt, so versunken bleibt und der Verstand so benommen ist, was einen Tag, ja sogar Tage andauert, dass sie dem Anschein nach unfähig ist, sich auf etwas einzulassen …" (6M 4,14). Dass diese

Zustände noch über Tage das Normalbewusstsein und die Alltagsfähigkeit beeinträchtigen können, kommt auch in dieser Beschreibung zum Ausdruck: „… wurde mein Geist so sehr entrückt, dass mir schien, er befände sich fast ganz außerhalb des Leibes … Ich sah die allerheiligste Menschheit mit mehr überströmender Herrlichkeit, als ich sie je gesehen hatte. … Ich war so verblüfft und in einem solchen Zustand, dass einige Tage vergingen, bis ich wieder zu mir kommen konnte" (V 38,17).

Langfristige Folgewirkungen

Gemäß Teresa bringe1n die Ekstasen folgende Wirkungen hervor: „Erkenntnis von Gottes Größe, denn je mehr wir davon zu sehen bekommen, desto besser gibt sie sich uns zu erkennen", „Selbsterkenntnis und Demut" und „Geringachtung der Dinge dieser Welt, außer denen, die man im Dienst für diesen großen Gott einsetzen kann" (6M 5,10).

Eine der Ursachen für eine Änderung der inneren Einstellung stellt Teresa in Zusammenhang mit der nicht-selbst-gewählten Natur und dem Überwältigungscharakter der Ekstasen. „Das ist bei allen Visionen ohne jede Ausnahme so, dass man selbst nichts dazu tun kann und unser eigenes Bemühen weder etwas dazutut noch wegtut (…) es bewirkt, dass wir sehr demütig und zurückhaltend werden" (V 29,3). „Sie lacht über sich und die Zeit, in der sie etwas auf Geld und Gier danach gab, auch wenn ich nicht glaube – und so ist es auch wirklich –, da eine Schuld zu bekennen zu haben; aber es war Schuld genug, etwas darauf zu geben. Wenn man damit das Gut erkaufen könnte, das ich jetzt in mir sehe, würde ich viel davon halten, aber man sieht ja, dass man dieses Gut erlangt, indem man das alles hinter sich lässt" (V 20,27).

Mystisch-ekstatische Erfahrungen können Menschen tief beeindrucken, sie in Erfahrung, Selbsterkenntnis und Handlung zu einer tiefen Wandlung anregen (Passie und Petrow 2013). Nicht unproblematisch kann es sein, wenn die temporäre – aber offenbar subjektiv durchgreifend-fundamentale – Erfahrung einer möglichen Loslösung der Seele vom Körper und den weltlichen Dingen, ihre Sättigung mit dem Wissen um das Umfassende des Göttlichen, zu einer „unmenschlichen" Distanzierung von Welt und Mitwelt führt. „Es bleibt in ihr eine viel größere Geringschätzung der Welt als vorher … Sie ist viel losgelöster von den Geschöpfen, da sie bereits einsieht, dass es nur der Schöpfer ist, der sie zu trösten und ihre Seele zu sättigen vermag …" (6M 11,10). „… Wenn man dem Geist nach von allen Dingen völlig losgelöst ist … entsteht eine ganz neue Entfremdung den irdischen Dingen gegenüber, so dass das Leben zur Last wird" (V 20,7). „… So seufzt und läuft sie die ganze Zeit verweint umher, da durch jede von ihnen ihr Schmerz noch größer wird. Der Grund dafür ist, dass die Sehnsucht vielmehr wächst, weil sie in zunehmendem Maße die Großtaten Gottes erkennt, sich aber von ihm getrennt erlebt …" (6M 11,1).

Ein wichtiger Aspekt des religiösen Lebens ist die Frömmigkeit, das Zugewandt-sein zum Göttlichen und damit verbunden eine „Läuterung der Seele". Es ist für Teresa Kennzeichen einer mystisch-ekstatischen Erfahrung, dass es im Anschluss daran zu einer langfristigen und anhaltenden Läuterung der Seele kommt. „Es scheint, als läutere sie die Seele in hohem Maße und nehme dieser unserer Sinnenwelt nahezu alle Kraft. … Sie ist eine gewaltige Flamme, die, so scheint es, alle Wünsche des Lebens verbrennt und zunichte macht; … wurde mir hier so richtig klargemacht, wie alles Nichtigkeit ist, und wie null und nichtig die Herrscherwürden von hienieden sind. Und es ist eine gewaltige Lehre, um unsere Wünsche zur reinen Wahrheit zu erheben. Dabei wird die Ehrfurcht eingeprägt, die ich nicht beschreiben könnte, die aber ganz anders ist als alles, was wir hier erwerben können" (V 38,18). Die intuitiv gewonnene und tief verankerte Erkenntnis aus der mystischen Erfahrung zeigt sich also auch im Leben des Betroffenen durch dessen geläutertes Verhalten. Ein wichtiges Element der Läuterung ist für Teresa die Vermehrung der Selbsterkenntnis. So sei es so, dass „… es unseren Herrn beglückt, dass wir uns selbst erkennen …", unter anderem, indem wir uns vergegenwärtigen, „dass wir nichts haben, was wir nicht empfangen hätten". Doch um dies anzuerkennen, sei „Mut erforderlich" (6M 5,6).

Zur Läuterung gehört für Teresa sowohl ein Gewahrsein der Existenz und Vollkom-menheit Gottes als auch die Erkenntnis der Unvollkommenheit von Selbst und Welt. Steht auf der einen Seite ein – durch die Ekstasen vermitteltes – größeres Empfinden von Geborgenheit und Aufgehobensein, so werden auf der anderen Seite Unvollkommen-heiten klarer erkennbar: „Jetzt sieht die Seele im hellen Sonnenlicht der übernatürlichen Erleuchtung nicht bloß die groben Fehler, die sie verdunkeln, und nicht bloß die Spinn-gewebe, sondern auch das geringste Stäubchen, jedes Atom der Unvollkommenheit …" (Teresa, zit. n. TRITSCH 1990: 256). Daran kann auch ein Leiden entstehen: „… Sobald sie aber hier angekommen ist, wo diese Sonne der Gerechtigkeit sie anleuchtet … sieht sie so viele Staubteilchen, dass sie sie am liebsten wieder zumachen würde …" (V 20,28).

Teresa hat weiterhin klar die mögliche Entfremdung von der Welt beschrieben und auch das Leiden gesehen, das dadurch verursacht werden kann. „Und es werden ihr, die … ganz außer sich ist, großartige Dinge gezeigt. Sobald sie sich wieder bei sich erfährt, hat sie so großen und vielfachen Gewinn und hält nur mehr so wenig von all den Dingen der Welt, dass sie ihr im Vergleich zu denen, die sie geschaut hat, wie Unrat vorkommen; sie lebt in ihr von nun an in großer Qual …" (6M 5,9). Allerdings macht sie deutlich, dass der Mensch gestärkt aus solchen Erfahrungen hervorgehen kann: „Es ist dies etwas Schmerzhaftes, doch die Seele geht mit ganz starken Wirkungen daraus hervor; die Angst vor Prüfungen, die ihr zustoßen könnten, geht aber verloren, denn verglichen mit dem so schmerzhaften Gefühl, das ihre Seele empfand, sind sie ihres Erachtens nichts …" (6M 11,10).

Für die höchstmögliche Folgewirkung mystisch-ekstatischer Erfahrungen gibt Teresa die folgende Beschreibung: „Die höchste Stufe ist es daher, wenn der Mensch mit Gott vollgesogen ist, ein Schwamm der Gottheit. Dann kann er in die Welt zurückkehren und sich wieder um irdische Sorgen kümmern, denn nun wird er eine Marionette Gottes sein. Seine Wünsche, Bewegungen und Handlungen in der Welt werden nicht mehr ihm gehören. Was er auch tut und was ihm zustößt, es wird ihn nicht anfechten, denn ,er' ist nicht auf der Erde, nicht in seinem eigenen Wünschen und Tun, er ist gefeit und undurchdringlich für alle Eindrücke. Seine wahre Person ist zu Gott ausgewandert, in Gott eingestreut, und übrig bleibt nur noch eine mechanische Puppe, ein ,Geschöpf', das von Gott bewegt wird" (Teresa, zit. nach ORTEGA Y GASSET 1954: 170).

Die Krankengeschichte

Aufgrund der detaillierten Selbstbeschreibungen des Auftretens und Verlaufs ihrer ekstatische Zustände wurde immer wieder der Verdacht geäußert, Teresa habe an einer Form der Epilepsie gelitten, die als Folge einer schweren Erkrankung aufgetreten sein könnte. Wohlwissend, dass es sich bei der folgenden Darstellung nur um eine spekulative Annäherung handelt, soll versucht werden, die von Teresa beschriebenen Symptome und Beschwerden verstehend einzuordnen.

Teresa war schon früh persönlich mit dem Thema Krankheit konfrontiert, da ihre Mutter häufig krank war (V 1,2). Von eigenen Erkrankungen spricht sie jedoch erst ab einem Alter von etwa 18 Jahren, wenngleich sie hinzufügt, dass sie „immer eine sehr schwache Gesundheit hatte" (V 3,7).

Nach dem Tod ihrer Mutter im Jahre 1529 und nach Verheiratung der älteren Schwester gibt der Vater Teresa zur klösterlichen Erziehung in ein Kloster der Augustinerinnen. Nach anderthalb Jahren erkrankt sie so schwer, dass sie zu ihrem Vater zurückkehren muss (V 3,3). Zusätzlich zu dieser – zunächst nicht näher beschriebenen – Erkrankung befindet sich Teresa über Monate in einer intensiven inneren Auseinandersetzung mit der Frage nach ihrer zukünftigen Lebensform. In ihren diesbezüglichen Schilderungen fällt neben großen Ängsten ihre hohe emotionale Bewegtheit auf. Während dieser Auseinandersetzung leidet sie erneut (oder weiterhin?) an Fieberschüben und Ohnmachtsanfällen (V 3,7). Deren Deutung muss offen bleiben, da als mögliche Ursachen eine Reihe von Infektionskrankheiten, kardiovaskuläre Ursachen, aber auch Ohnmachten durch starke emotionale Erregung infrage kommen.

Im November 1535 zwingt sie sich (V 3,5-6) zum Eintritt ins Kloster La Encarnacion, obwohl ihr Vater dagegen ist, da er eine Verschlechterung ihrer Gesundheit befürchtet. Vermutlich im Oktober 1538 wird sie tatsächlich schwer krank (V 5,2), was sie folgendermaßen beschreibt: „Die Ohnmachtsanfälle nahmen allmählich zu, und es befiel mich ein so schweres Herzleiden, … dazu noch viele andere Beschwerden. So verbrachte ich das erste Jahr mit einer recht schlechten Gesundheit … Da die Krankheit so ernst war, dass sie mir ständig fast das Bewusstsein nahm, ich manchmal sogar ganz ohne es verblieb …" (V 4,5). Nachdem ärztliche Behandlungen erfolglos blieben, bringt der Vater sie zu einer Heilerin in Becedas zur Kur (V 4,6). Nach Behandlungsbeginn verschlechtert sich jedoch Teresas Gesundheitszustand im Laufe der folgenden drei Monate dramatisch: „Nach zwei Monaten war ich kraft der Medikamente mit dem Leben fast am Ende, und die Schärfe meines Herzleidens … hatte sich sogar noch verschlimmert, so dass es mir manchmal vorkam, als würde man mir das Herz mit scharfen Zähnen ausreißen … Wegen des großen Kräfteverfalls (denn vor Übelkeit konnte ich nichts Festes zu mir nehmen, sondern nur Flüssiges), und weil ich ständig Fieber hatte und ganz erschöpft war, da man mir fast einen Monat lang täglich ein Abführmittel verabreicht hatte, war ich so abgemagert, dass sich meine Nerven unter so unerträglichen Schmerzen zu verkrampfen begannen, dass ich weder Tag noch Nacht Ruhe finden konnte. Dazu noch eine abgrundtiefe Traurigkeit." (V 5,7–8). Nur ihr Vater glaubt an ihre Genesung und holt sie nach Hause, wo es im August 1539 zu einer viertägigen Zuspitzung mit einem todesähnlichen Koma kommt. Danach verbleibt Teresa „aufgrund dieser viertägigen Lähmung in einem solchen Zustand, dass nur der Herr ermessen kann, welch unerträgliche Qualen ich erlitt. Meine Zunge zerbissen, die Kehle nicht minder, weil ich … so geschwächt war, dass ich zu ersticken drohte …. Ich kam mir ganz aufgelöst vor, im Kopf ganz verwirrt, und ganz zusammengekrampft wie ein Wollknäuel …; ich konnte mich kaum besser bewegen, als wenn ich tot gewesen wäre, weder Arm noch Bein noch Hand noch Kopf …" (V 6,2). „Dies ging so bis Ostern. … so war ich schon ganz glücklich, wenn ich einmal ohne diese heftigen und andauernden Schmerzen war, auch wenn der arge Schüttelfrost bei den grässlichen Fieberanfällen, die mich jeden zweiten Tag packten, unerträglich war; die Übelkeit war sehr stark." (V 6,1). Während sich viele der Symptome bis zum Osterfest 1540 besserten, blieben andere für lange Zeit bestehen „… gelähmt zu sein, auch wenn es langsam besser wurde, fast drei Jahre" (V 6,2). Die Lähmungen und Fieberanfälle scheinen erst nach etwa 12 Jahren ganz verschwunden zu sein. Mit täglichem Erbrechen und vielfältigen Schmerzen kämpfte sie jedoch zwanzig Jahre (V 7,11).

Teresa litt also in einem Zeitraum von mehr als zwanzig Jahren an folgenden Allgemeinsymptomen: hohes und undulierendes Fieber, Schüttelfrost, Übelkeit, Erbrechen, Ohnmachtsanfälle, Kachexie, Herzschmerzen, Muskelspasmen, Zungenbiss, trockene Kehle, massive allgemeine Schwäche. Hinzu kamen neurologische Symptome wie ein viertägiges Koma mit vorhergehenden und nachfolgenden Phasen unterschiedlich starker Bewusstseinstrübungen, Lähmung aller Extremitäten, Verwirrtheit, Hyperästhesie des gesamten Körpers und radikuläre Schmerzen. Die beschriebene zerbissene Zunge und die

Verkrampfungen der Muskulatur verweisen auf das mindestens gelegentliche Auftreten von epileptischen Anfällen. Das bei Teresa gegebene medizinische Symptombild passt gut zur Diagnose der Brucellose. Bei ihr kam es dabei offenbar zu einer schweren Verlaufsform, der sogenannten Neurobrucellose, denn das viertägige Koma, das bei Teresa 1539 auftrat, deutet darauf hin, dass sie an einer Entzündung des Gehirns und seiner umgebenden Häute (Meningoenzephalitis) litt (SANCHEZ-CARO 2017, VARELA 1982).

Die Brucellose ist eine Infektionskrankheit, die gewöhnlich durch den Genuss von Rohmilchprodukten übertragen wird. Etwa 90 Prozent der Infektionen verlaufen unbemerkt. Es können sich aber auch über Jahre hinweg erstreckende chronische Verläufe entwickeln.

Während heutzutage eine Neurobrucellose mit Antibiotika erfolgreich behandelt werden kann, dürften zu Teresas Zeiten derartig schwere Verläufe meist zum Tod geführt haben. Gleichwohl kamen auch Spontanheilungen vor, wie sie wahrscheinlich auch Teresa erlebt hat.

Epilepsie und Ekstase

Von verschiedenen Autoren wurde wie erwähnt die Ursache für die starken Ekstasen der Teresa in einer krankheitsbedingten Veränderung des Gehirns vermutet. Die oben geschilderten Krankheitserscheinungen und deren Chronologie sprechen für eine solche Verursachung, zumindest Mit-Verursachung. Nicht selten resultieren aus den Erkrankungen, wie sie Teresa durchstehen musste, narbige Umbauten von Gehirngewebe, was Veränderungen der Erregbarkeit der Nervenzellen bedingen kann. Von daher ist es gut möglich, dass die Ekstasen der Teresa mit irregulären Übererregungen in bestimmten Hirnarealen in Zusammenhang stehen.

Als Epilepsie wird eine krankhafte Übererregung bestimmter Hirnregionen bezeichnet. Diese geht von einzelnen Zellverbänden aus und kann sich über das gesamte Gehirn ausbreiten. Hat sie auf große Teile des Gehirns übergegriffen, kommt es zu einem großen epileptischen Krampfanfall. Dabei entsteht eine Trübung des Bewusstseins bis zu Desorientiertheit und Bewusstseinsverlust. Starke Verkrampfungen der Muskulatur, Verringerung der Atmung sowie unwillkürlicher Kot- und Urinabgang sind typische körperliche Begleiterscheinungen. Durch den meist schnell eintretenden Bewusstseinsverlust wird während des Anfalls gewöhnlich wenig oder nichts wahrgenommen und auch nichts erinnert. Neben diesen „großen" epileptischen Anfällen (Grand mal) gibt es auch kleine Anfälle (Petit mal), bei denen lediglich ein kurzzeitiger Bewusstseinsverlust mit nur geringen körperlichen Begleiterscheinungen wie zum Beispiel Schmatzen auftritt. Auch beim Petit mal besteht in der Regel keine Erinnerung.

Von Interesse für den hier behandelten Gegenstand ist die Tatsache, dass etwa 0,4 bis 3,1 Prozent der Patienten mit Epilepsie über religiöse Erfahrungen berichten, die während oder direkt nach ihren Anfällen auftraten (DEVINSKY und LAI 2008, OGATA und MIYAKAWA 1998).

Es gibt eine Form der Epilepsie, bei der die Übererregung von Zellen vom Temporallappen (TL) ausgeht, die sogenannte Temporallappenepilepsie (TLE). Beim TL handelt es sich um die elektrisch instabilste Region des Gehirns, in der wichtige Funktionen lokalisiert sind bzw. mit seiner Beteiligung hervorgebracht werden wie zum Beispiel Prozessieren und Identifizieren auditorischer und visueller Reize, Langzeit-Gedächtnis, Orientierung in Raum und Zeit, emotionale Tönung von Wahrnehmung und Erinnerung usw. Auch bei der TLE gibt es Grand mal- und Petit mal-Anfälle, aber zusätzlich noch eine Sonderform, bei welcher „Mini-Anfälle" auftreten, die das innere Erleben beeinflussen, aber nicht zu äußeren Auffälligkeiten führen.

Der kanadische Neurologe Michael Persinger bezeichnet diese Phasen „vorübergehender leichter Übererregung" als Temporallappen-Transients (TLT) (PERSINGER 1987). Personen mit TLT beschreiben regelmäßig „außergewöhnliche Erfahrungen" wie das Imaginieren von lebendigen Landschaften, nicht-menschlichen Wesenheiten, Lichterscheinungen, aber auch ekstatische Zustände. Welche Erfahrungsmodalitäten durch TLT mobilisiert werden, hängt davon ab, in welcher anatomischen Region die Übererregungen auftreten. Betreffen sie Areale, die sich nahe den Regionen für die Verarbeitung akustischer Reize befinden, so können sie zu akustischen Veränderungen (Hören von Musik oder Stimmen) führen. Betroffene berichten, dass sich während der TLT alles „unwirklich" anfühle oder sie „wie nicht da" seien. Manchmal scheint sich der Körper woanders zu befinden als der Geist, was als „außerkörperliche Erfahrung" beschrieben wird. Neben positiven, „himmlischen" Gefühlen kommt es gelegentlich auch zu depressiven Verstimmungen. Nicht selten treten bei epileptischen Anfällen, aber auch bei TLT, Phänomene auf, wie sie für religiöse Erfahrungen berichtet werden. So etwa das „Empfinden profunden Wissens", einer „Berührung mit Gott" oder ein „Eins-Sein mit dem Universum". Gelegentlich wird auch von einem „Flug der Seele", dem Singen himmlischer Chöre oder einem „forcierten Denken", d.h. einem „Vernehmen von Worten Gottes" berichtet (PERSINGER 1987). Diese Phänomene erinnern durchaus an die Selbstbeschreibungen Teresas. Bei Patienten mit ausgeprägteren Formen der TLE treten oft Angst und Furcht unmittelbar vor dem Anfall und zu dessen Beginn auf. Dies findet sich auch in Teresas Selbstschilderungen.

Unterstellt man, dass jeder Mensch potentiell die Fähigkeit zu einer „Gotteserfahrung" hat, wäre es wahrscheinlich, dass Personen, die TLT oder eine TLE haben, diese Erfahrungen vermehrt berichten. Gemäß den Berichten in der medizinischen Literatur ist dies tatsächlich der Fall. Obgleich Epilepsien, die zu ekstatischen Zuständen führen, selten sind, lassen sich in der Literatur einige solche Fallberichte finden. Ein bekanntes

Beispiel für eine Epilepsie mit mystischen Erfahrungen ist der russische Schriftsteller Fjodor Dostojewski (VOSKUIL 1983). Die wenigen vorliegenden Bildgebungsdaten weisen auf vorwiegend rechts-temporale Erregungsherde hin (CARRAZANA und CHENG 2011, ASHEIM HANSEN und BRODTKORB 2003). Andere Forscher machen eine „Überaktivierung" im Bereich der Hirnregion der Insula für die ekstatischen Zustände verantwortlich (PICARD und CRAIG 2009). In einigen Fällen streben die betroffenen Patienten ein Wiederauftreten der Zustände an, indem sie zum Beispiel Medikamente nicht einnehmen (ASHEIM HANSEN und BRODTKORB 2003).

Da für die Zeit vor der schweren Erkrankung Teresas (im Alter von 24 Jahren) keine Hinweise auf epileptische Anfälle vorliegen, ist davon auszugehen, dass ihre Anfälligkeit in dieser Richtung eine Spätfolge der Hirn-/Hirnhautentzündung (Meningoenzephalitis) der von ihr durchgemachten Neurobrucellose ist (SANCHEZ-CARO 2017). In der Medizin werden solche Folgezustände als postenzephalitische Epilepsien bezeichnet. Nicht selten kann auch eine Narbenbildung nachgewiesen werden, die das Gehirn dauerhaft verändert. Daher wäre die Hypothese plausibel, dass bei Teresa im Gefolge der unbehandelten Neurobrucellose Hirnveränderungen entstanden sind, die eine Disposition für das Erleben ekstatischer Zustände hinterlassen haben. Demnach läge bei ihr der „seltene Glücksfall" vor, bei dem eine Hirnschädigung zur „Freilegung" außergewöhnlicher Fähigkeiten führte.

Gemäß ihren eigenen Beschreibungen und dem dokumentierten Beobachtungen hat Teresa zeitweilig sowohl unter Grand-mal- als auch Petit-mal-Anfällen gelitten, teils verbunden mit längerfristigen Bewusstseinsverlusten (SANCHEZ-CARO 2017). Neben diesen klar äußerlich erkennbaren Anfallsformen dürften – wahrscheinlich deutlich häufiger – mit ekstatischen Zuständen assoziierte TLT bei ihr aufgetreten sein. Betrachtet man den Gesamtverlauf über das Leben der Teresa hinweg, so ist deutlich, dass sie eine stark schwankende Symptomatik mit dem erratischen Auftreten von Anfällen und TLT über Jahrzehnte hinweg durchlebt hat. Dies entspricht nicht einem typischen Verlauf, kommt aber in dieser Form durchaus vor, da die Hirnschädigungen und ihre Folgen individuell ganz unterschiedlich gelagert sein können.

Chronische Epilepsie und Persönlichkeitsveränderung

Bleiben regelmäßig auftretende epileptische Anfälle unbehandelt, so verändern sie meist die Persönlichkeit. Typischerweise zeigen solche Patienten ein verringertes Selbstbewusstsein, erhöhten Neurotizismus, weniger Extrovertiertheit, stärkere Depressivität und Angst, weniger Erleben von Selbstwirksamkeit und einen wenig aktiven Coping-Stil (WESTERHUIS et al. 2011, LIVNEH et al. 2001). Weitere Symptome können der Verlust von Humor,

Suggestibilität, intensive Gefühlszustände und Stimmungsschwankungen, existentielle Angst, Neophobie (Angst vor Neuem) und ein intensives Interesse an Träumen, Religion und Philosophie sein (GESCHWIND 1983). Insbesondere wenn die Epilepsie während des frühen Erwachsenenalters auftritt (wie bei Teresa), kann das psychosoziale Funktionsniveau stark beeinträchtigt werden.

Da es zu Lebzeiten der Teresa keine wirksame Epilepsiebehandlung gab, wäre zu erwarten, dass die beschriebenen Wesen- und Persönlichkeitsveränderungen auch bei Teresa feststellbar sein müssten, wenn sie eine gewöhnliche Epilepsie gehabt hätte. Betrachtet man aber ihre Persönlichkeit und „psychosoziale Entwicklung", einschließlich ihrer hervorragenden interpersonalen und sozialen Fähigkeiten, so ist anzunehmen, dass bei ihr keine chronische Epilepsie, sondern eine atypische Epilepsie vorgelegen hat, die zwar zeitweise (unter der Wirkung anderer körperlicher Erkrankungen oder zugespitzter psychosozialer Krisensituationen) zu Grand-mal- oder Petit-mal-Anfällen geführt hat (vgl. SANCHEZ-CARO 2017), aber vorwiegend von TLTs geprägt war.

Schlussbemerkung

Mit einiger Verwunderung haben wir bei der Anfertigung der vorliegenden Arbeit zur Kenntnis genommen, dass es praktisch keine Literatur gibt, die sich genauer mit den Ekstasen der Teresa von Ávila beschäftigt. Ähnlich verhält es sich mit dem Studium ihrer Krankengeschichte und einer möglichen Verbindung zu ihren Ekstasen. Wir können nur vermuten, dass die Kirche nach der Heiligsprechung kein Interesse an einer Bearbeitung dieser Aspekte gehabt hat, vielleicht wegen der möglichen Implikationen von säkularen Deutungen. Von daher hoffen wir, dass durch die von uns gegebene Darstellung nicht der Eindruck einer „reduktionistischen" oder gar „pathologisierenden" Interpretation der Ekstasen Teresas entsteht. Dies ist nicht unsere Absicht; ebenso wenig, solchen Interpretationen Vorschub zu leisten. Vielmehr erscheint der beeindruckende geistige und soziale Einfluss, den Teresa während ihrer Lebenszeit auf die kirchliche und geistige Kultur Europas ausgeübt hat und bis heute ausübt, nicht in solchen Kategorien fassbar. Zudem können auch Krankheit und neurologische Besonderheiten spezielle Bedingungen bereitstellen, die Anreiz zu Fortentwicklung und einer besonderen Entfaltung der Persönlichkeit implizieren.

Literatur

Albrecht C (1990): Psychologie des mystischen Bewusstseins. Mainz

Asheim Hansen B, Brodtkorb E (2003): Partial epilepsy with „ecstatic" seizures. Epilepsy & Behavior 4: 667–73

Benz E (1969): Die Vision. Stuttgart

Bischof M (2010): Salutogenese. Unterwegs zur Gesundheit. Klein Jasedow

Blackmore SJ (1982): Beyond the body: an investigation of out-of-the-body experiences. London

Bourguignon E (ed.) (1973): Religion, altered states of consciousness and social change. Columbus, OH

Carrazana E, Cheng J (2011): St. Theresa's dart and a case of religious ecstatic epilepsy. Cognitive Behavioral Neurology 24: 152–5

Danzel TW (1928): Der magische Mensch (Homo Divinans). Zürich

Devinsky O, Lai G (2008): Spirituality and religion in epilepsy. Epilepsy & Behavior 12: 636–43

Elliott B, Joyce E, Shorvon S (2009a): Delusions, illusions and hallucinations in epilepsy: 2. Complex phenomena and psychosis. Epilepsy Research 85: 172–86

Elliott B, Joyce E, Shorvon S. (2009b): Delusions, illusions and hallucinations in epilepsy: 1. Elementary phenomena. Epilepsy Research 85: 162–71

Fischer RL (1971): A cartography of the ecstatic and meditative states. Science 174: 4012

Fernandez-Ruiz C (1964): Medicina y médicos en la vida y obra de Santa Teresa de Jesús. Revista de Espiritualidad 23: 186–209

Forman KC (ed) (1990): The Problem of Pure Consciousness: Mysticism and Philosophy. New York

Gelpke R (1966): Vom Rausch im Orient und Okzident. Stuttgart

Geschwind N (1979): Behavioral changes in temporal lobe epilepsy. Psychological Medicine 9: 217–219

loor P (1990): Experiential phenomena of temporal lobe epilepsy. Brain 113: 1673–94

Gloor P, Olivier A, Quesney LF, Andermann F, Horowitz S (1982): The role of the limbic system in experiential phenomena of temporal lobe epilepsy. Annals of Neurology 12: 129–44

Guven T, Ugurlu K, Ergonul O, Celikbas AK, Gok SE, Comoglu S, Baykam N, Dokuzoguz B (2013): Neurobrucellosis: Clinical and Diagnostic Features. Clinical Infectious Diseases. 56: 1407–12

Heigl P (1980): Mystik und Drogenmystik. Düsseldorf

James W (1920): Die religiöse Erfahrung in ihrer Mannigfaltigkeit. Leipzig

Klages L (1922): Vom kosmogonischen Eros. München

Küng H (1977): Gott und das Leid. Theologische Meditationen. Bd 18. Einsiedeln

Livneh H, Wilson LM, Duchesneau A, Antonak RF (2001) Psychosocial Adaptation to Epilepsy: The Role of Coping Strategies. Epilepsia & Behavior 2: 533–544

Ludwig A (1966): Altered states of consciousness. Archives of General Psychiatry 15: 225–234

Mager A (1945): Mystik als seelische Wirklichkeit. Graz

Ogata A, Miyakawa T (1998): Religious experiences in epileptic patients with a focus on ictus-related episodes. Psychiatry and Clinical Neuroscience 52: 321–5

Oesterreich TK (1921): Die Besessenheit. Langensalza

Ortega y Gasset J (1954): Verliebtheit, Ekstase und Hypnose. In: Ortega y Gasset. Über die Liebe. Stuttgart, S. 161–186

Pahnke WN (1963): Drugs and mysticism: An analysis of the relationship between psychedelic drugs and the mystical experience. Dissertation, Harvard University, Boston

Passie T (2013): Traum, Trance und Ekstase – Ihr Verschwinden in der Kulturgeschichte des Abendlandes. In: Passie T, Belschner W, Petrow E (Hrsg.) Ekstasen: Kontexte – Formen – Wirkungen. Würzburg, S. 53-6

Passie T, Scharfetter C (2013): Ekstasen im Kontext von Psychotherapien mit psychoaktiven Substanzen. In: Passie T, Belschner W, Petrow E (Hrsg.) Ekstasen: Kontexte – Formen – Wirkungen. Würzburg, S. 291–310

Passie T, Petrow E (2013): Folgewirkungen mystischer Erfahrungen. In: Passie T, Belschner W, Petrow E (Hrsg.) Ekstasen: Kontexte – Formen – Wirkungen. Würzburg, S. 257–277

Persinger MA (1983): Religious and mystical experiences as artifacts of temporal lobe function: a general hypothesis. Perceptual and Motor Skills 57: 1255–62

Persinger MA (1987): Neuropsychological bases of god beliefs. New York

Picard F, Craig AD (2009): Ecstatic epileptic seizures: A potential window on the neural basis for human self-awareness Epilepsy & Behavior 16: 539–46

Picard F, Kurth F (2014): Ictal alterations of consciousness during ecstatic seizures. Epilepsy & Behavior 30: 58–61

Poulain AP (1925): Handbuch der Mystik. Freiburg

Sanchez-Caro J (2017): La enferma Teresa de Ávila. Burgos

Smith H (2000): Cleansing the doors of perception. New York

Spoerri T (1968): Zum Begriff der Ekstase. In: Spoerri T (Hrsg.) Ekstase. Basel, S. 1–11

Stace WT (1960): Mysticism and Philosophy. New York, Philadelphia

Souvignier B (2001): Die Würde des Leibes. Heil und Heilung bei Teresa von Ávila. Köln, Weimar, Wien

Teresa von Ávila (2016): Wohnungen der innere Burg. Vollständige Neuübertragung. GW Bd.4. Freiburg, Basel, Wien

Teresa von Ávila (2001): Das Buch meines Lebens. Vollständige Neuübertragung. GW Bd. 1. Freiburg, Basel, Wien

Tritsch W (Hrsg.): Einführung in die Mystik. Augsburg

Senra Varela A (1982): La Enfermedad de Santa Teresa de Jesús. Revista de Espirtualidad 41: 601-12

Voskuil PHA (1983:) The epilepsy of F.M. Dostoevsky. Epilepsia 24: 658-6

Westerhuis W, Zijlmans M, Fischer K, van Andel J, Leijten FSS (2011) Coping style and quality of life in patients with epilepsy: a cross sectional study. J Neurol 258: 37–43

Folgewirkungen mystischer Erfahrungen

Torsten Passie und Elisabeth Petrow

Einleitung

In diesem Text sollen die Einflüsse, die das Erleben einer mystischen Erfahrung auf einen Menschen, dessen Wertewelt, Lebensgestaltung und Entwicklung haben kann, schlaglichtartig beleuchtet werden. Anschließend wird versucht, anhand von Beispielen mögliche Verläufe der Entwicklung „danach" aufzuzeigen, die Potentiale und die Schwierigkeiten zu benennen sowie Möglichkeiten des Umgangs damit zu skizzieren.

Charakteristika mystischer Erfahrungen

Den Begriff der mystischen Erfahrung scharf und in einer Weise zu fassen, die ihrem Gehalt gerecht würde, würde den Rahmen dieser Arbeit sprengen, gibt es doch im Bereich der Mystik verschiedene „Unterformen" wie z.B. Naturmystik, Liebesmystik oder Gottesmystik, die kulturell geprägt, historisch gewachsen und in ihrer Ausformung wandelbar sind. In Abhängigkeit davon gibt es unterschiedliche Ausprägungen mystischer Erfahrungen wie „theistische und atheistische, pantheistische und panentheistische, aber auch introvertierte, personale und transpersonale" (NEUMANN 1953: 149). Im Jahre 1960 benannte der amerikanische Philosoph Stace acht Erlebnismerkmale, die für diese Erfahrung – trotz ihrer unterschiedlichen Formen – allgemeingültig seien:

1. ein Zustand der Ergriffenheit (Ekstase) oder Versunkenheit
2. das Erleben einer Transzendenz von Raum und Zeit, das heißt die Aufhebung des Gefühls für Raum und Zeit
3. das Erleben einer Ich-Auflösung und damit verbunden eines Einheitserlebens, das heißt einer Transzendenz der Subjekt-Objekt-Relation
4. ein häufiges Auftreten eines Empfindens von Glückseligkeit und/oder allumfassender Liebe
5. das Gefühl, dass diese Erfahrung die eigentlich objektive Empfindung von Wirklichkeit ist; eine Gewissheit der erweiterten, „wirklicheren" Wahrnehmung und deren subjektive, unmittelbar erfahrene Evidenz
6. die Unbeschreibbarkeit und Unaussprechlichkeit der Erfahrung

7. der Versuch, die Erfahrung in Paradoxien auszudrücken wie zum Beispiel „Ich und Nicht-Ich zugleich"
8. das Gefühl der Heiligkeit mit Ehrfurcht und Staunen (STACE 1960).

Von William James werden als weitere Merkmale jene der *Hingabe des Willens* sowie die Flüchtigkeit der Erfahrung genannt (JAMES 1978). Weiterhin ist „allen mystischen Erfahrungen […] die *Intensität* der Erfahrung gemeinsam" (NEUMANN 1953: 149; Hervorhebung nicht im Orig.). Die genannten Erlebnismerkmale machen deutlich, dass es sich also um Erfahrungen handelt, die über unser alltägliches Erleben von Wirklichkeit hinausgehen.

Auslöser mystischer Erfahrungen

Mystische Erfahrungen können durch verschiedene Techniken, durch körperliche und seelische Ausnahmezustände wie z.b. schwere Sinn- oder Lebenskrisen, Verzweiflung, Krankheit oder Geburt ausgelöst werden oder auch spontan auftreten. Häufig wird auch Naturerleben als Ursache oder Auslöser genannt (LASKI 1961). Weiterhin können mystische Erfahrungen durch religiöse Praktiken wie z. B. Beten oder aber durch Tänze, Trommeln oder bewusstseinsverändernde Drogen hervorgerufen werden. Meditative Praktiken scheinen allerdings die klassischen Methoden zu sein, um in „höhere Zustände" des Einsseins zu gelangen und durch dieses Erleben „erleuchtet" zu werden. Interessanterweise gibt es jedoch keine Untersuchungen über Meditation, die belegen würden, dass eine mystische Einheitserfahrung dabei häufiger erlebt wird. Auch Todesnähe – wenn dabei eine sogenannte Nahtod-Erfahrung auftritt – kann ein Auslöser derartiger Erfahrungen sein. Nicht zuletzt kann Krankheit als ein massiver Stressor – manchmal aufgrund von physiologischen Veränderungen, aber auch von intrapsychischen und zwischenmenschlichen Prozessen – in solch eine mystische Erfahrung münden. Eine aktuelle Übersicht über die neurobiologischen Forschungen zu mystischem Erlebnissen zeigt, dass wahrscheinlich eine ganze Reihe von verschiedenen neurobiologischen Konfigurationen zu nahezu identischen Erlebnissen mystischer Art führen können (PASSIE et al. 2012).

Ob es Unterschiede in den Folgewirkungen in Abhängigkeit von der auslösenden Situation bzw. Intention gibt – spontane Erfahrungen treten „ungefragt" auf, während der Meditierende zumindest eine Bereitschaft dafür mitbringt –, wurde bislang nicht systematisch untersucht. Es ist in den Kulturtraditionen bis in die Zeit des Mittelalters bzw. der Aufklärung durchaus üblich gewesen – und gelegentlich heute noch bei Naturvölkern zu finden –, dass regelmäßig mystische oder mystikoforme Zustände erzeugt wurden, um sich aus der Individualisierung, mit der wir mittels unseres Ichs der Welt gegenüber stehen, herauszulösen. Es wird ja auch vom Gegen-Stand gesprochen, dem wir gegenüberstehen: Das Ich und die Welt. In der mystischen Erfahrung geraten wir statt dessen in ein Gegen-Stands-Los-Sein, wir werden eins mit der uns umgebenden Welt. In der vorübergehenden Aufhebung dieses „Gegen-Stehens" treten wir zurück aus der kulturellen Konditionierung, um im Einheitserleben zu vergegenwärtigen, vielleicht gar zu verehren, was doch alles für Kräfte vorhanden sind außer jenen, die über Bewusstsein, Intentionalität und Handlung erfassbar bzw. beeinflussbar sind. Über die mystischen und mystikoformen Zustände hat man, so zeigt die Geschichte, stets wieder eine Rückverbindung an das Ganze gesucht, z.B. an die Natur oder an Gott(heiten). Was als „das Ganze" empfunden wird, variiert stark und ist abhängig von kulturellen Hintergründen und Traditionen. Diese Rückverbindung wird nicht zuletzt auch deshalb gesucht, um Ruhe, Frieden und Geborgenheit zu finden.

Ein gutes Beispiel sind die ekstaseinduzierenden Atemtechniken bei einigen Buschmannvölkern in Afrika. Diese werden rituell zweimal pro Woche in der Gemeinschaft zelebriert, so dass es regelmäßig zu mystikoformen Zuständen – und damit einer Rückverbindung an das Ganze – sowie zu einem seelischen und körperlichen Spannungsabbau kommt. Letzterer kommt unter anderem auch durch eine diesen Zuständen eigene Art der Perspektiven-Relativierung zustande, also dadurch, dass man aus seiner ichhaften personenbezogenen Wahrnehmung zurücktritt und in ein Ganzheitserleben übergeht, das ein Wahrnehmen anderer Perspektiven ermöglicht und damit die bisherige Wahrnehmung relativiert. Im optimalen Fall (s.u.) kommt es jedoch nicht nur zu einer zeitweiligen Perspektiven-Relativierung, sondern auch zu einem Läuterungsprozess, so dass man langfristig und nachhaltig von einer ichhaften, begrenzten Wahrnehmung stärker abgehen und diese erweitern kann.

Das Problem der Authentizität mystischer Erfahrungen

Nicht zufällig kommen hier die Religionspsychologen ins Spiel. Diese wie auch Vertreter der Kirche kamen nach ausführlichen Eruierungen zu folgender Auffassung: Die Authentizität der mystischen Erfahrung kann nur daran abgelesen werden, ob es zu einer Läuterung, d.h. zu einer Erweiterung und Relativierung des Ichs und seiner Perspektiven sowie zu einer „sittlichen Besserung" des Betroffenen kommt.

Interessanterweise gibt es auch bei Menschen, die an einer Psychose leiden, ähnliche Erfahrungen. Aus diesem Grund bedarf es einer genauen Differenzierung; dies sowohl in unseren als auch in asiatischen Traditionen sowie bei Naturvölkern. Handelt es sich um das Erleben eines Menschen, der in einer Psychose oder einem anderen krankheitsbedingten Ausnahmezustand gefangen ist? Oder handelt es sich um eine authentische, das heißt „echte" mystische Ekstase?

Im Bezug auf das Thema Echtheit der mystischen Erfahrung wird der Religions-psychologe die Phänomenologie des Erlebnisses anschauen: Wie hat das Erleben im Ein-zelnen ausgesehen bzw. wie wurde es empfunden? Hat es die oben genannten Kriterien mindestens in Teilen erfüllt oder nicht? Zudem ist wichtig: In welchem Kontext ist es aufgetreten? War es eine psychotische Episode, ein anormaler psychischer Ausnahme-zustand? Oder ist es spontan aufgetreten? Oder war es bei einem Gebet, während einer Meditation oder einer Drogeneinnahme? Der Modus der Verursachung wird immer mitbetrachtet.

Noch wesentlicher sind jedoch die Folgewirkungen. Wenn die Erfahrung authen-tisch ist und auf eine psychisch intakte Person trifft, kann es zu bestimmten Persönlich-keitsveränderungen kommen. Typisch sind dafür die folgenden Merkmale: Entwick-lung von Demut, Wandlung der Wertewelt, verstärkte Introversion sowie Vermehrung von Altruismus und Gelassenheit. Die Entwicklung von Demut sowie ein Wandel der Wertewelt in Richtung einer Priorität nicht-materialistischer Werte, eine Zunahme von Innenwahrnehmung, die Vermehrung von Altruismus und Gelassenheit sind typische Folgeerscheinungen mystischer Erlebnisse bei Gesunden. Diese bemerkenswerten Ver-änderungen treten jedoch gewöhnlich nicht automatisch und direkt nach dem Erleben auf, sondern sind Produkte von Fermentierungsprozessen im inneren Erleben, die im Sinne einer Läuterung im Betroffenen ablaufen *können*. Dennoch kann die mystische Erfahrung einen Menschen auch sehr plötzlich und vehement von etwas überzeugen. Jakob Böhme, ein deutscher Mystiker, schrieb 1621: „In solchem meinem gar ernstlichen Suchen und Begehren … ist mir die Pforte eröffnet worden, dass ich in einer Viertelstunde mehr gesehen und gewusst habe, als wenn ich wäre viel Jahr auf hohen Schulen gewesen, dessen ich mich hoch verwunderte.… Denn ich sah und erkannte das Wesen aller Wesen, den Grund und Ungrund; item die Geburt der Hl. Dreifaltigkeit, das Herkommen und den Urstand dieser Welt und aller Kreaturen durch die göttliche Weisheit."

Wissenschaftliche Erfassbarkeit mystischer Erfahrungen

Es gibt eine Reihe von Problemen, mystische Erfahrungen zu erforschen:
1. In unserer Kultur gibt es eine kulturelle Stigmatisierung mystischer und ekstatischer Erfahrungen. Die kulturellen Gegebenheiten wandern in uns ein, das heißt, was die Kultur stigmatisiert, stigmatisieren auch wir. Nach der Teilnahme an einem wissen-schaftlichen Experiment mit der bewusstseinserweiternden Droge Psilocybin berichte-te ein Teilnehmer: „Ich hatte schon mal solch ein Erlebnis. Damals war ich sogar über mehrere Tage in einem solchen mystischen Ausnahmezustand; ich war eins mit allem und habe eine unglaubliche, umfassende Liebe empfunden; die Welt und ich schienen

von allen Widersprüchen und Problemen befreit" (persönliche Mitteilung an T.P.). Wie er versicherte, war es sogar die beeindruckendste Erfahrung seines Lebens. Und doch hatte er sie aufgrund der Angst, für verrückt gehalten zu werden, vollkommen verdrängt und dem Vergessen übergeben. Stigmatisierung oder zumindest die Angst davor spielen also eine erhebliche Rolle bei dem Problem der Erinnerbarkeit, des Für-wahr-Haltens und Ernstnehmens dieser Erfahrungen.

2. Es gibt in unserem aktuellen kulturellen Umfeld keine entsprechende Institutionalisierung solcher Erfahrungsmöglichkeiten. Das heißt, es gibt keine geordneten Rahmenbedingungen, die durch kulturelle Traditionen und Umfeldbedingungen abgesichert wären, in denen solche Erfahrungen gemacht werden können. In den Ritualen der afrikanischen Buschleute sind diese kulturell und traditionell abgesicherten Bedingungen dagegen gegeben und damit erheblich mehr Zugang zu derartigen Erfahrungen.

3. Damit verbunden gibt es das Problem der Seltenheit. Dabei sind diese Erfahrungen zahlenmäßig nicht wirklich selten. Mehr als die Hälfte der Menschen über 50 Jahren gibt bei entsprechenden Befragungen an, eine solche Erfahrung gehabt zu haben (HUBER und KLEIN 2008, KOKOSZKA 1992/93, GREELEY und McCREADY 1979, PALMER 1979), wenn auch nicht selten verdrängt. Wenn in 35 Jahren eine solche Erfahrung bei der Hälfte der Menschen einmal auftritt, so ist leicht nachvollziehbar, dass man einen Beobachtungszeitraum von mehr als einem Jahrzehnt bräuchte, um eine hinreichende Anzahl mystischer Erfahrungen zu erfassen.

4. Diese Erfahrungen treten sehr oft spontan und unvorhersehbar auf. Dies kann sogar als eines ihrer Kennzeichen angesehen werden. Zwar gibt es bestimmte Situationen, die sie begünstigen, aber es kommt nur selten dazu, dass sie tatsächlich auftreten. So wurde unlängst einem ambitionierten neurobiologischen Forscher durch Karmeliter-Nonnen, die er „während einer Gotteserfahrung" untersuchen wollte, erklärt, man könne „Gott nicht auf eine Uhrzeit bestellen". Demnach ist eine beliebige Reproduzierbarkeit dieser Phänomene nicht gegeben.

5. Auch die Unaussprechlichkeit oder Unbeschreibbarkeit der im mystischen Erleben gemachten Erfahrung erschwert einen wissenschaftlichen Zugang zu den Erfahrungen selbst; nicht jedoch zu ihren Folgewirkungen. „Es ist so schwer, von den inneren Dingen zu sprechen, und noch schwerer, dies auf eine Art zu tun, dass sie verstanden werden könnten." (Teresa von Ávila, zit. in BUBER 1984: 156)

Mindestens diese fünf Faktoren tragen also dazu bei, dass mystische Erfahrungen nur schwer wissenschaftlich beforschbar sind. Dennoch gibt es zwei Ausnahmebedingungen, die eine systematische Forschung zulassen und bei denen man messen kann, wie es sich mit den Folgewirkungen verhält. Zum einen sind dies die durch „bewusstseinserweiternde"

Drogen wie etwa Meskalin, Psilocybin und LSD hervorgerufenen mystischen Erfahrungen und zum anderen die mystischen Erlebnisse im Rahmen sogenannter „Nahtod-Erfahrungen". Zu beiden Komplexen werden nachfolgend die prägnantesten Studien vorgestellt, insbesondere in Bezug auf die Folgewirkungen.

Zuvor noch eine Bemerkung zu der immer wieder aufgebrachten Frage, inwieweit grundsätzliche Unterschiede zwischen den durch psychoaktive Substanzen herbeigeführten und jenen auf „natürlichem Wege" zustande gekommenen mystischen Erfahrungen bestehen. Dazu gibt es zwei wissenschaftliche Untersuchungen (Heigl 1980, Smith 2000). In beiden Fällen haben die Autoren Beschreibungen von mystischen Erfahrungen unter Drogeneinfluss und solchen, die „natürlich" (spontan, bei Gebeten, Meditation usw.) zustande gekommen sind, gesammelt und die Berichte (ohne Nennung der auslösenden Situation) Experten wie Theologen, Mystikern und Psychologen vorgelegt. Dies geschah um zu ermitteln, ob sie die Erfahrungsberichte den beiden Kategorien – Droge vs. „natürlich" – korrekt zuordnen könnten. Für die Experten war keine Unterscheidung möglich, d.h., sie ordneten genauso oft die natürlich zustande gekommenen Erfahrungen den drogeninduzierten Erfahrungen zu wie umgekehrt. Beide Untersuchungen kamen zu dem Ergebnis, dass man diese Erfahrungen anhand der Erlebnismerkmale nicht voneinander unterscheiden kann. Das bedeutet, dass eine weitgehende Identität dieser Erfahrungen anzunehmen ist.

Nachwirkungen von mystischen Erfahrungen nach der Einnahme von Halluzinogenen

Zunächst zum LSD, das in dieser Beziehung exemplarischen Charakter hat. Einer der in den 50er Jahren maßgeblichen Forscher war Professor Sidney Cohen. Ursprünglich wollten er und sein Kollege Alkoholiker durch die gezielte Erzeugung eines angstvollen Deliriums mittels LSD so erschrecken, dass diese vom Alkoholtrinken ablassen würden. Bei nicht wenigen Behandelten trat tatsächlich eine Abstinenz auf, aber nicht durch das Erleben eines Deliriums, sondern durch – unbeabsichtigt – aufgetretene religiöse, insbesondere mystische Erfahrungen, die zu einem dramatischen Wandel der Persönlichkeit und ihres Verhaltens führten (Ditman und Whittelesley 1959, Cohen 1964). Cohen unternahm 1955 einen Selbstversuch mit LSD. In der Erwartung, einen paranoiden pathologischen Zustand zu erleben, wurde er von einer völlig anderen Erfahrung überrascht: „Dies war kein verwirrtes, desorientiertes Delirium, sondern etwas ganz anderes". Sein Bericht beschreibt dann ein Gefühl des erhabenen Friedens, als wenn „die Probleme und Bestrebungen, die Sorgen und Frustrationen des Alltags verschwanden. An deren Stelle trat eine majestätische, sonnige, himmlische innere Ruhe. Es schien, als wäre ich schließlich bei der Kontemplation der ewigen Wahrheit angekommen" (Cohen 1960: 11; Übersetzung T.P.)

Die bis vor einigen Jahren methodisch beste Studie zum Thema wurde 1967 von McGLOTHLIN et al. durchgeführt. McGlothlin et al. untersuchten drei Gruppen mit jeweils 24 Personen. Diese Forscher boten den Teilnehmern ein sehr gutes Setting bei den Versuchen: ein schön möbliertes Klinikzimmer mit Gartenzugang und eine entspannte Atmosphäre. Sie gaben einer Gruppe mit 25 μg eine unwirksam kleine Dosis LSD, der zweiten Gruppe mit 200 μg eine mittlere Dosis LSD und der dritten Gruppe eine mittlere Dosis eines Amphetamins. Amphetamine sind Substanzen, die zwar eine gewisse psychische Stimulation hervorrufen, aber keine qualitative Veränderung des Bewusstseins bzw. des psychischen Erlebens erzeugen. Die Gabe des Amphetamins diente als „Placebo", da die Versuchspersonen zwar eine messbare psychische Veränderung erlebten, diese aber viel unspezifischer als jene von LSD war. Im Anschluss an die Versuchstage und zusätzlich in den Wochen danach wurden die Teilnehmer von den Versuchsleitern untersucht und mit Fragebögen zu möglichen Veränderungen befragt. Ziel der Untersuchung war es, Werte, innere Haltungen und handlungsleitende Motive zu erheben. Die untenstehende Abbildung (Abb. 1) zeigt die Ergebnisse dieser Studie. Der dunkle Balken ist der von der höheren LSD-Dosis, der etwas hellere ist der von der unwirksamen LSD-Dosis, und der helle ist der von der Amphetamin-Dosis.

Diejenigen, die eine unwirksame Dosis LSD genommen hatten, hatten kaum irgendwelche Wirkungen. Die Versuchspersonen, welche die höhere LSD-Dosis bekamen, hatten dagegen starke Nachwirkungen. Diejenigen Teilnehmer, die das Amphetamin bekamen, berichteten zwar ein verändertes Erleben, hatten jedoch kaum messbare

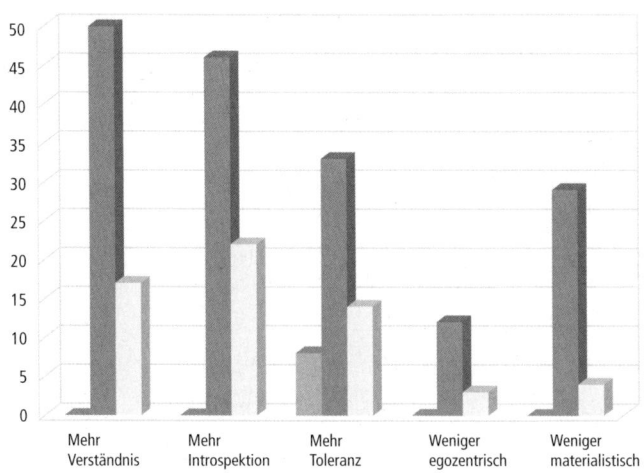

Abb. 1: Persönlichkeits- und Wertewandel nach kontrollierter LSD-Einnahme (McGLOTHLIN et al. 1967). Hellgraue Balken = Kontrollgruppe mit 25 μg LSD, dunkelgraue Balken = Gruppe mit 200 μg LSD, weisse Balken = Kontrollgruppe mit Amphetamin

Nachwirkungen. Bezüglich der gemessenen Nachwirkungen zeigt sich, dass u.a. mehr Verständnis, mehr Innenwahrnehmung, mehr Toleranz, weniger egozentrisches Verhalten und eine weniger materialistische Orientierung bei einem erheblichen Teil der höher dosierten LSD-Versuchspersonen als dauerhafte Wirkung aufgetreten waren. Die Nachwirkungen wurden überdies ein halbes Jahr später und ein Jahr später nochmals in Nachuntersuchungen gemessen. Die Nachwirkungen hielten bei der höher dosierten LSD-Gruppe an und verstärkten sich sogar während dieser Zeit. Letztlich waren in dieser Gruppe erhebliche Veränderungen der Persönlichkeit, der inneren Haltung und auch der Wertewelt zu verzeichnen. Das amerikanische National Institute of Mental Health schrieb in seiner rückblickenden Bewertung der Studien zum Persönlichkeitswandel durch die psychedelische LSD-Behandlung: „Das wissenschaftliche Studium halluzinogen-erzeugter ‚mystischer' Erfahrungen sollte gefördert werden wegen ihrer machtvollen transformierenden Qualitäten" (ASHER 1975:5; Übersetzung T.P.).

Zusammenfassen kann man die Untersuchungen der durch Halluzinogene hervorgerufenen mystischen Erfahrungen dahingehend, dass erhebliche Zustands- und Stimmungsveränderungen im Nachgang zu diesen Erfahrungen nachgewiesen wurden – und darüber hinaus Veränderungen von tiefer verankerten Persönlichkeitsmerkmalen. Die beschriebenen Veränderungen sind bei unterstützenden Bedingungen dauerhaft. Auch neue Studien von GRIFFITH et al. (2006, 2008) mit Psilocybin zeigen, dass die Veränderungen überdauernde Wirkungen entfalten können. Dies konnten sie in einer 18 Monate nach der Erfahrung durchgeführten Nachuntersuchung demonstrieren. In ihrer Untersuchung fanden sie, dass sich die dauerhaften Veränderungen während der Folgezeit sogar noch stärker ausprägen, was man als ein „automatisches Weiterwirken" in der Person, aber auch als Produkt einer durch diese Erfahrungen angeregten „fortgesetzten Innenarbeit" verstehen könnte. Somit darf mit Recht behauptet werden, dass „drogeninduzierte" mystische Erfahrungen tiefgreifende Veränderungen der Persönlichkeit hervorbringen können. Hierbei ist jedoch, das sei nochmals herausgehoben, nicht der Modus der Hervorbringung entscheidend, sondern es sind die Erfahrungen selbst, die eine bestimmte, sehr spezifische Charakteristik zu haben scheinen und darüber diese besonderen Wirkungen hervorbringen.

Nachwirkungen von Nahtod-Erfahrungen

Die zweite Art von mystischen Erfahrungen, die untersuchbar ist, sind die Nahtod-Erfahrungen. Doch auch hier gibt es eine Reihe von Problemen bei der wissenschaftlichen Untersuchbarkeit. So können in diesem Fall die Betroffenen in Bezug auf Persönlichkeitsmerkmale, Haltungen und Werte nicht befragt werden, *bevor* sich die Erfahrung abgespielt hat. Aber sie können – unter Einbeziehung der Persönlichkeitsmerkmale,

Lebenshaltungen und Wertorientierungen, die sie vor der Erfahrung hatten – auf die sich womöglich einstellenden Nachwirkungen hin untersucht werden.

Vorweg noch einige Worte zu der Theorie, dass bei den Nahtod-Erfahrungen, die ja auch bei schwerkranken Menschen auftreten, immer krankhaft veränderte Vorgänge bzw. Ungleichgewichte im menschlichen Organismus vorliegen müssen. Dies wird in vielen Veröffentlichungen über die Nahtod-Erfahrungen behauptet (z.B. BLACKMORE 1993). Allerdings wurde die erste moderne systematische Studie an Menschen mit Nahtod-Erfahrungen bei Überlebenden durchgeführt, die als Bergsteiger während eines Absturzes Todesnähe erlebten und dabei ein solch außergewöhnliches Erlebnis hatten (HEIM 1892). Bei diesen Menschen ist davon auszugehen, dass sie als Bergsteiger über eine überaus große Fitness verfügten, d.h. aus voller körperlicher Gesundheit heraus dieses Absturzerlebnis hatten. Dasselbe gilt auch für die unten angesprochene Gruppe der Überlebenden, die sich in suizidaler Absicht von der Golden Gate Bridge stürzten. Bei diesen beiden Gruppen wird man sich die Entstehung der Nahtod-Erfahrung also anders als durch krankhafte physiologische Vorgänge bedingt vorstellen müssen, auch wenn klar ist, dass ein Mensch, der sich selbst töten will, erhebliche seelische Probleme haben dürfte. Man könnte deshalb eher vermuten, dass es sich bei den Nahtod-Erfahrungen lediglich um eine unter bestimmten Umständen regelhaft auftretende Erfahrung handelt, die nicht immer einer pathologischen Bedingung für ihr Auftreten bedarf, sondern als Erlebnismöglichkeit jedem Menschen in dieser Art von Situation potentiell zur Verfügung steht.

Während einer Nahtod-Erfahrung kommt es häufig zu überwältigenden Gefühlen, tiefen Einsichten in Grundfragen des Lebens, einem „fundamentalen Verstehen" und zu starken visionären Erscheinungen. Zudem gibt es oft eine panoramatische Lebensrückschau, wo man sein ganzes Leben wie einen Film vor seinem inneren Auge sich abspielen sieht. Des Weiteren wird häufig über die Vision eines Tunnels berichtet, durch den man sich hindurchzubewegen scheint, von Visionen eines weißen Lichtes, von außerkörperlichen Erfahrungen, von Empfindungen tiefen inneren Friedens und nicht zuletzt vom Erleben eines mystisches Einsseins mit Gott und der Welt. Was die Betroffenen – nach der Erfahrung des Autors (T.P.) zum Beispiel in Gesprächen auf Seminaren über außergewöhnliche Erfahrungen und deren Verarbeitung – an der Nahtod-Erfahrung ganz besonders bewegt, ist das mystische Erleben. Vielleicht zeigen auch die folgenden Beschreibungen durch Betroffene, dass ihre Erfahrungen im Kern mit auf anderen Wegen gemachten mystischen Erfahrungen weitgehend identisch sind. „Das war ein totales Eintauchen in Licht, Helligkeit, Wärme, Frieden, Sicherheit. Ich war Frieden, ich war Liebe, die war Teil von mir. Man weiß es einfach" (unbekannter Autor, aus RING 1986a). Womöglich, so könnte man spekulieren, handelt es sich bei der Nahtod-Erfahrung sogar um eine Art *Prototyp der ekstatischen Erfahrung.* Dies deshalb, weil sich in ihr typischerweise eine Reihe von Erlebnismerkmalen zeigt, wie sie sich für praktisch alle

Arten von ekstatischen Erfahrungen beschreiben lassen. Lediglich sind einige Merkmale noch zusätzlich gegeben. Es soll hier nicht vertieft, sondern lediglich angemerkt werden, dass sich erfahrungsgemäß bei näherer Schau das Kernstück einer Nahtod-Erfahrung als mystisches Erlebnis erweist.

Etwa 35 bis 50 Prozent aller Menschen bis 60 Jahre haben schon einmal Todesnähe erlebt, z.b. bei einem Autounfall. Doch nur etwa 18 Prozent von diesen hatten dabei eine Nahtod-Erfahrung. Von daher ist ein Vergleich dieser beiden Gruppen (mit und ohne Nahtod-Erfahrung) in Bezug auf persönlichkeitsbeeinflussende Nachwirkungen möglich. Untersuchungen dazu zeigen unter anderem, dass die Art der Verursachung, die Grundpersönlichkeit und die Situation, in welcher der Betroffene aktuell in seinem Leben ist, als Voraussetzungen für das Auftreten einer Nahtod-Erfahrung *keine* Rolle spielen. Ein ganz wesentliches Merkmal der Nahtod-Erfahrung – insbesondere im Bezug auf die hier zu betrachtenden Zusammenhänge – besteht dagegen in dem Kontext, in dem die Erfahrung auftritt. Dies wurde von einem Betroffenen in die griffige Formel gebracht: „I didn't ask for it". Das heißt, die Erfahrung ist ungefragt und ohne jedes Bemühen darum aufgetreten. Dies ist ein bedeutender Unterschied zu einer mystischen Erfahrung, die während der Meditation oder durch Drogeneinnahme auftritt und damit von dem Betreffenden gewollt ist oder zumindest in Kauf genommen wird. Trotzdem, und das ist in dem Zusammenhang hier interessant, sprechen fast alle von einer Nahtod-Erfahrung Betroffenen sehr positiv davon; obgleich es einen – wenn auch sehr geringen – Prozentsatz von „distressful-near-death-experiences", also als negativ erlebten Nahtod-Erfahrungen gibt (GREYSON 1992). In vielen Fällen ist eine Nahtod-Erfahrung, so wird es von den Betroffenen beschrieben, der Beginn eines Wachstumsprozesses, weil man in ganz andere Überlegungen gerät, ganz andere Werte für wichtig nimmt, ganz anders sein Leben ausrichtet. Es wird aber wohl auch die eher allgemeine Erkenntnis der eigenen Endlichkeit zu diesem Prozess beitragen, wie sie auch von Menschen in Todesnähe, jedoch ohne Nahtod-Erfahrung, geteilt wird.

RING (1986a) untersuchte Nachwirkungen von Nahtod-Erfahrungen. In Abb. 2 ist zu sehen, dass in Bezug auf verschiedene gemessene Parameter erhebliche, wenn auch sehr unterschiedliche, Effekte aufgetreten sind. Besonders auffällig ist eine starke Zunahme von Mitgefühl in der Gruppe mit den Nahtod-Erfahrungen.

Nimmt man die Effekte insgesamt, so sind doch recht starke Wirkungen zu sehen. Und dies erstaunlicherweise bei einer einmaligen Erfahrung, die unter Umständen noch nicht mal zwei Minuten gedauert hat. Verständlicher wird die Wirksamkeit von Nahtod-Erfahrungen, wenn man berücksichtigt, dass sie oft mit einer panoramatischen Lebensrückschau verbunden sind. Gerade diese scheint ein äußerst intensiver und bewegender Bestandteil der Erfahrung zu sein. Studien, welche untersuchen, ob es einen Unterschied zwischen den Nachwirkungen bei Personen mit einer Nahtod-Erfahrung mit oder ohne Lebensrückblende gibt, liegen allerdings noch nicht vor.

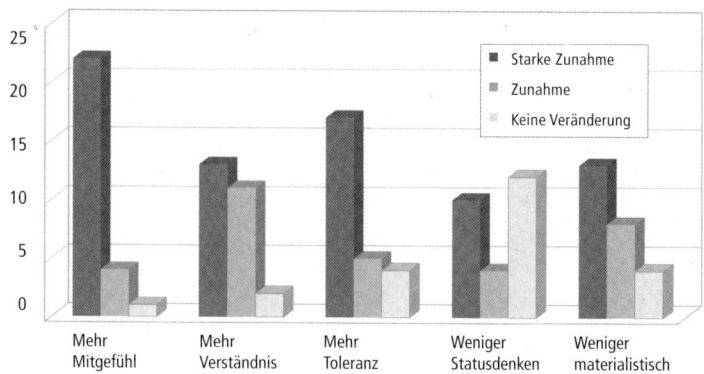

Abb. 2: Nachwirkungen von Nahtod-Erfahrungen (RING 1986a)

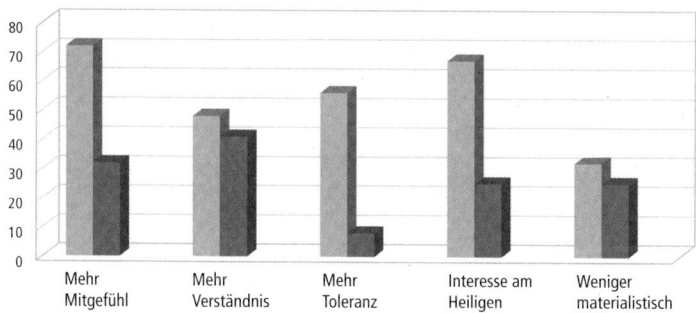

Abb. 3: Nachwirkungen von Nahtod-Erfahrungen. Hellgraue Balken = Personen in Todesnähe mit Nahtod-Erfahrungen, dunkelgraue Balken = Personen in Todesnähe ohne Nahtod-Erfahrungen (FLYNN 1986)

In einer anderen Studie verglich man Personen in Todesnähe *ohne* Nahtod-Erfahrung mit Personen in Todesnähe *mit* Nahtod-Erfahrung, die der gleichen Grundsituation von Todesnähe ausgesetzt waren (FLYNN 1986). Zwar handelt es sich mit 33 untersuchten Personen (21 mit Nahtod-Erfahrung, 12 ohne) um keine große Zahl, doch kann die Untersuchung bedeutende Hinweise auf Zusammenhänge vermitteln (Abb. 3). Alle Untersuchten waren Menschen, die einen Suizidversuch durch den Sprung von der mehr als 100 Meter hohen Golden Gate Bridge in San Francisco (USA) unternommen hatten. Nur diejenigen, die zufällig mit den Füßen voran aufkommen, können einen solchen Sturz überleben. Von diesen Überlebenden hatte ein Teil eine Nahtod-Erfahrung, ein anderer Teil dagegen nicht.

Die hellgrauen Balken erfassen diejenigen mit einer Nahtod-Erfahrung, die dunklen Balken diejenigen ohne eine solche. Wie zu erkennen ist, stellen sich auch bei den Personen ohne Nahtod-Erfahrung bestimmte Nachwirkungen ein. Vermutlich schon deshalb, weil sich angesichts des Todes Verschiedenes in uns verändert, auch ohne eine mystische Erfahrung.

RING und FRANKLIN (1981) untersuchten eine Gruppe von 69 Menschen, die ebenfalls versucht hatten, Selbstmord zu begehen. Von den Personen, die im Rahmen des Suizidversuchs eine Nahtod-Erfahrung hatten, unternahm praktisch keine einen erneuten Selbstmordversuch. Dagegen gab es in der Gruppe derjenigen, die dieses Erlebnis nicht hatten, viele, die einen erneuten Selbstmordversuch unternahmen und sich dann wirklich umbrachten. Die Forscher versuchten, diejenigen Faktoren zu eruieren, die von einem weiteren Suizidversuch abgehalten hatten, und fanden heraus, dass es bei denjenigen mit einer Nahtod-Erfahrung eine Art „ganzheitliche Empfindung" gegeben hatte, die den Betroffenen eine neue Weise der Welterfahrung erschlossen hatte. Diese war im Kern davon geprägt, dass sie sich – sowohl der gesamten Welt als auch den Mitmenschen gegenüber – als weniger isoliert empfanden und eine andere Perspektive auf ihr Leben gewonnen hatten: „Mein ganzes Selbst ist völlig verändert. Ich spüre die Zeit nicht mehr wie früher. Mein Leben verläuft ruhig, von Liebe erfüllt. Der wahre Wert des Daseins besteht in den Beziehungen, die man zu anderen hat" (Autor unbekannt, aus RING 1986a).Nicht wenige erlebten es als eine Gnade, dass nicht sie, sondern eine „höhere Macht" verursacht hatte, dass sie überlebten. Das Bedeutendste war jedoch, was die Forscher den „re-evaluation-factor" nannten, d.h. die Art und Weise, wie man sein Leben betrachtet, nachdem man eine solche Erfahrung hatte. Die „Re-Evaluation" bestand typischerweise darin, für sich noch einmal sorgfältig geprüft zu haben: Was war früher für mich wichtig und wertvoll und was ist es jetzt nach einer solchen „resümierenden Übersicht"? Doch nicht nur die „Übersicht" selbst, auch die unmittelbare Konfrontation mit der eigenen Endlichkeit sowie das in der Nahtod-Erfahrung häufig erlebte Geborgensein in etwas Größerem bestimmte die Re-Evaluation eigener Werte und handlungsleitender Motive.

Typische Verlaufsformen des Befindens nach dem Erleben einer mystischen Erfahrung

Den Autoren ist bewusst, dass die Verarbeitung bzw. die Verläufe nach mystischen Erfahrungen von verschiedenen Faktoren beeinflusst werden wie z.B. Persönlichkeitsstruktur, aktuelle Lebenssituation, personale, wirtschaftliche, intellektuelle und kulturelle Ressourcen, Bereitschaft zur (Selbst-)Reflexion, kulturelles und religiöses Umfeld sowie Möglichkeiten zum Austausch über das Ereignis. Deshalb sind die weiter unten stehenden Abbildungen lediglich als Beispiele von möglichen Verläufen zu sehen.

Um von „Verläufen" nach einer mystischen Erfahrung sprechen zu können, braucht es zumindest hinweisgebende Kriterien, anhand derer eine echte mystische Erfahrung von einer nicht-authentischen abgegrenzt werden kann. Wie oben bereits erwähnt, scheint das Maß des Bemühens um Perspektivenrelativierung, um Entwicklung ethischen Verhaltens und um menschliche Entwicklung eine große Rolle zu spielen. So fasst der Mystik-Experte Heigl zusammen: „Echte mystische Erfahrung erweist sich als solche durch eine der Erfahrung folgende oder intensivierte Liebeshaltung der Mitwelt gegenüber. Die Integration der Erfahrung in ein positives Verhalten in der Lebenspraxis wäre somit das entscheidende – und, wie es scheint, vorläufig einzige – Kriterium, ob man von einem echten mystischen Erlebnis sprechen kann oder nicht" (HEIGL 1980: 117).

Nach einer solchen Erfahrung kann sich vor allem die Wertewelt dramatisch wandeln. Etwa in dem Sinne: Was ist wichtig für mich, was halte ich für einen hohen Wert, was nicht? Die Reflexion darüber kann nachfolgend wesentliche Teile der Realitätsorientierung wie auch der Handlungsmotivation verändern; nicht selten verändert sich die gesamte „Weltanschauung", also ein ganzheitliches Konstrukt, welches die persönliche Wahrnehmung von Wirklichkeit maßgeblich mitbestimmt. Wenn zuvor vielleicht traumatisierende Erfahrungen das Verhältnis zur Welt bestimmt hatten, war die Welt für denjenigen ein unsicherer Platz, an dem man am besten mit Misstrauen, Vorbehalten und Verschlossenheit existiert. Eine solche Grundeinstellung kann sich durch das Erleben einer mystischen Erfahrung erheblich wandeln, womöglich sogar ins Gegenteil verkehren; und damit verbunden auch die Weltanschauung.

Insgesamt verändern sich in der Regel die leitenden Handlungsmotive, die aus dem entstehenden Komplex von Fragen und Antworten und nicht zuletzt aus unbewussten Prozessen resultieren. Zunächst offene Fragen sind: Gelange ich durch eine solche Erfahrung zu einer fortgesetzten Arbeit an mir selbst? Arbeite ich danach an meiner Reifung und tue Dinge, die mir und anderen gut tun und mich vielleicht in irgendeiner Weise befähigen, mich zu öffnen, mich als liebendes Wesen in der Welt zu finden und in meinem Verhalten auszudrücken? Denn: „Die Grundlage aller eigenen Schritte auf der Reise zum vergessenen Ganzen ist eine ganzheitliche Beteiligung aller unserer Fähigkeiten. Ein rein spiritueller Vollzug, der nicht auch unsere Lebensgewohnheiten aufbricht, lässt sich schwer vorstellen" (SÖLLE 1981: 93).

In der heutigen Zeit wird – auch im Zusammenhang mit spirituellen oder mystischen Erfahrungen – gelegentlich von der Entwicklung eines „integralen Bewusstseins" gesprochen. Die Bezeichnung „integrales Bewusstsein" wird hier bewusst nicht gebraucht. Es gibt jedoch einen alten Begriff, der dem nahekommt bzw. das beschreibt, was in der (älteren) Literatur als Entwicklungsziel nach dem Erleben einer mystischen Erfahrung genannt wird, und zwar jenen der Integrität. *Meyers Conversations-Lexicon* beschreibt die „Integrität des Charakters" als „anerkannte und erprobte Rechtschaffenheit" und die „Integrität des Lebens" als „Gesundheit in physischer und psychischer Beziehung" (1850: 765) sowie als Zustand der „Ganzheit und Vollständigkeit" mit dem Nebenbegriff der

Vollkommenheit (1908: 880). Das *Brockhaus-Konversationslexikon* bezeichnet Integrität als einen „Zustand der ‚Ganzheit und Vollständigkeit‘, Unversehrtheit, Unverdorbenheit" (1894: 642). Worum könnte es bei diesem Begriff gehen? Vielleicht darum: Wie viel enthalte ich bewusst von mir selbst? Oder andersherum: Was umgehe ich alles, was vermeide ich usw. – und warum? Wie integer bin ich mir selbst gegenüber, wie gegenüber anderen? Wie bewusst gehe ich mit meinen Schwächen und Fehlern um? Wie sehr achte ich bewusst die Würde anderer Menschen? Wie sehr achte ich die Schöpfung? Welcher Ethik bin ich verpflichtet? Wie stark lebe ich die von mir und für mich als richtig erkannten Haltungen und Prinzipien?

Unter Integrität könnte ein Maß verstanden werden für die vollzogene Integration lichter und dunkler Seiten der eigenen Person, für ein wohlgeordnetes, auf übergeordneten, allgemein-menschlichen ethischen Prinzipien basierendes Handeln („Meta-Werte" nach A. Maslow). Die Entwicklung von persönlicher Integrität kann demnach als eine Lebensaufgabe verstanden werden, die sich immer wieder neu stellt, herausfordert, manchmal auch plagt. Die in mystischen Erfahrungen erlebte (subjektive) Gewissheit einer allumfassenden Liebe und Geborgenheit sowie tiefer Verbundenheit kann offenbar den Wunsch nach der Entwicklung eines höheren Maßes an Integrität auslösen und dieser Entwicklung manchmal zugleich den Boden geben.

Ein weiterer, vor allem in der christlichen Tradition verwendeter und heute eher unüblicher Begriff ist jener der Läuterung. Im *Etymologischen Wörterbuch der deutschen Sprache* (KLUGE 1999: 507) heißt es: *lauter* (< 8.Jh.) von ‚lauter, rein‘ als ein abgeleitetes Adjektiv zum griechischen *klyzo* ‚ich spüle, ich reinige‘; auch ‚hell, klar, rein‘ vom altlateinischen *cluere* ‚reinigen‘. Der Prozess der Läuterung könnte also als ein Prozess innerer Reinigung, des klar(er) Werdens persönlicher Muster, deren Aufdeckung und Transformation verstanden werden. In der christlichen Vorstellungswelt ist die Läuterung die Aktivität der „Anfänger". Sie ist der Widerstand gegen die Sünde, der Kampf gegen die Leidenschaft, die Pflege des Gebetes und die Abtötung falscher Begierden. Die christlichen Mystiker beschreiben eine Läuterung, die eher überfällt als gesucht wird, in der Gott den Menschen läutert, indem er ihn „prüft" (HÖFER und RAHNER 1961). Die Läuterungserfahrung sei nicht das Ergebnis persönlicher Anstrengung, sondern von Gott geschenkte Huld, die immer ungeschuldet und unverdient bleibe und damit reine Gnade sei (*Lexikon für Theologie und Kirche* 2000: 1058).

Nach Johannes vom Kreuz wird der Mensch in seinen drei Seelenvermögen – Erkenntnisvermögen, Erinnerungsvermögen und Empfindungsvermögen – durch die drei gottgewirkten Tugenden (*virtudes teologales*) Glaube (*fe*), Hoffnung (*esperanza*) und Liebe (*amor* bzw. *caridad*) von Gott geläutert (JOHANNES VOM KREUZ 1999). Die in einer solchen „Prüfung" enthaltene Gnade wird nicht selten erst im Rückblick als solche erkannt. Denn die häufig zunächst ins Auge springenden Verluste, Schmerzen,

Bedrohungen sowie die damit verbundenen Ängste verstellen möglicherweise den Blick auf das Wesentliche.

Den nicht selten auch in der Verzweiflung verborgenen Schatz zu bergen und die Gnade anzunehmen und wirken zu lassen braucht Zeit, Mut, Kraft. Die „aufklingende Kraft" (Dürckheim) kann durch den Läuterungsprozess tragen, ihn steuern und auftretende Schwierigkeiten bewältigen helfen, weil der Betreffende um sein Geborgensein nicht nur weiß, sondern es unmittelbar *erfahren* hat.

Das Erleben einer mystischen Erfahrung kann nicht zuletzt durch die in ihr gewonnenen Einsichten zu einer verschieden stark ausgeprägten *Perspektivenrelativierung* bis hin zu einer *Perspektivenumkehr* führen, die einen Läuterungsprozess anstoßen, tragen und nähren kann. Dieser Perspektivenwandel kann sich vor allem auf den Wechsel von einer materialistischen zu einer nicht-materialistischen Orientiertheit und Weltsicht oder von einem egozentrischen zu einem von Verbundenheit getragenen Verhalten verschieben. Er kann unterschiedliche Ebenen betreffen und somit unterschiedlich tief reichen. Als eine eher oberflächliche Veränderung könnte man jene der Meinungen nennen, ohne dass diese automatisch Handlungsimplikationen haben muss. Diese würden wahrscheinlich erst aus dem tiefer reichenden Wandel der Wertewelt resultieren, in dem ich meine handlungsleitenden Motive hinterfrage. Noch tiefer vielleicht ginge ein Wandel der Weltanschauung, der z.B. von einem areligiösen zu einem auf etwas Heiliges bezogenen Leben führen könnte. Perspektivenwechsel, Läuterung und (Weiter-) Entwicklung der persönlichen Integrität sind offenbar eng verwobene Prozesse, die sich gegenseitig beeinflussen und unterstützen können. Im Folgenden sollen in schematisierter Form einige typische Verläufe, wie sie nach dem Erleben einer mystischen Erfahrung auftreten können, dargestellt werden. Als Skizzen bleiben sie selbstverständlich nur tentative Annäherungen an komplexe psychische Gegebenheiten und Verarbeitungsprozesse.

Die Abbildungen beziehen sich auf Veränderungen der inneren Stabilität und des Wohlbefindens und stellen als einen Parameter das Maß der Integrität dar. In den Abbildungen gibt es eine X- und Y-Achse. Die X-Achse verdeutlicht die Zeit, die Y-Achse ist ein Maß für die Lebens- oder Wohlbefindensstabilität oder -labilität. Die gestrichelte Linie bezeichnet das Maß an persönlicher Integrität.

Die Abbildung 4 zeigt den Verlauf bei einem Menschen, der in seinem Wohlbefinden stabil ist. Nachdem er unerwartet eine mystische Erfahrung gemacht hat, die ihm in ihrer Unerklärlichkeit vielleicht suspekt ist und ihn womöglich mit Angst erfüllt, kann es dazu kommen, dass er sie völlig verdrängt. Die Verdrängung verhindert, dass diese Erfahrung auf seine persönliche Entwicklung Einfluss nehmen kann. Ein Weiterwirken dieser Erfahrung im Unterbewusstsein ist zwar vorstellbar, doch durch die Verdrängung ist eine aktive Auseinandersetzung und Nutzung des Erlebnisses nicht möglich..

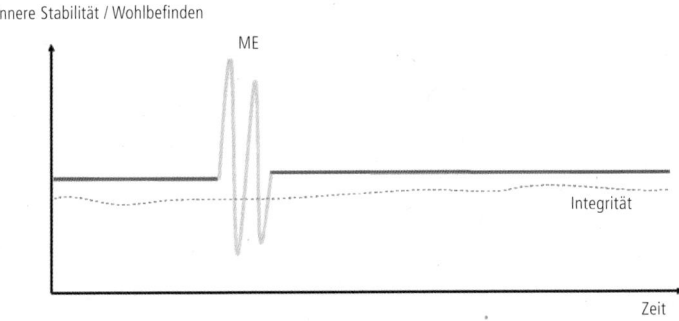

Abb.4: Verlauf nach einer mystischen Erfahrung (ME)
ohne Auswirkung auf das Leben „danach"

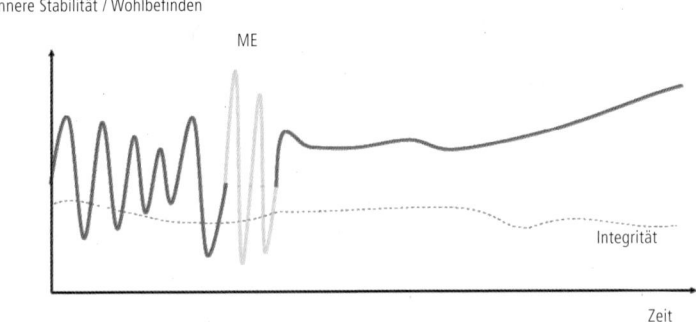

Abb. 5: Verlauf nach einer mystischen Erfahrung (ME)
mit anhaltend euphorischem Zustand ohne Zunahme der Integrität

Anders ist der Verlauf, wie ihn Abbildung 5 wiedergibt: Jemand ist in seinem aktuellen Leben recht instabil in seinem Wohlbefinden, was nicht zuletzt auch an möglicherweise unverarbeiteten, konfliktgeladenen Themen oder – real oder vermeintlich – fehlenden Perspektiven liegt. Wenn ihn nun eine mystische Erfahrung trifft, so stürzt er in einem solchen Fall nicht in eine Krise, weil ihm die Leerstellen in seinem bisherigen Leben bewusst werden, sondern benutzt diese Erfahrung zum scheinbaren „Füllen" der Leerstellen im Sinne von: „Jetzt bin ich mit dem kosmischen Licht vereint", habe „die Wirklichkeit gesehen" und „unsere Welt als Schein erkannt". Ein in dieser Weise Betroffener sieht wahrscheinlich keinen Grund, sich mit den ungelösten Themen seiner Seele zu befassen. Ein anhaltend euphorischer Zustand und die aus der

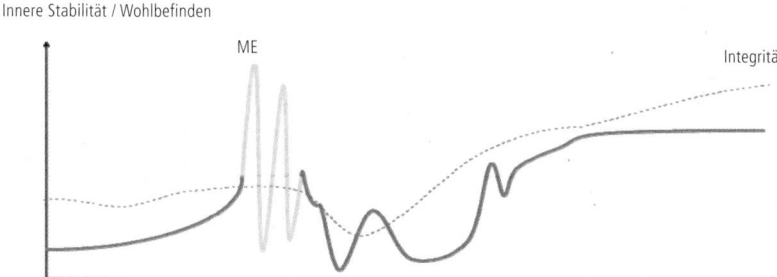

Abb. 6: Verlauf nach einer mystischen Erfahrung (ME)
in einer schweren Krise wie Krankheit, Verlusterfahrung o.ä.

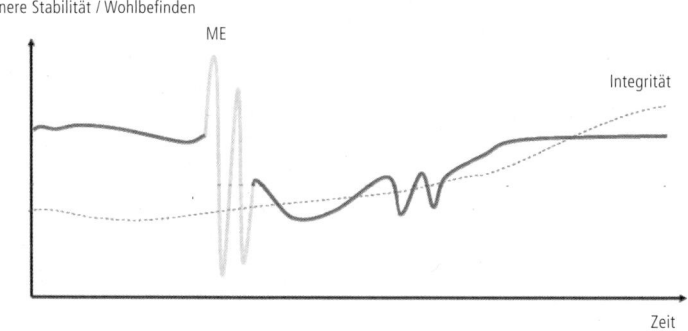

Abb. 7: Verlauf nach einer mystischen Erfahrung (ME)
mit Destabilisierung und nachfolgender Restabilisierung

mystischen Erfahrung resultierende subjektive Gewissheit, die Wirklichkeit „erkannt"
zu haben, können sogar eine reflektierende Innenarbeit verhindern und unreflektierte
Selbstaufwertung begünstigen. So kann es zwar zumindest zeitweilig zu einem stabileren
Wohlbefinden, aber nicht zu einer Zunahme der Integrität kommen.

Es wäre sogar denkbar, dass ein vorher bestehendes Maß von Integrität nicht stabil
bleibt, sondern sich aufgrund narzisstisch verarbeiteter Verstärkungen und eines zunehmenden Egozentrismus vermindert. Bei vorbestehender Instabilität wäre es auch
denkbar, dass der betreffende Mensch nach der Erfahrung gar nicht mehr weiß, woran
er sich orientieren oder Halt finden soll. Er gerät vielleicht in eine Ich-desintegrative
Krise mit zunehmend schlechterem Wohlbefinden.

Für diesen Menschen wäre eine intensive psychotherapeutische oder profunde spirituelle Begleitung notwendig; eine Begleitung, die neben einer Stabilisierung die mystische Erfahrung ernst nimmt und hilft, dieses Erleben zu integrieren.

Die Abbildung 6 verdeutlicht den gar nicht so selten eintretenden Fall, dass ein Mensch, der in einer tiefen Krise steckt, eine mystische Erfahrung macht. Diese Erfahrung kann ihn zugleich stabilisieren und destabilisieren, indem sie ihm den Boden gibt (stabilisiert), sich seiner Verzweiflung und dem seelischen Schmerz, der z.b. aus krankheits- oder verlustbedingt zerstörten Lebensentwürfen resultieren kann, zu stellen (ihn darin womöglich zunächst weiter destabilisiert) und sie – wenn möglich – zu transformieren im Sinne einer (Trauer-)Reaktion mit nachfolgender, perspektivenöffnender biographischer Integration. Die Transformation des Schmerzes und die damit verbundene innere Wandlung können sich in solchen Fällen auch auf längere Sicht positiv auf die (Weiter-)Entwicklung seiner Integrität auswirken. Oder aber das Erlebnis selbst hilft ihm, sich in seinem Wohlbefinden zu stabilisieren, ohne dass er es für seine persönliche Weiterentwicklung nutzt bzw. erst aus der Stabilität des wiedererlangten Wohlbefindens heraus anfängt zu hinterfragen und so allmählich eine vermehrte Integrität entwickelt.

Die Abbildung 7 gibt ein weiteres Beispiel: Es ging einem Menschen bislang anscheinend überdurchschnittlich gut. Er hatte vielleicht eine steile Karriere, ein hohes Einkommen, ein Haus usw. Plötzlich verweist ihn eine mystische Erfahrung darauf, dass es noch andere Werte und nicht-materielle Prioritäten geben kann. Dieser Mensch gerät vielleicht zunächst in eine Krise, weil er von seinem bisherigen Leben bzw. Lebensorientierungen etliches infrage stellen muss, weil diese Werte in seinem Leben bislang gar nicht vorhanden waren. Die Auseinandersetzung mit dem, was vorher gelebt wurde und was nun als lebenswert erscheint, kann in ihm eine Verwirrung und Verzweiflung auslösen, ihm in Folge einer konstruktiven Auseinandersetzung damit aber auch eine tiefgehende Wandlung ermöglichen.

In den skizzierten Beispielen ging es zentral darum, ob und wie sich persönliche Integrität nach dem Erleben einer mystischen Erfahrung entwickeln kann. Das Potential einer solchen Erfahrung zur (Weiter-)Entwicklung von Integrität zu nutzen, stellt die Aufgabe einer Integration der mystischen Erfahrung in die eigene Biographie. Dabei handelt es sich um einen vielschichtigen, langfristigen und oft schwierigen Prozess. Es geht dabei vor allem darum, das Erlebte ins Verhältnis zu den zuvor gemachten Erfahrungen und Überzeugungen, Werten und Lebenshaltungen, zur eigenen Lebensführung und Lebensentwürfen zu setzen. Bewusste Integration bedeutet einen längerfristigen Prozess mit sorgfältiger Abwägung des Vorher-Nachher wie auch des Für und Wider. Wesentlich ist dabei, Inkongruenzen zwischen dem in der mystischen Erfahrung Erlebten und Erkannten und dem bisherigen Leben und den Wertorientierungen anzuschauen, kritisch zu hinterfragen und – wenn erwünscht – durch fortgesetzte Innenarbeit allmählich in

Übereinstimmung zu bringen. Dabei kann es günstig sein, kleine Schritte zu machen, Geduld mit sich selbst zu haben und sich Schwächen zuzugestehen – mancher Fehler oder Rückschlag erweist sich im Rückblick nicht selten als hilfreich. Förderlich für die Auseinandersetzung kann es in einigen Fällen sein, die Schriften der Mystiker zu lesen und sich die Unterstützung anderer Menschen zu suchen. Hierbei geht es sowohl um die Unterstützung durch entsprechende Gruppen oder Lehrer als auch um Begleitung und Hilfe durch Psychotherapeuten, wenn die Destabilisierung oder Ich-Labilisierung stärker ausgeprägt sein sollte. Bei all dem bleibt das Vertrauen auf den eigenen kritischen Verstand (und die eigene Intuition) unabdingbar; dies insbesondere im Hinblick auf die Abgrenzung zu selbsternannten spirituellen Führern. Gute Lehrer begleiten, aber sie führen nicht.

Literatur

Alpert R, Cohen S, Schiller L (1966): LSD. New York

Asher J (1975): What happened to psychedelic research? APA Monitor, pp. 4–5

Blackmore S (1993): Dying to live: science and the near death experience. London

Cohen S (1960): Contribution to discussion. In: Abramson HA (ed.): The use of LSD in psychotherapy. New York, p. 11

Cohen S (1964): The beyond within. New York

Cressy J (1996): Mysticism and the near-death experience. In: Bailey LW, Yates J (eds.): The near-death experience reader. New York, London, pp. 369–384

Ditman KS, Whittelesley JRB (1959): Comparison of the LSD-25 experience and delirium tremens. Archives of General Psychiatry 1: 63–73

Dürckheim K (1992): Erlebnis und Wandlung. Bern, München, Wien

Flynn CP (1986): After the beyond. New York

Greeley A, McCready W (1979): Are we a nation of mystics? In: Goleman D, Davidson RC (eds.): Consciousness: brain, states of awareness, and mysticism. New York, pp. 178–183

Greyson B, Bush NE (1992): Distressing near-death experiences. Psychiatry 55: 95–110

Griffiths R, Richards WA, McCann U, Jesse R (2006): Psilocybin can occasion mystical-type experience shaving substantial and sustained personal meaning and spiritual significance. Psychopharmacology 187: 268–83

Griffiths R, Richards W, Johnson M, McCann U, Jesse R (2008): Mystical-type experiences occasioned by psilocybin mediate the attribution of personal meaning and spiritual significance 14 months later. Journal of Psychopharmacology 22: 621–32

Heigl P (1980): Mystik und Drogenmystik. Ein kritischer Vergleich. Ostfildern

Heim A (1892): Notizen über den Tod durch Absturz. Jahrbuch des Schweizer Alpenclubs 27: 327ff.

Huber S, Klein C (2008): Kurzbericht zu einzelnen Ergebnissen der internationalen Durchführung des Religionsmonitors der Bertelsmann-Stiftung. www.bertelsmann-stiftung. de/cps/rde/xbcr/SID-37FD4003-12F8F751/bst/kurzbericht_internationale_ergebnisse.pdf

James W (1979): Die Vielfalt religiöser Erfahrung. Olten

Johannes vom Kreuz (1999): Aufstieg zum Berg Karmel. Gesammelte Werke Bd. 4, Freiburg

Kluge F (1999): Etymologisches Wörterbuch der deutschen Sprache. Berlin, New York, S. 507

Kokoszka A (1992/93): Occurrence of altered states of consciousness among students: profoundly and superficially altered states in wakefulness. Imagination, Cognition and Personality 12: 231–247

Kurland A, Savage C, Pahnke WN, Grof S, Olsson JE (1971): LSD in the treatment of alcoholics. Pharmakopsychiatrie Neuropsychopharmakologie 4: 83–94

Laski M (1961): Ecstasy in secular and religious experiences. London

Leary T, Litwin GH, Metzner R (1963): Reactions to Psilocybin administered in a supportive environment. Journal of Nervous and Mental Disease 137: 561–573

McGlothlin W, Cohen S, McGlothlin MS (1967): Long lasting effects of LSD in normals. Archives of General Psychiatry 17: 521–532

Neumann E (1953): Kulturentwicklung und Religion. Zürich

Pahnke WN (1963): Drugs and mysticism: an analysis of the relationship between psychedelic drugs and the mystical consciousness. Ph.D. Thesis Harvard Theological Faculty

Pahnke WN (1969): Psychedelic drugs and mystical experience. International Psychiatry Clinics 5: 149–62

Pahnke WN, Richard WA (1966): Implications of LSD and experimental mysticism. Journal of Religion and Health 5: 175–208

Palmer J (1979): A community mail survey of psychic experiences. Journal of the American Society for Psychical Research 73: 221–251

Passie T (2009): Psychedelika, religiöse Erfahrungen und Spiritualität. Jung Journal 2/2009: 71–79

Passie T, Warncke J, Peschel T, Ott U (2013): Neurotheologie: Neurobiologische Modelle religiöser Erfahrungen. Nervenarzt 84: 283–293

Ring K (1986a): Den Tod erfahren – das Leben gewinnen. Bern, München, Wien

Ring K (1986b): Near-death experiences: implications for human evolution and planetary transformation. Revision 8: 75–86

Ring K, Franklin S (1981/82): Do suicide-survivors report near-death experiences? Omega 12: 191–208

Rogo DS (1989): The return from silence. Northhamptonshire (GB)

Scharfstein BA (1977): Mystical experience. Oxford

Smith H (1964): Do drugs have religious import? Journal of Philosophy 61: 517–530 Sölle D (1981): Die Hinreise. Zur religiösen Erfahrung. Stuttgart, S. 43f., 93

Stace WT (1960): Mysticism and philosophy. Philadelphia

Teresa von Ávila (2009). In Zink J: Gotteswahrnehmung. Wege religiöser Erfahrung. Gütersloh, S. 224

Teresa von Ávila (1984). In Buber M: Ekstatische Konfessionen. Gütersloh, S.156

Wehr G (2011): Nirgends, Geliebte, wird Welt sein als innen. Lebensbilder der Mystik im 20. Jahrhundert. Gütersloh

Wehr G (1991): Jakob Böhme. Theosophische Sendbriefe. Brief Nr. 12: 7–8 (http://enomine-patris.com/apokryphen/inhalt/boehme/sendbriefe.html, Stand 21.5.2012)

Weitbrecht HJ (1968): Ekstatische Zustände bei Schizophrenen. In: Spoerri T (Hrsg.): Ekstase. Basel, New York, S. 115–136

Mystische Erfahrungen bei schwerer Krankheit
Torsten Passie und Elisabeth Petrow

Einleitung

Mystische Erfahrungen können im Zusammenhang mit Krankheit in unterschiedlichen Kontexten und Ursachengefügen auftreten: spontan in Momenten größter Not, intendiert im Rahmen eines spirituellen Copings oder auch psychopathologisch als mystikoformes psychotisches Erleben, um nur einige zu nennen. Das nachfolgende Gespräch vermittelt lediglich Hinweise auf einzelne Aspekte. Bei diesen geht es hauptsächlich um das Erleben spontan auftretender mystischer Erfahrungen bei (schwerer) Krankheit und ihre möglichen Auswirkungen auf die Coping- und Heilungsprozesse.

Wenn ein schwerkranker Mensch eine mystische Erfahrung macht, kann es zu verschiedenen Reaktionen darauf kommen: Er kann sie ignorieren, vielleicht aus Angst vor Stigmatisierung, vor einer „weiteren Diagnose", vielleicht auch aus Angst vor der erahnten umgestaltenden Kraft dieser Erfahrung. Er kann mit Verzweiflung reagieren, weil die in der mystischen Erfahrung erlebte Glückseligkeit in so scharfem Kontrast zu dem Leiden an der Krankheit steht, dass dies kaum ausgehalten werden kann, und sich so eine vielleicht schon bestehende Depression weiter verstärkt. Oder er stellt sich bewusst der Aufgabe, diese Erfahrung in sein Leben zu integrieren, das zu diesem Zeitpunkt von einer Krankheit dominiert wird. Die in der mystischen Erfahrung erlebte umfassende Geborgenheit kann zum tragenden Grund für eine aktive Auseinandersetzung mit dem krankheitsbedingten Leiden oder der Endlichkeit des Lebens werden, so dass sie eine Akzeptanz der Krankheit erleichtert oder vielleicht überhaupt erst ermöglicht.

Den Hintergrund des folgenden Gesprächs bilden die mystischen Erfahrungen der Autorin (EP), die in unterschiedlicher Qualität und Intensität während der schmerzhaften Auseinandersetzung mit den Folgen einer schwerwiegenden Erkrankung unerwartet aufgetreten sind und den Verarbeitungs- und Heilungsprozess auf maßgebliche Weise mitgeprägt haben.

Mystische Erfahrungen bei schwerer Krankheit: Ein Gespräch

TP: Es soll in unserem Gespräch um spirituelle oder mystische Erfahrungen gehen, die in Krankheits- und Heilungsprozessen gemacht werden und diese beeinflussen. Zunächst würde ich gern hören, wie Ihr Zugang zu diesem Thema ist. Was Sie zum Beispiel da an eigenen Erfahrungen einbringen und wie sich dieser gesamte Zusammenhang für Sie darstellt.

EP: Vielleicht erst mal etwas zu meinem Zugang zu diesem Thema. Bevor ich krank wurde, hatte ich gar keinen Zugang dazu. Ich habe später, als ich krank war oder auch in der Phase der Krankheitsverarbeitung, nicht nach Büchern zu diesem Thema gesucht. Es war eher andersherum und zwar so, dass ich zuerst eine spirituelle Erfahrung gemacht habe und danach angefangen habe zu lesen, weil ich die überhaupt nicht einordnen konnte. Ich wusste zunächst gar nicht, was da eigentlich mit mir passiert war. Und weil ich eine Erkrankung am Kopf hatte, hatte ich zunächst die große Sorge, dass ich irgendwie anfange zu „spinnen" oder zu halluzinieren und die Enzephalitis vielleicht Folgen hat, die in eine psychiatrische Richtung gehen. Insgesamt habe ich qualitativ recht unterschiedliche Erfahrungen gemacht, die mich jede auf ihre Weise berührt, verändert und gewandelt haben.

Die erste dieser Erfahrungen machte ich zwei oder drei Jahre nach der akuten Erkrankung. Damals saß ich alleine in einem Raum der Stille in der Krypta eines Doms und habe mir den Raum angeschaut. Ich hatte eine Bibel in die Hand genommen und dachte, vielleicht finde ich darin ja irgendwas zum Umgang mit Krankheit. Damals beschäftigte ich mich mit der Frage, inwieweit man das Thema von Ostern „Leiden, Sterben, Auferstehen" bei der Krankheitsbewältigung nutzen und es so ganz unmittelbar ins eigene Leben hineinholen könnte. Gerade den Gedanken einer möglichen Auferstehung nach großem Leid fand ich im Zusammenhang mit der Krankheitsbewältigung spannend und möglicherweise lohnenswert. Ich habe dann in der Bibel geblättert, doch hatte ich das Gefühl, das ist es nicht, das spricht mich nicht an. Daraufhin habe ich mir einfach den Raum angeschaut. Der Raum war schön, aber das Licht darin war nicht schön, es war kalt und ein bisschen neonartig. So saß ich da und dachte über die Gestaltung des Raumes nach.

Plötzlich hat sich das Licht verändert; es war, als ob plötzlich wie ein überirdisches Licht aufgetaucht wäre, und das schien von vorne rechts zu kommen. Dieses Licht wurde immer größer und hat sich ausgebreitet und den ganzen Raum und auch mich ganz ausgefüllt. Ich bin wie in diesem Licht aufgegangen. Als das Licht sich dann wieder zurückgezogen hat, habe ich gemerkt, dass es in mir geblieben ist und zwar im Bereich des Herzens. Wie eine Art inneres Leuchten, das mit einer tiefen, umfassenden und doch stillen Freude und dem Gefühl von tiefem Frieden verbunden war. Als sich das Licht wieder zurückgezogen hatte, bin ich noch eine Weile sitzengeblieben; ich musste das erst mal fassen. Gleichzeitig war dieses Erlebnis aber auch aus sich selbst heraus so klar, so wahrhaftig irgendwie, dass ich zunächst gar kein Bedürfnis nach irgendwelchen Erklärungen hatte. Später war ich mit einer Freundin am Ausgang des Doms verabredet. Diese Freundin schaute mich nur an und fragte: „Was ist denn mit dir geschehen? Du hast so viel Licht um dich herum, das gibt es ja gar nicht." Das war die erste Erfahrung, die ich gemacht habe. Ich wusste bis zu diesem Zeitpunkt gar nicht, dass es solche Erfahrungen überhaupt gibt.

TP: Das macht tatsächlich einen erheblichen Unterschied, ob man so etwas erstrebt oder ob es einem zufällig widerfährt als etwas, das man gar nicht gesucht hat. Das ist ähnlich wie bei einer Krankheit, die man ja auch nicht gesucht hat, die einen aber trotzdem ereilt.

EP: Es ist beides schwierig. Ich stelle es mir sogar noch schwieriger vor, wenn man danach sucht, wenn man meditiert, *um* so eine Art Erfahrung zu machen. Ich glaube, dass das nicht funktioniert, weil mystische Erfahrung und Absicht nicht zusammengehen, sondern sich vielleicht sogar widersprechen.

Mystische Erfahrungen sind nicht verfügbar oder sicher generierbar. Ich vermute sogar, dass die Leute, die sich zum Meditieren hinsetzen, um so eine Erfahrung zu machen, genau deswegen diese Erfahrung nicht machen. Wenn man das beabsichtigt oder anstrebt, wäre man zwar vielleicht darauf besser vorbereitet und könnte es vielleicht besser einordnen. Wenn es einen unvorbereitet erwischt, hat man natürlich erst mal Fragen, vor allem: Was war das und mit wem kann ich darüber sprechen? Es ist, wenn überhaupt, nur schwer in Worte zu fassen. Und selbst wenn man Worte für sich gefunden hat, heißt das noch lange nicht, dass man einen anderen Menschen findet, der mit dieser Erfahrung was anfangen kann und sie nicht als Einbildung einfach abqualifiziert. Denn genau das war es nicht. Das war eine echte Erfahrung, so wie man zum Beispiel in die Natur geht und dort einen schönen Sonnenaufgang erlebt. Das ist ein Erlebnis, das man hat.

Die mystische Erfahrung ist auch ein Erlebnis, allerdings ein inneres. Da muss nach außen gar nichts weiter passieren. Da kann man ganz still dasitzen. Genauso gut kann man sich stärker äußern, vielleicht, indem man anfängt zu weinen oder sich zu bewegen als eine Art Tanz oder so. In erster Linie ist es aber eine innere Erfahrung. Trotzdem nicht weniger eine Erfahrung als irgendeine im Außen gemachte.

TP: Vielleicht können Sie noch etwas dazu sagen, was für eine emotionale Qualität das gehabt hat? War das eine positive Stimmungsqualität? Sie haben über dieses Lichtphänomen berichtet, welches eine Art Ergriffenheit erzeugt hat.

EP: Ja, bei dieser Erfahrung war es in erster Linie eine Ergriffenheit von dem Lichtphänomen. Die Erfahrung, dass man von einem als überirdisch empfundenen Licht ausgefüllt sein kann, war für mich eine unfassbare Sache. Tiefe stille Freude habe ich gespürt und einen großen umfassenden Frieden empfunden. Ich habe später noch eine andere Erfahrung gemacht, die auf der emotionalen Ebene wesentlich stärker wirksam gewesen ist. Bei der gab es keine Lichtphänomene.

Ich kam damals gerade vom Arzt. Er hatte mir eröffnet, dass der Verdacht auf eine weitere schwere Erkrankung bestehe und ich operiert werden müsse. Darauf war ich überhaupt nicht vorbereitet und ziemlich schockiert. Gerade weil ich nicht damit gerechnet hatte, war ich alleine beim Arzt, also ohne Begleitung, und als ich dort weggegangen bin, war ich voller Panik, ob ich diese OP überleben würde und wieso ich denn schon wieder eine schwere Erkrankung habe und wie das alles gehen soll. Ich war außer mir vor Angst. Ich bin dann in eine Buchhandlung gegangen, weil ich dachte, vielleicht kann ich mich da ein wenig ablenken und etwas Ruhe finden. Aber ich bin nur zwischen den Regalen umhergeirrt, weil die Angst viel zu groß war, als dass ich mich auf irgendwas hätte konzentrieren können. Und dann war es ganz plötzlich, als ob ein warmer, bergender Kraftstrom von hinten durch die Schulterblätter in mich einströmt und sich in mir ausbreitet. Ich wusste in diesem Moment mit unmittelbarer Gewissheit, „dass Gott mich gefunden" hat. Obwohl ich nicht religiös war, war das absolut gewiss. Dieser warme Kraftstrom hat sich in mir ausgebreitet und die Angst war vollkommen verschwunden. So absurd es klingt, in mir war statt der Angst plötzlich eine tiefe Freude. Ich hatte das Gefühl, ich bin geborgen, ich bin so geborgen, wie ich noch nie in meinem Leben geborgen war. Und ich hatte das Gefühl, dass ich mich sogar körperlich hätte nach hinten fallen lassen können, weil ich selbst dann aufgefangen werden würde. Es war so ein tiefes Vertrauen da, eine unglaubliche Gewissheit, in einer unfassbar großen Liebe aufgehoben und geborgen zu sein. In diesem Moment hatte ich das sichere Gefühl, dass alles gut werden würde. Egal, wie die Operation ausgeht, es wird gut werden.

TP: Es war also zunächst eine Art völliger Unsicherheit, Angst und Ungewissheit. Diese hat sich dann genau ins Gegenteil gewandelt, in eine tief erfahrene Gewissheit, dass das gut gehen wird und in Ordnung ist; selbst wenn es von einem normalmenschlichen Standpunkt solche Bedrückung enthält, solche Angst und Unsicherheit verursachen muss.

EP: Für mich war es damals – und ist es eigentlich bis heute geblieben – unbegreiflich, was da passiert ist. Ich kann ja nur beschreiben, wie ich es empfunden habe. Dass einem in so einer Situation so etwas zukommen kann, solch ein umfassendes Geborgensein, was mir Menschen in meiner Umgebung – also zum Beispiel, wenn mein Freund mich in den Arm genommen hätte – niemals hätten vermitteln können, wie es dieses Erlebnis vermocht hat. Diese Geborgenheit, Festigkeit, Ruhe … da gab es keine Zweifel mehr. Es war plötzlich alles ruhig, hell und klar. Diese klare Gewissheit, die man in einem solchen Moment hat, ist eine *alles übersteigende Gewissheit*. Man spürt nicht nur, dass man geborgen ist oder geliebt wird, sondern empfindet in einer zutiefst ergreifenden Weise: *Es ist so.* Diese Gewissheit hat mir sehr viel Halt gegeben, die hat mich sehr lange getragen. Bei mir war die drohende OP im Vordergrund, aber ich war insgesamt in einem sehr schweren Krankheitsverarbeitungsprozess. Auch für Letzteres hat mir diese Erfahrung sehr viel Kraft gegeben, sehr viel Ruhe auch. Diese hätte ich sonst nicht bekommen. Woher auch? Ja, es war eigentlich die wichtigste Erfahrung, die ich bis jetzt gemacht habe, und die tiefste.

TP: Die war ja in diesem Krankheitsverarbeitungsprozess vielleicht sogar lebensrettend? Wer weiß, in welche Verzweiflungs-, Unsicherheits- und Angstzustände Sie gekommen wären, ohne so eine Erfahrung zu haben, ohne so eine Art Gegenbild erlebt und für sich gewiss zu haben.

EP: Das stimmt. Wenn in den schweren Phasen, die ich auch danach noch durchzustehen hatte, die Verzweiflung übermächtig geworden ist, oder wieder Phasen von schlechter Stimmung, von Hoffnungslosigkeit, von Ausweglosigkeit, von dieser „dunklen Nacht der Seele" aufgetreten sind, konnte ich auf die Erfahrung zurückgreifen. Das Geborgensein hat mir in diesen Zeiten ermöglicht, meine Würde zu wahren und zwar in dem Sinne, dass ich wusste, ich bin angesehen vor aller Leistung, ich werde gehalten. Ich wusste, das ist jetzt eine schwere Phase, aber du kommst da durch, egal, wie sehr du jetzt leidest. Es war kein Negieren der Schwere der Situation, kein Abwehren wie etwa „Ich bin ja geborgen und so schlimm ist das alles nicht". Vielmehr war mir sehr bewusst, wie schlimm das alles ist; ich habe den Schmerz sehr intensiv gespürt. Doch zugleich war die Gewissheit da, dass ich durch diese Phasen durchkomme, weil ich geborgen bin, weil ich – auch deshalb – die Kraft dazu habe. Dazu muss ich sagen, dass mir in dieser Zeit ein Spruch aus der Bibel geholfen hat. Da heißt es ungefähr, dass Gott uns nur so viel zu tragen gibt, wie wir aushalten können. Wenn ich dann mal verzweifelt war, habe ich oft an diese Erfahrung gedacht und das Vertrauen gehabt, dass mir von woher auch immer Kraft zukommen wird, dies zu bewältigen. Das Vertrauen in diese Kraft hat mich getragen, es resultierte aus dieser mystischen Erfahrung.

TP: Es ist ja so, dass in einem schwerwiegenden Krankheitsverarbeitungsprozess, wo durch eine Erkrankung auch mit bleibenden Beeinträchtigungen zu rechnen ist, sehr viel Ungewissheit vorhanden ist. Ich kann mir vorstellen, dass man da durch die Angst in eine innere Isolation geht in dem Sinne, dass man den Gesamtprozess zugunsten momentaner Befindlichkeiten aus dem Auge verliert. Sich in einem solchen Zustand hoffnungsvoll auf die Zukunft zu beziehen ist ja kaum möglich. Auch die Vergangenheit verblasst. Man kann zwar sagen: Okay, da habe ich früher mal eine gute Erfahrung gemacht. Nur, was nützt mir das jetzt? Es wird eine zunehmende zeitliche Isolierung, eine Bezogenheit auf die momentane Situation eintreten. Man ist nicht mehr so ausgedehnt in Vergangenheit und Zukunft. Man ist nicht mehr verankert im Hoffen auf die Zukunft oder im Gutem der Vergangenheit, so dass man sich dadurch getragen fühlen könnte. Man ist damit in der Wahrnehmung irgendwie auch „zeitlich eingeschränkt". Das isoliert einen zusätzlich von anderen Menschen, weil man in einem besonderen Prozess ist, der ein Stück weit abseitig ist im Verhältnis zu den anderen. Ich habe den Eindruck, dass diese Erfahrung des Geborgenseins für Sie den Hoffnungshorizont wieder aufgetan hat. Es blieb nicht nur bei der Annahme „Es ist immer gut gewesen, auch wenn vielleicht viel Schwieriges dabei war, und es wird wieder gut werden", auf die man vielleicht zurückgreifen kann, wenn man sich den Fuß verstaucht hat: Ich war vorher intakt, ich werde danach wieder intakt sein. Das Ganze dauert drei Wochen. Der Arzt sagt, es kann auch sechs dauern. Gut, das ist nervig und behindert mich vielleicht, aber es ist dann wieder weg. Da ist eine Gewissheit und ein Zukunftsbezug drin. Der war in Ihrem Prozess, vermute ich, zeitweise verschwunden. Ihre Erfahrung scheint mir dahingehend relevant gewesen zu sein, dass sich der zeitliche Horizont und der Zukunftsbezug richtig weit aufgetan haben. Aus einer Kontraktion des Zeiterlebens in eine Ausdehnung, mindestens für diesen Moment. Das ist natürlich nur eine Komponente der Erfahrung.

EP: Ich weiß gar nicht, ob ich das tatsächlich so beschreiben würde, weil die Erfahrung bei mir trotz allem nicht das Gefühl ausgelöst hat, ich werde in jedem Fall wieder gesund. Auch die Angst vor bleibenden Behinderungen hat sich dadurch nicht aufgelöst. Ich würde eher sagen, nicht das Öffnen in Richtung Vergangenheit oder Zukunft war wieder da, sondern ich hatte das Gefühl, dass mir diese Erfahrung einen inneren Raum eröffnet oder eine Art innere Kraftquelle erschlossen hat, so dass ich die Gewissheit hatte und heute noch habe: Egal, was passiert, ich komme da durch, ich kann dem begegnen. Dieses Vertrauen ist dauerhaft geblieben. Was nicht heißt, dass ich plötzlich überzeugt war, gesundheitlich wieder so fit wie vorher zu werden. Es war eher das Gefühl, ich bin so umfassend geborgen in diesem Transzendenten, dass ich die Kraft haben werde, dem Krankheitsprozess zu begegnen; selbst wenn ich immer mal wieder in die Knie gehe, weil ich das Gefühl habe, ich breche unter der Last zusammen. In solchen Momenten kann ich jetzt sagen: Gut, dann gehe ich halt in die Knie und bleibe vielleicht mal eine Zeitlang am Boden. Aber ich weiß, dass ich wieder aufstehen kann. Das ist für mich die wichtigste Erfahrung, das bedeutendste Erfahrungswissen daraus.

TP: Das geht quasi noch über die Frage hinaus, wie weit ich mich noch wieder restituieren werde.

EP: Die „vollständige Restitution" anhand medizinischer oder psychologischer Kriterien wird nebensächlicher, weil es offenbar ein Heilsein auf anderen Ebenen gibt, die von der Schulmedizin nicht berührt werden. Die Erfahrung hat mir unmittelbar erfahrbar gemacht, dass wir alle in uns einen Kern haben, der von Krankheit, Behinderung oder Leid nicht affizierbar ist. Es ist vielleicht so etwas wie ein „Gottesfunken". Später habe ich angefangen, zu diesen Erfahrungen nachzulesen. Da bin ich auf Augustinus' *Bekenntnisse* gestoßen, in denen er sagt: „Aber du, Gott, warst innerer als mein Innerstes." So ungefähr fühlte es sich an. Und ebenso, dass diese Erfahrung die Angst und alles, was eingekapselt war, gesprengt hat und in einem sehr weiten Sinne dieses jedem im Innersten einwohnende „Licht" aufgebrochen ist. Es war für mich eine wesentliche Erkenntnis, dass man zu diesem inneren Kern einen Zugang haben oder bewusst darauf zugreifen kann.

TP: Das würde sich nicht widersprechen mit der zeitlichen Isolation, aber ist noch umfassender. Es sichert auch nicht nur den Krankheitsverarbeitungsprozess, sondern ist eine Erfahrung, die noch darüber hinausgeht und – wie man spüren konnte – Sie auch heute noch sehr berührt. Sie scheint bei Ihnen innerlich präsent geblieben zu sein, obwohl sie nur einen relativ kurzen Moment ausgemacht hat. Das ist vielleicht dieser Punkt, der eine gewöhnliche Erfahrung von Hoffnung im Sinne von „Na ja, das wird schon wieder" von einer mystischen Erfahrung unterscheidet. Die mystische Erfahrung hat einen außergewöhnlich ergreifenden Charakter, ein tiefgreifendes Gewissheitsbewusstsein und dadurch eine nachhaltigere Auswirkung.

EP: Ich muss sagen, dass mich diese Erfahrung nicht nur zutiefst berührt, sondern sogar erschüttert hat. Das meiste, das man erlebt, kann man erklären und emotional in sein Weltbild einordnen. Diese Erfahrung war jedoch so fundamental anders, dass sie sich dem entzieht. Natürlich kann ich sie als Erfahrung hinterfragen. Doch das, was dabei passierte, war so evident und gewiss, dass es für mich nichts zu hinterfragen gab. Genau dies war allerdings etwas, was mich zunächst sehr irritiert hat, weil ich als Mensch mit einem wissenschaftlichen Hintergrund plötzlich vor einer Erfahrung stand, bei der ich unmittelbar wusste, dass es keine Fragen zu stellen gibt. Das war wirklich so. Es war ein sicheres Gefühl von Wahrheit; jene unmittelbare Gewissheit, die „wirkliche" Wirklichkeit erfahren zu haben. Es war eine Erfahrung, wo alles klar ist, weil man es erkennt und sieht und erfährt. Da gab es keine Fragen mehr. Im Rückblick würde ich sagen, dass die Beschreibung „Gott hat mich gefunden" – auch wenn ich es heute genau so wieder formulieren würde – vielleicht einfach ein Zurückgreifen auf Metaphern jenes Kulturkreises war, der mir am vertrautesten ist. Vielleicht, weil es eine Erfahrung war, für die es keine Worte gibt, die unbeschreibbar bleibt und die (damals) nur in Bezug auf Gott als etwas – mir kulturell vertrautes – alles Übersteigendes gedeutet werden konnte.

TP: Wir haben über die beiden Erfahrungen gesprochen, die sich während des Krankheits- beziehungsweise während des Verarbeitungsprozesses der Erkrankung ereignet haben. Sie hatten mir im Vorgespräch berichtet, dass es noch eine weitere Erfahrung gab, die Ihnen nach der Erkrankung widerfahren ist. Vielleicht können wir versuchen, uns dieser anzunähern.

EP: Ja, es gab noch eine weitere Erfahrung, die qualitativ wieder anders war. Es war ungefähr fünf oder sechs Jahre nach der akuten Erkrankung. Da bin ich mit einem Freund auf einen Berg gefahren und wir wollten wieder runtergehen. Der Freund ist ein Stück vor mir gelaufen. Ich hatte plötzlich das Gefühl, dass der Berg gegenüber mich „anfunkt". Ich habe eine Weile versucht, es zu ignorieren, aber das ließ sich nicht ignorieren. Es war ein ganz eigenartiges Gefühl und ich wusste: Ich muss mir dafür Zeit nehmen. Es war irgendwie klar, irgendwas war, auch wenn ich das nicht in Worten fassen konnte. Ich habe mich dort auf einen Stein gesetzt und einfach nur auf den gegenüberliegenden Berg geschaut. Plötzlich schien es, als ob sich die Welt verändert hat. Sie hatte ihre Tiefendimension verloren, war wie zweidimensional geworden, also wie ein Bild oder wie ineinanderschiebbare Kulissen beim Theater. Dann ist plötzlich von allen Bergspitzen ein unglaubliches Licht ausgegangen. Es war wie ein überirdisches Licht. Dieses Licht hat dann alles ausgefüllt, bis einen Moment lang nur noch Licht war. Als das Licht wieder weg war, war die Welt wieder normal, aber „ich" war nicht mehr da, weil ich mich „aufgelöst" hatte. Diese Erfahrung ist kaum beschreibbar, weil eine Beschreibung voraussetzt, dass ein abgrenzbarer Erlebender etwas erfährt. Doch in dem Moment war niemand mehr da, der etwas erfahren konnte; „ich" war nur noch wie so ein letzter Bewusstseinspunkt in Bezug auf meine Individualität. Deshalb kann ich das nur annähernd beschreiben. Es war ein Zustand von absoluter Klarheit, von absoluter Bewusstheit. Dieses Bewusstsein hat alles umfasst: Ich war die Berge, die Wiesen, der Himmel, ich war alles gleichzeitig. Da war auch mein Körper, der durch dieses ausgedehnte Bewusstsein hindurch gelaufen ist, aber „ich" war nicht mehr da. Das Ich war unendlich ausgedehnt, ohne Grenzen.

Es ist mir nach dieser Erfahrung sehr schwer gefallen, wieder zu kommunizieren. Es war ein Bewusstsein dafür da, dass mein Körper spricht, dass er isst, dass er sich bewegt, dass er irgendwas macht. Normalerweise haben wir das Gefühl, dass wir unseren Körper haben und in diesem Körper „haust" unser Bewusstsein und damit agieren wir. Nach dieser Erfahrung war es irgendwie umgekehrt, weil das Bewusstsein unendlich weit war. In diesem ausgedehnten Bewusstsein gab es auch einen menschlichen Körper, aber dieses Bewusstsein war nicht darin lokalisiert, sondern der Körper war im Bewusstsein lokalisiert. Es umfasste, es enthielt alles. Es gab allerdings stets noch einen Bewusstseinspunkt, dem klar war, du musst wieder so was wie Ich-Strukturen aufbauen, damit du wieder an der Welt teilhaben kannst, damit du nicht wie ein Schlafwandler durch die Welt marschierst. Es war mir bewusst, dass man, um in der hiesigen Welt zu leben, bestimmte Ich-Strukturen benötigt. Ich habe mehrere Wochen gebraucht, begleitet von krassen körperlichen Symptomen wie starken Hitzegefühlen besonders in den Händen und in den Füßen, von Rücken- und Kopfschmerzen, von allem Möglichen, um mein Ich zu rekonstruieren. Gleichzeitig kam mir das völlig absurd vor. Es war so eine Klarheit in mir, dass alles Geist ist, dass mir das irgendwie auch so ein bisschen seltsam vorkam, diese Konstruktion von dem Ich. Obwohl mir klar war, dass man es braucht, aber gleichzeitig wirkte es fast komisch.

Das war keine Erfahrung, die etwas mit Glückseligkeit oder Geborgenheit zu tun hatte. Ich habe diese Erfahrung, dieses „Sichauflösen" im All-Einen oder wie auch immer man das nennen möchte, wie ein „Erfahren des letzten Grundes" empfunden: Dieser alles umfassende Geist ist das Eigentliche und unsere Körper und Ich-Strukturen sind dafür da, dass der Geist sich in verschiedenen Formen manifestieren und ausdrücken kann. Das war die eigentliche Erfahrung, dass der Geist uns als Individualitäten mit Ich-Strukturen braucht, um sich manifestieren zu können. Dass aber trotzdem dieser Geist da ist und alles, was an Manifestation da ist, vergänglich ist.

Die ersten beiden Erfahrungen haben für die Krankheitsverarbeitung insofern eine bedeutende Rolle gespielt, als dass sie mit der Gewissheit des Geborgenseins und einer tiefen Ruhe verbunden waren und mir offenbarten, dass man die Kraft für die Bewältigung hat oder doch haben kann. Trotzdem war es noch etwas Duales. Es gab mich mit den Ängsten und allem Möglichen und dann gab es diese Kraft oder das „Göttliche", das mich getragen hat, das mir geholfen hat.

Bei der anderen Erfahrung, wo alles Geist oder Bewusstsein war, gab es zunächst das Problem, Worte oder Beschreibungen für sie zu finden. Ken Wilber hat mal aus dem buddhistischen Herz-Sutra zitiert: Form ist Leere und Leere ist Form. Das bringt meine Erfahrung noch am besten auf den Punkt. Ich – eigentlich muss ich dieses „Ich" in Anführungszeichen setzen, weil es in der Erfahrung selbst kein Ich gab – habe diese Form, diese Ausfaltungen des Geistes wahrgenommen und gleichzeitig als leer empfunden, weil alles nur Geist oder Bewusstsein war. Es war leere Fülle oder volle Leere.

Wenn man diese Erfahrung im Zusammenhang mit der Krankheitsbewältigung betrachtet, so hat sie mir noch stärker als die zuvor beschriebene gezeigt, dass ich einen innersten, einen transzendenten Kern habe. Wenn ich die Erfahrung ernst nehme, dass alles nur Bewusstsein oder Geist ist oder sein könnte, dann relativiert sich natürlich auch die Perspektive auf eine Behinderung oder auf den Schmerz. Ich meine damit ausdrücklich keine Haltung wie: „Jetzt nimm das mal alles nicht so ernst, das ist doch sowieso nur ‚Geist‘." So würde es nicht stimmen. Denn das liefe meiner Ansicht nach auf eine unzulässige Bagatellisierung von Leiden hinaus. Aber die Erfahrung des Leidens gehört zum Menschsein dazu. Wenn man sich auf eine Ebene flüchtet, auf der man meint „es ist alles Geist" und deswegen ist „alles nicht so schlimm", geht das eher in Richtung einer Abspaltung von Gefühlen und Realitäten. Aber die Erfahrung dieses allumfassenden Geistes war insofern eine Hilfe, als dass sie mir eine andere Perspektive angeboten hat, unter der man sich das anschauen kann. Wenn man weiß, dass alles dieser umfassende Geist ist, weiß man auch, dass es Ebenen gibt, wo es keine Behinderungen mehr geben kann, wo man keine Einschränkungen erlebt. So eine Realität erfahren zu haben hat mir sehr geholfen.

TP: Die Bedeutung des Irdischen, der konkreten eigenen Belange, zum Beispiel körperlicher oder materieller Art, wird stark relativiert durch die übergeordnete Perspektive, die man in einen solchen Moment spürt oder innehat.

EP: Ja, es wird relativiert. Doch man muss aufpassen, dass die Relativierung nicht dahin geht, dass man die Gefühlsebene oder die kognitive Ebene bagatellisiert. Dass man eine Erfahrung von diesem umfassenden Geist nicht dafür verwendet zu sagen: Ach ja, es gibt ja diesen Geist als eigentlichen Grund und deshalb brauche ich mich nicht mehr mit meinen Gefühlen, mit meinen Problemen und persönlichen Mustern, mit irgendwelchen Alltagssorgen auseinanderzusetzen. Die Anfrage an einen selber nämlich – Wie geht man mit seinen Gefühlen, seinen Mustern um? – ist ja nicht weg, bloß weil man diese Erfahrung gemacht hat. Es kann sogar gefährlich sein, wenn man sich auf diese Erfahrung beruft und meint, es ist „eh alles egal hier" oder „es ist alles in Ordnung", weil es ja sowieso letztlich unwichtig zu sein scheint. Natürlich bleibt die tägliche Wirklichkeit erhalten, auch die Menschen und Probleme, die uns umgeben, und wir müssen hier unser alltägliches Leben gestalten und leben. Ich glaube, eine Verwechslung dieser unterschiedlichen Ebenen kann sich sehr ungünstig auswirken.

TP: Das könnte regelrecht Verwirrung erzeugen, wenn man diese übergeordnete oder allem zugrunde liegende Ebene erfahren hat und sich dadurch vielleicht als von persönlichen Problemen befreit empfindet. Man hat eine total tiefgehende und gewissheitsvermittelnde Erfahrung und muss das nun in Beziehung bringen zu den eigenen Problemen, zu der persönlichen Weiterentwicklung und darf da nicht rausgehen.

EP: Es kann aber auch eine – bewusste oder unbewusste – Entscheidung dafür sein, diese Erfahrung als Entschuldigung oder Ausrede zu benutzen nach dem Motto: Hey, jetzt habe ich eine gute Begründung, warum ich mich mit diesen Themen nicht mehr auseinandersetzen muss.

TP: Das ist die Verwirrung, die ich meine. Das führt mich zur nächsten Frage. Wie kann eine mystische oder spirituelle Erfahrung zur Krankheitsverarbeitung beitragen?

EP: Ich persönlich würde spirituelle und mystische Erfahrungen auseinanderhalten wollen, auch wenn hier sicher nicht der Ort ist, eine Begriffsbestimmung zu leisten. Für mich umfasst eine mystische Erfahrung mehr als eine spirituelle Erfahrung, insbesondere in Bezug auf ihre Tiefe und wandelnde Kraft. In der Literatur werden die Begriffe oft synonym gebraucht, wobei unter „spirituellen Erfahrungen" zum Teil auch Erlebnisse mit paranormalen Wahrnehmungen verstanden werden. Ich kann zum Beispiel eine tiefe spirituelle Erfahrung in der Natur machen; wo ich das Verbundensein zur Natur spüre, zum Kosmos, zu allem Möglichen. Ich kann von dieser Erfahrung berührt, vielleicht auch berauscht sein und in ihr schwelgen. Trotzdem hat sie nicht unbedingt so starke Wirkungen auf mich, dass sie mich verändert, meine Werte oder meine Haltung zur Welt. Soweit ich weiß, sind die Folgewirkungen ein wesentlicher Hinweis für die Authentizität einer mystischen Erfahrung. Hat die Erfahrung die Kraft, einen Menschen zu verändern? Hin zu mehr Güte, mehr Demut und mehr Integrität? Trägt sie zur persönlichen Entwicklung bei? Ich habe im Rahmen der Krankheitsbewältigung auch

Erfahrungen gemacht, die ich als spirituell bezeichnen würde; Erfahrungen also, denen Merkmale wie Raum-und-Zeit-Transzendenz, Glückseligkeit oder Einheitserleben fehlen, die aber dennoch mit einem tiefen Verbundenheitsgefühl mit der Natur und dem Gefühl der Ich-Transzendenz einhergingen. Als es mir damals so schlecht ging, habe ich mir zum Beispiel Tulpensträuße gekauft und mich direkt vor sie gesetzt. Ich hatte regelrecht das Gefühl, ich könnte mit den Tulpen in Kontakt gehen, auch wenn das vielleicht ein bisschen verrückt klingt; ich habe eine ganz tiefe Verbundenheit zu diesen Tulpen gespürt. Damals habe ich mich Tag für Tag vor die Tulpensträuße gesetzt und zugesehen, wie sie in der Vase weitergewachsen sind, wie sie sich entwickelt haben. Allmählich bin ich dann zur der Erkenntnis gekommen, dass diese Tulpen von ihrer Zwiebel getrennt sind, von ihrem Kern völlig und endgültig abgeschnitten sind und trotzdem in der Vase weiterwachsen. Ich dagegen hatte „nur" eine schwere Erkrankung – warum sollte ich da nicht weiter wachsen können? Diese erfahrene Einsicht hat mir sehr geholfen. Das würde ich als eine spirituelle Erfahrung betrachten. Natürlich hat mich auch diese Erkenntnis beeinflusst und ich habe sie zur weiteren Entwicklung genutzt. Sie hat mir wichtige Anstöße zum Weiterdenken gegeben, trotzdem hat sie mich nicht gewandelt. Die mystischen Erfahrungen dagegen haben mein Weltbild erschüttert. Ich denke, es können sowohl spirituelle als auch mystische Erfahrungen die Krankheitsverarbeitungsprozesse sehr beeinflussen. Das ist überhaupt keine Frage. Aber mystische Erfahrungen haben eine andere Kraft oder Wirkungsmacht als spirituelle Erfahrungen.

TP: Gibt es aus Ihrer Sicht noch andere Aspekte dieser Erfahrungen, die für die Krankheitsverarbeitung wichtig geworden sind? Haben die zum Beispiel Ihre Gedanken beeinflusst, bestimmte Gedanken gebremst oder Ihnen klar gemacht, dass bestimmte Gedanken absurd sind, zum Beispiel solche an Suizid oder vielleicht: Ich werde nie wieder nach vorne kommen oder so etwas? Sind diese Gedanken dann nicht mehr aufgetreten oder konnten Sie die innerlich besser begrenzen oder von sich weghalten?

EP: Diese Gedanken sind trotzdem da gewesen. Ich konnte ihnen aber anders begegnen. Ich konnte sie zum Teil begrenzen oder sie als Gedanken, die einem momentanen Gefühlszustand entsprechen, stehen lassen und ernstnehmen. Sie waren dadurch vielleicht ein bisschen weniger bedrohlich.

Winston Churchill wird ein Satz zugeschrieben, der lautet: „If you're going through hell, keep going." Das ist es eigentlich. Wenn du im Schmerz, in der Angst oder in der Hölle gefangen bist, dann geh weiter. Hierbei hat mir die Erfahrung des fast überirdischen Geborgenseins sehr geholfen, ohne sie hätte ich das vermutlich nicht ertragen. Dieses Geborgensein bildete für mich einen sicheren Boden, um mich den anderen Sachen stellen zu können. Wenn man weiß, man ist gehalten, bringt man vielleicht eher den Mut auf, sich die Ängste oder den Schmerz anzuschauen und sie auszuhalten, sie nicht zu betäuben oder wegzudrängen. Zusätzlich hat mir dabei auch die Erkenntnis geholfen oder Hoffnung gegeben, dass alles in permanenter Veränderung begriffen ist. Wenn alles in permanenter Wandlung begriffen ist, dann besteht die Chance, dass der aktuelle Zustand, so schlimm wie er für mich im Moment auch immer ist, sich auch wieder verändert. Diesen Gedanken fand ich äußerst hilfreich. Dass das Einzige, worauf man sich tatsächlich verlassen kann, die Veränderung ist, gilt auch für Krankheitsprozesse, selbst wenn es nicht immer in die Richtung geht, die man sich erhofft.

TP: Diese Erfahrungen haben Ihnen eine Art Stabilität und Souveränität vermittelt im Umgang mit den Leidenszuständen, mit den Schmerzen, mit den Ängsten. Vielleicht wären Sie sonst gegenüber diesen Zuständen in eine Fassungslosigkeit geraten. Das war ja auch ein Stück weit der Fall, glaube ich. Anfangs waren Sie ja fassungslos. Sie haben zum Teil mit Verdrängung oder Dissoziation reagiert und das zeitweilig gar nicht mehr adäquat wahrnehmen können. Durch die mystischen Erfahrungen haben Sie innerlich eine Gefasstheit gewonnen beziehungsweise diese ist dadurch begünstigt worden. Mit dieser Gefasstheit konnten Sie authentischer, klarer, direkter den Zuständen begegnen und sich damit auseinandersetzen.

EP: Eine Fassungslosigkeit und Verzweiflung, wie sie damals in mir geherrscht hat, hätte durch ein Geborgensein in einer Familie oder Partnerschaft gar nicht aufgefangen werden können, weil sie viel zu groß und zerstörerisch war. Dazu kam das Problem: Wie viel mute ich meinen Angehörigen an Schmerz zu und wie sehr würde ich sie davor schützen müssen oder schützen wollen? Wie stark leide ich damit alleine? Und kann ich mich diesem „Allein-Leiden" überhaupt aussetzen oder ist die Angst zu groß, darin unterzugehen? Da ist man wieder in dem Spannungsfeld von Zulassen und Abwehren mit seinen ganzen Facetten drin. Doch das Geborgensein im Über-Wirklichen, diese unfassbar bergende Kraft, dieses Liebevolle war stärker als jede Angst. Mit diesem grundlegenden Empfinden von Geborgenheit konnte ich dem anderen begegnen und konnte die Angst, die Fassungslosigkeit und den Schmerz tatsächlich im vollen Ausmaß zulassen, weil die Geborgenheit trotzdem größer und stärker war.

TP: Wie haben Sie Begegnungen mit anderen Menschen, die in Krankheitsprozessen gefangen waren und nicht über solche Erfahrungen verfügten, erlebt? Haben Sie sich dadurch womöglich auch isoliert gefühlt? Haben Sie sich in einer Kommunikationslosigkeit befunden, weil Sie das auf dieser Ebene Erfahrene nicht kommunizieren konnten? Wie hat sich das für Sie angefühlt, dass Sie mit dieser besonderen Erfahrung ausgestattet waren im Unterschied zu anderen?

EP: Es gab tatsächlich eine Kommunikationslosigkeit und die fehlende Möglichkeit, darüber zu sprechen. Mit den Ärzten und Psychologen habe ich nicht darüber gesprochen, weil ich das Gefühl hatte, wenn ich denen so etwas erzähle, dann kommen die mit der Erklärung, dass es vielleicht Einbildung oder Halluzinationen waren. Ich hatte dagegen das ganz klare Gefühl, dass es so etwas ganz sicher nicht war. Und ich wollte mir von denen diese Erfahrungen nicht durch irgendwelche rationalisierenden Erklärungen kaputt machen lassen, vor allem nicht das von mir als heilig Empfundene. Dazu kam das relativ sichere Gefühl: Die wissen sowieso nicht, wovon ich spreche. Zugegebenermaßen habe ich allerdings gar nicht erst versucht, mit ihnen darüber zu sprechen. Es hätte ja prinzipiell sein können, dass sie auch über solche Erfahrungen verfügen. Aber ich wollte diese Erfahrung schützen; ich mochte das Heilige, das diese Erfahrung begleitet hat oder ein ganz wesentlicher Bestandteil war, nicht interpretieren lassen. Ich mochte das nicht rational erklärt haben. Jeder Versuch, das Göttliche oder das Transzendente zu erklären, würde scheitern, weil man es nicht erklären kann. Genauso war es mit diesen Erfahrungen.

Mit anderen Patienten habe ich kaum darüber gesprochen, lediglich einmal mit einem Patienten aus dem Reha-Zentrum. Von dem wusste ich, dass er seit 20 Jahren meditiert. Aber bei dem sah ich mich – für mich überraschend – mit dem Phänomen des spirituellen Neids konfrontiert. Der hat sinngemäß gesagt: Wieso machst du solche Erfahrungen? Ich meditiere schon 20 Jahre, aber ich habe so was noch nie erlebt und möchte das endlich mal erleben. Der hat mit Abwehr darauf reagiert, weil er das nicht hatte. Das war für mich sehr eigenartig, weil diese Erfahrungen, die ich gemacht habe, von mir ja nicht beabsichtigt waren oder gar angestrebt wurden. Anfangs wusste ich ja nicht mal, dass es so etwas überhaupt gibt. Nachdem ich später noch zwei, drei weitere Erfahrungen mit spirituellem Neid gemacht habe, habe ich nicht mehr darüber gesprochen. Einmal habe ich noch einem Psychologen gegenüber andeutungsweise etwas dazu geäußert. Da kamen dann Erklärungen wie: Ja, das sind irgendwelche neurobiologischen Prozesse im Hirn, welche in Notsituationen so etwas auslösen. Das hat für mich nicht gegriffen. Selbst wenn neurobiologische Prozesse die Ursache dieser Erfahrungen sein sollten, hatte ich dennoch das Gefühl, diese Erklärung hat mit der Erfahrung selbst überhaupt nichts zu tun. Ich hatte letztlich immer das Gefühl, dass diese Erfahrungen nicht erklärt werden können und man zu Pseudoerklärungen greift, weil man es nicht weiß oder nicht erklären kann und trotzdem etwas dazu sagen will. In mir hat sich der Eindruck verstärkt, dass solche neurobiologischen Erklärungen Prozesse betreffen, die zwar in Körpern, in Manifestationen des Geistes ablaufen, die aber mit dem Geist, der da drunter liegt und alles durchdringt, nichts zu tun haben. Wie will man ein rein geistiges Phänomen über neurobiologische Prozesse erklären? Das geht vermutlich nicht. Deswegen hatte ich den Eindruck, das trifft nicht zu, das geht am Eigentlichen vorbei. Aber auch das kann mir natürlich als Abwehr wissenschaftlicher Erkenntnisse ausgelegt werden; vielleicht, weil ich meine Erfahrungen als etwas Besonderes schützen will. Mein persönlicher Verdacht ist – ganz unwissenschaftlich -, dass es eine größere Realität gibt und wir in Momenten, wie ich sie damals erlebt habe, als ich außer mir war vor Angst und Schmerz, offen werden für das Transzendente oder Göttliche und es uns erreichen kann. Wenn wir haltlos ins Bodenlose fallen und uns keine Konzepte, Konventionen, wissenschaftlichen Erklärungen oder emotionalen Bindungen mehr tragen, dann werden wir wie genötigt, dieses „Andere" zur Kenntnis zu nehmen. Aber das ist nur mein persönlicher Verdacht.

TP: Wie war es mit anderen Menschen, die im Krankheitserleben gefangen waren? Konnten Sie diesen Menschen etwas vermitteln? Wie haben Sie kommuniziert, was Sie Ungewöhnliches erlebt hatten?

EP: Ich habe das gar nicht kommuniziert, ich hatte auch nicht den Wunsch oder das Bedürfnis, das zu kommunizieren oder gar irgendwas vermitteln zu wollen. Wenn mich jemand angesprochen hat, weil er eine Frage in dem Bereich hatte, dann habe ich natürlich geantwortet. In einem solchen Fall habe ich auch etwas von mir erzählt. Als ich nach Antworten gesucht und viel gelesen und mir Vorträge angehört habe, bin ich auch mit Menschen konfrontiert worden, die sich viel mit Spiritualität beschäftigt haben, die zum Teil lange meditiert haben. Mich hat allerdings die missionierende Haltung von einigen abgestoßen. Dieses ständige Erklärenwollen, was man wie tun müsste, um erleuchtet oder wenigstens sehr spirituell zu werden. Das fand ich anstrengend. Ich hatte für mich immer das Gefühl, dass diese Erfahrungen für sich selbst wirken. Vor allem in der Form, dass sie in mir wirken und durch mich gegenüber anderen und dass ich darüber diese Erfahrung vermitteln kann. Aber nicht, indem ich sie erkläre oder indem ich versuche, Leute anzuleiten, wie sie selber vielleicht zu so einer Erfahrung kommen können. Das schon deshalb nicht, weil ich ganz klar sagen muss: Das weiß ich nicht. Das würde mir schlicht anmaßend vorkommen, wenn ich sage, ich habe solche Erfahrungen gemacht und deswegen weiß ich jetzt, „wie es geht".

TP: Interessant wäre jemand, der vielleicht zehn Jahre meditiert hat und dann durch einen neurobiologischen Zufall oder eine sich zufällig ergebende besondere physiologische Konstellation eine solche Erfahrung macht. Der würde vielleicht denken, das lag an den zehn Jahren Meditation und würde versuchen, diese Medikationstechnik als den „Weg dahin" zu verkaufen. Nach dem Motto: „Du brauchst es nur zehn Jahre so zu machen, dann kommst du dahin". Es können aber auch andere Probleme bei der Verarbeitung solcher Erfahrung auftreten. Zum Beispiel, inwieweit fühlt man sich auserwählt? Fühlt man sich vielleicht in einer besonderen Weise durch Gott oder ich weiß nicht wen begünstigt? Solche Phantasien können da ja aufkommen.

EP: Das Gefühl des Auserwähltseins hatte ich nie, ich war nur sehr dankbar für die Erfahrungen. Insbesondere für die Erfahrung, bei der ich das Gefühl hatte, „Gott hat mich gefunden". Dennoch hatte ich immer das Gefühl, dass das eine Erfahrung ist, die jedem zukommen kann, die nichts mit Auserwähltsein zu tun hat. Mir ist sie glücklicherweise in dem Moment widerfahren, wo ich sie vielleicht am dringendsten gebraucht habe. Diese Vorstellung, irgendwas Besonderes oder auserwählt zu sein, kommt mir regelrecht absurd vor, weil ich zutiefst davon überzeugt bin, dass dieser transzendente Kern, dieses Göttliche in jedem von uns ist. Egal, wie der Mensch sich in der Welt präsentiert, welche gesellschaftliche Stellung er hat oder welcher sozialen Schicht er angehört. Dieser „göttliche Funke" ist in jedem Menschen. In Kontakt mit diesem Funken zu gehen und solche Erfahrungen zu machen, liegt somit auch in einem möglichen Erfahrungsspektrum eines Jeden. Schon deswegen ist es für mich nichts Auszeichnendes. Es ist eher was Normales oder Natürliches, was passieren kann, was aber nicht passieren muss.

Diese Erfahrung ist so tief und so sehr im Innersten stattfindend, dass der Begriff des Spektakulären oder des Auserwähltseins schon deshalb fehlgehen würde, weil Auserwähltsein wieder Präsentation nach außen bedeuten würde: „Ich bin auserwählt und deswegen stehe ich über den anderen". Oder: „Deswegen muss ich andere Menschen in ihrer spirituellen Entwicklung anleiten". Das hat vor allem etwas mit der Darstellung nach außen zu tun. Doch was diese Erfahrung ausmacht, ist nicht die Darstellung nach außen, sondern die Wirkung nach innen. Und von innen wirkt sie wieder nach außen, aber eben erst nachgeordnet. Die innerlich verwandelnde Kraft dieser Erfahrung ist das Wesentliche. Was die Erfahrungen bei mir bewirkt haben, entspricht vielleicht am ehesten einer Art Entgegnung auf das, was Jesus gesagt hat: Was ihr dem Geringsten meiner Brüder tut, das tut ihr mir. Es geht nicht um Außendarstellung oder Demonstrieren eines Auserwähltseins. Das ist Narzissmus und hat für mich nichts mit mystischer Erfahrung zu tun, auch nicht mit der Entwicklung von Demut. Sich Menschen zuzuwenden, denen es nicht so gut geht, Obdachlosen oder weiß ich wem und das zu machen in dem Bewusstsein: Ich mache das nicht, weil ich ein besserer Mensch bin, sondern ich mache das, weil mein Gegenüber genauso ein Mensch ist wie ich. Und auch der hat diesen göttlichen Funken in sich, aber vielleicht in seinem Leben sehr viel Leid erlebt. Vielleicht habe ich die Möglichkeit, ihm wenigstens für einen Augenblick sein Leben ein bisschen leichter zu machen. Da ist es egal, ob das irgendjemand mitkriegt, sieht oder würdigt als tolle Unterstützung. Das meine ich mit dem Wirken nach innen und von dort aus wieder nach außen. Hat mich die mystische Erfahrung verändert, hat sie mich menschlicher gemacht? Hat sie in irgendeiner Weise meine persönliche Entwicklung beeinflusst? Das ist doch der Punkt.

Literatur

Lundmark M (2010): When Mrs. B met Jesus during radiotherapy. Archive for Psychology of Religion 32: 27–68

Passie T, Petrow E (2012): Folgewirkungen mystischer Erfahrungen. In: Passie T, Belschner W, Petrow E (Hrsg.): Ekstasen: Kontexte – Formen – Wirkungen. Würzburg, S. 257–278

Porath P (2006): The lived experience of an unexpected, unintentional mystical experience. Dissertation. Santa Barbara, CA

Renz M (2003): Grenzerfahrung Gott. Spirituelle Erfahrungen in Leid und Krankheit. Freiburg

van Lerberghe M (2009): The healing moment: A heuristic study of the lived experience of healing of a select group of women in midlife. Dissertation. Cincinnati, Ohio

Wilber K (2007): Integrale Spiritualität. München

Ekstasen bei Psychotherapien mit psychoaktiven Substanzen

Torsten Passie und Christian Scharfetter †

Einleitung

Ekstase, das Außer-sich-Sein, ist kein scharf abgrenzbarer Begriff und dazu traditionsbelastet (religiöse Ekstase). Das Wort bezeichnet trefflich das „Außer-sich-Geraten", „Nicht-bei-sich-Sein": ein Herausgeraten aus dem Alltagswachbewusstsein mit seinem Ich-Bewusstsein und den zugehörigen Funktionen der Realisation von Ort (räumliche Einordnung), Zeit (Temporalisation in chronologisch-linearer, kontinuierlicher Zeit), Erinnerungsfähigkeit, Logik (Kausalität, Schlussfolgern etc.). Kurz: In der Ekstase fallen die „Instrumente" zum Erfassen und adäquaten Reagieren auf die Alltagswirklichkeit seiner selbst (Selbstbewusstsein) und seiner Umgebung (interpersonelle und Subjekt-Objekt-Bezüge) aus.

Ekstasen sind nicht klar von Trancen getrennt. Beide können sowohl dramatisch-bewegt als auch still-innengewendet sein („Enstase" nach ELIADE 1977). In beiden Bewusstseinszuständen können wahrnehmungsartige Erlebnisse (Visionen, Auditionen, Leiberlebnisveränderungen, Levitation usw.) mit einem dominierenden Affekt („Verzückung", Glück, Freude, Liebe, Psychalgie [= seelischer Schmerz], Trauer, Angst, Panik, Wut) oder mit einer emotionalen Turbulenz vieler Gefühle und Stimmungen vorkommen. Vom äußeren Bild her ist Bannung, Faszination in Regungslosigkeit und Stummheit sowohl wie hohe mimische, gestische und andere Psychomotorik und vegetativ-nervöse Erregung bis zu „Anfällen" verschiedener Gestalt zu beschreiben. Positive Inhalte (religiöse Erscheinungen, Glück, Liebe, Lust) werden eher dem Begriff Ekstase zugeordnet – negative (Beherrschtwerden von nicht-ichhaften Kräften, Ausagieren von Wut) mit dem Begriff Besessenheit (besessen von Wut, „Rachegelüsten").

Das Ich-/Selbst-Bewusstsein kann in verschiedenem Grade aufgehoben sein. In schweren Ausprägungen fehlen reflexive Selbst-Bewusstseinsfunktionen und die Selbststeuerung (self-monitoring-control). Aber ein Rest vom Ich-Bewusstsein muss doch erhalten bleiben, denn nach der Ekstase kann zumindest ein Teil des Erlebten als eigenes erkannt und berichtet werden. Also war eine mindestens partielle Zuordnung des Erlebten zum eigenen Ich („mir wird die Erfahrung zuteil") erhalten und auch die Fähigkeit zu seiner Aufnahme ins Gedächtnis. Diese Egofizierung des Erlebten und der mnestische Einbau in die Biographie ist besonders für die Langzeitwirkung von Ekstasen wichtig.

Formen ekstatischen Erlebens

Man sollte offen sein für die dimensionale Sicht von Ekstase und Trance. So wie es zwischen den Polen der vollen Absence und den „discrete states of mind" (TART 1975) alle Übergänge gibt, so sind auch ganz verschiedene Grade von „Ekstasen" zu unterscheiden: Makro- und Mikro-Ekstasen im weiten Spektrum von ästhetischer, liebender, glücklicher, lustvoller Entzückung, angstvoller Einengung (Angst – *angustia* – Enge) des Bewusstseins, dem Außer-sich-Sein in Zorn, Hass, dem Wutanfall („verrückt vor Wut"), der Entrückung oder Absorption in kreativen Einfällen (vgl. MANTEGAZZA 1888). Wir differenzieren Inhalte und (emotionale) Qualitäten und Unterschiede der Quantität, der Intensität. Es sind keine kategorialen Grenzen zu setzen. Für die in diesem Aufsatz zu behandelnden ekstaseähnlichen Bewusstseinszustände im Rahmen von Psychotherapien mittels psychoaktiver Substanzen ist diese Sicht auf „quantitative" Übergänge zwischen diskreten, kaum erkennbaren („Miniekstasen") und ausgeprägten, „auffälligen" Bewusstseinsveränderungen wichtig (Abb. 1).

Trance und ekstatisches Erleben sind gekennzeichnet durch eine Veränderung des Bewusstseinsrahmens, d.h. des Umfangs und der Struktur dessen, was an inneren und äußeren Reizen erlebt wird. Das Bewusstsein kann sowohl verengt als auch erweitert sein.

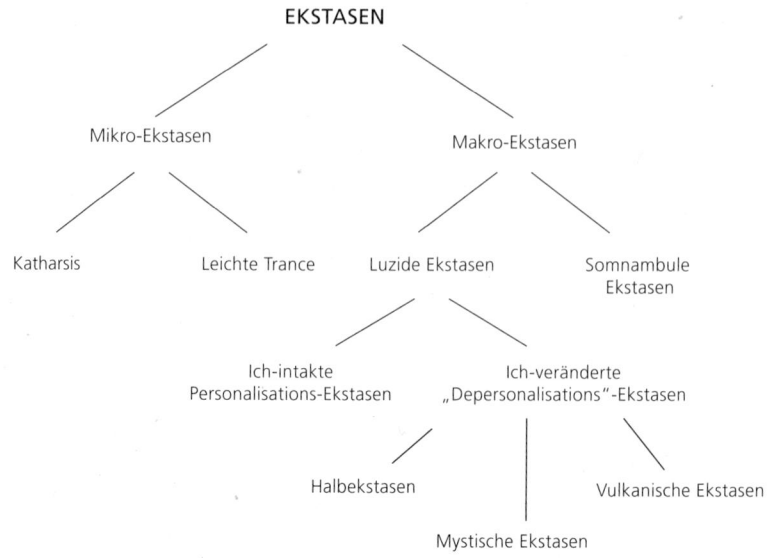

Abb. 1: Formen von Ekstasen (nach PASSIE und SCHARFETTER 2013)

Die Wachheit kann erhöht, aber auch vermindert sein. Leichtere Formen von trance-artigen Zuständen, die jeder erlebt hat, sind das Tagträumen, die „Autobahn-Hypnose" sowie Zustände von Übermüdung und Erschöpfung. Aber auch Zustände zugespitzt intensivierten Gefühlserlebens, wo es zu einer starken Absorption durch inneres Erleben kommt, zählen zu der Art Ekstasen, die hier als Mikroekstasen bezeichnet werden; wo also die Struktur inneren Erlebens verändert ist, aber nicht von einem veränderten Bewusst-seinszustand (mit erheblicher Veränderung des Ich-Erlebens und der Matrix kognitiver Funktionen) im engeren Sinne nach Tart (1975) gesprochen werden kann. Im Blick auf religiöse und spirituelle Erlebnisse gilt auch eine solche dimensionale Konzeption: Versenkung und Versunkenheit (in der Meditation, vgl. Albrecht 1951) mit und ohne perzeptionsähnlichen Erfahrungen (Audition, Vision, Levitation, Stigmatisation, duale Begegnung oder Unio mystica) können einen Menschen entrücken, in Ekstase wegtreten lassen, die äußerlich „sichtbar" ist, oder auch nur still zurückgezogen erscheinen lassen (Enstase).Für die Art der Manifestation von Intensiverlebnissen spielen außer ihrer In-tensität die Persönlichkeit, ihr Temperament, ihre Fassungskraft eine Rolle, aber auch die Kultur, die entweder Beherrschung, Gefasstheit, stete Besonnenheit wertschätzt oder die Exaltationen erwartet und mit Verehrung belohnt.

Während eines Trancezustandes sind das gesamthafte subjektive Erleben, Kognition und der Bewusstseinsrahmen verändert. Laut einiger Autoren (Oesterreich 1921, Bourguignon 1973) können die Trancezustände in zwei Kategorien unterteilt werden. Zum einen die luzide Ekstase/Trance, bei der ein klares Bewusstsein mit – mindestens partiell – geordnetem Erlebnisstrom herrscht, der – bei meist fehlenden abstrakten Denk-prozessen und verminderter Besonnenheit – gewöhnlich in einem imaginativen Bilderfluss und ohne gedankliche Vorgänge erlebt wird. Typischerweise kann auch eine Defokussie-rung des Bewusstseins vorkommen, da aufgrund der veränderten Hirnfunktionen Reize weniger selektiv und konzeptgebunden verarbeitet werden können. Das Gefühlserleben ist bei der Trance in einigen Fällen gesteigert, in anderen weicht es einer Art Gleichmut oder ist schlicht reduziert. In der luziden Trance sind körperliche Koordination und Teile der Realitätsprüfung erhalten, obgleich die Fähigkeit zur Selbstreflexion reduziert ist.

Die Erlebnisinhalte sind zum größten Teil erinnerlich. Die somnambule Ekstase/Trance, in der die Bewusstseinshelligkeit verringert, das Sensorium getrübt oder abgeschal-tet ist, steht dem Traum erheblich näher. Das Bewusstsein ist meist auf ein eingeengtes Erlebnisfeld bezogen, der Fluss des Erlebens eher verlangsamt, teils gar verarmt, doch dann auch wieder dynamisch, konvulsionsartig gesteigert. Er wirkt unkoordiniert, wenig auseinander hervorgehend, eher fragmentiert und sprudelnd wie im Traum. Abstrakte Denkprozesse treten praktisch nicht auf, von einer koordinierten, kortikal mitgestalte-ten Erlebnisformierung etwa im Sinne der selektiven Aufmerksamkeitsausrichtung oder Lenkung des Erlebens kann nicht mehr gesprochen werden. Der Betroffene erscheint meist wie in einer anderen Welt, ist nur reduziert ansprechbar, wirkt abwesend und nicht auf die Umwelt bezogen. Das Gefühlserleben kann stark gesteigert, aber auch verringert sein. Es können persönlichkeitsfremde Äußerungen und Verhaltensweisen auftreten. Die Realitätsprüfung ist erheblich reduziert, eine Selbstreflexion nicht mehr möglich. Die körperliche Koordination ist noch rudimentär erhalten. Der Inhalt des Erlebten kann in der Regel nicht oder nur eingeschränkt erinnert werden (OESTERREICH 1921, BOUR-GUIGNON 1973). Die durch Halluzinogene und Entaktogene hervorgerufenen Zustände sind der luziden Ekstase zuzurechnen. Von daher wird hier die somnambule Ekstase nicht weiter behandelt.

Es scheint angebracht, aufgrund einiger Spezifika der Wirkung von Entaktogenen eine besondere Form ekstatischen Erlebens abzugrenzen. Diese soll in der Folge (im Anschluss an NARANJO 1979) im Unterschied zu Depersonalisations-Ekstasen, bei denen die Person bzw. ihr „Selbst-"Erleben in den Hintergrund gerät bzw. als personales verschwindet (mystische, vulkanische und – partiell – Halbekstasen), als Personalisations-Ekstasen bezeichnet werden. Bei diesen kommt es, zumeist auf der Basis einer ausgeprägten Entängsti-gung, zu einem intensivierten, sehr aufgeschlossenen Zugang zum eigenen Selbst. Es macht den Anschein, als wenn eine sehr nahe und authentische Begegnung mit sich selbst zustande kommt, wie sie den Betroffenen aus dem Alltagsbewusstsein unbekannt ist. Aufgrund der Entängstigung scheint es zu einem Wegfallen von Wahrnehmungs-hemmungen zu kommen, so dass auch kritischen Anteilen der eigenen Person mit einer basalen Offenheit und Selbstakzeptanz begegnet werden kann (ADAMSON und METZNER 1988, MITHOEFER 2008). Obgleich die Ich-Struktur nicht gravierend verändert ist, so ist doch das Ich-Erleben und der Rahmen der gewöhnlichen Selbstwahrnehmung soweit transzendiert, dass die Rede von einem Außer-sich-Sein im Sinne einer erheblichen Ver-änderung des Wahrnehmungsrahmens gegeben ist (PASSIE et al. 2005). Zur Illustration eines solchen Erlebens seien die folgenden Beschreibungen aus einer Therapiesitzung unter dem Entaktogen MDMA angeführt: „Die erste Reise war nur herrlich und ich glaube, ich habe hunderttausend Mal dem Therapeuten Dankeschön gesagt, weil dieses Erlebnis von einem solch unschätzbaren Wert war. Was ich da für mich empfunden habe, wie ich mich empfunden habe, so nah bei sich zu sein, sich so öffnen zu können, über sich selber reden zu können". „Hinterher kam die zweite Reise und die habe ich auch ,die Ernüchterung' genannt, weil sie ziemlich das Gegenteil davon war. Es wirkte so, als hätte mir die erste Sitzung eine Basis gegeben, die mich gefestigt hat. Ich fühlte mich wohl bei mir … dafür war die zweite Reise genau das Gegenteil. Sie wurde sehr kritisch. Da habe ich den Verlust meines Kindes gesehen, und ich habe den als Verlust eines Teils meiner Person empfunden. Ich habe auch versucht da reinzugucken, warum das so geschehen ist und wo dieses Kind nun ist. Das hieß auch Abschied nehmen. Das war sehr hart" (aus PASSIE und DÜRST 2009).

Als Halbekstasen hat LEUNER (1981) Zustände bezeichnet, in denen unter der Wirkung psychoaktiver Substanzen zwar ein Bewusstseinswandel angestoßen, sich aber durch fehlerhafte Dosierung, ungünstige Settingbedingungen oder fehlende psychische Reife nicht voll ausbilden konnte, so dass der Betroffene in einem „halbekstatischen" Erleben gefangen bleibt. Viele halluzinogeninduzierte Zustände, wie sie sich im Milieu des Drogenmissbrauchs ereignen, sind dieser Kategorie zuzurechnen. Auch das Erleben von psychischem Schmerz und Leid kann sich unter der Wirkung psychoaktiver Substanzen, die als unspezifische Katalysatoren psychischen Erlebens verstanden werden können (GROF 1978, LEUNER 1962), derart steigern, dass es zur Ausprägung einer von GROF (1978) als vulkanische Ekstase bezeichneten Erlebnisform kommen kann.

Die Frage, ob bestimmte Menschen disponiert sind, eher eine ekstatische Erfahrung zu erleben als andere, lässt sich nur schwer beantworten, da eine ganze Reihe von Variablen in der „richtigen" Konstellation zusammentreffen muss, um eine solche Erfahrung auszulösen. Studien von LAMPARTER und DITTRICH (1995) weisen darauf hin, dass Personen mit einer extrovertiert-optimistischen Charakteristik eher zu solchen Erfahrungen Zugang haben könnten.

Ekstasen können spontan auftreten, in innerlich bewegten, guten, reichen oder auch belasteten (Schmerz, Trauer, Konflikte, Sehnsucht) Lebensabschnitten, in Einsamkeit, Fremde, Müdigkeit, langen Anstrengungen, Fasten – bei manchen Menschen auch eher in Gemeinschaft, bei Festen, religiösen Intensivübungen (Workshops, Exerzitien). Manche Menschen lernen, Ekstasen (wie Trance) selbst zu induzieren: mit Tanz, rhythmischen Bewegungen, Gong, Trommel, Musik, Mantrarezitationen, Gebet, oft auch kombiniert mit Schlaf-Wach-Veränderungen (Schlafentzug) und Fasten. In Gruppen sind die Gruppenerwartung und – bei geführten Gruppen – die Leitung der Gruppe, ihre Position, ihr Gewicht und ihre Ankündigungen als Suggestionsfaktoren in Rechnung zu stellen. Unter den Induktoren sind auch die verschiedenen psychoaktiven Substanzen zu nennen.

Psychoaktive Substanzen in der Psychotherapie

Es kann an dieser Stelle keine Darstellung des Gesamtkonzeptes der durch psychoaktive Substanzen unterstützten Psychotherapie gegeben werden. Dafür sei auf die Darstellungen von LEUNER (1971), GROF (1983) sowie PASSIE und DÜRST (2009) verwiesen. Grundsätzlich geht es um die kontrollierte Stimulation des psychischen Erlebens durch die Effekte der psychoaktiven Substanzen, welche die „innere Reizproduktion" (Leuner) steigern und das psychische Erleben unspezifisch verstärken („Katalysatorwirkung"). Gewöhnlich erzeugen diese Stoffe einen veränderten Bewusstseinszustand mit Introversionsneigung, affektiver

Stimulation und einer intensivierten Imaginationstätigkeit. Dies ermöglicht den Zugang zu unbewusstem Material, welches in einem traumartigen, primärprozesshaft geprägten Bewusstseinszustand erlebt wird. Bei dem Erlebten stehen so genannte psychodynamische Erfahrungen im Vordergrund, d.h. es werden vergangene, aber auch aktuelle biographisch bedeutsame Erfahrungen, Erinnerungen und Beziehungen verstärkt erlebt. Somit kann es zur Freisetzung von unbewusstem Material, inneren Konflikten, der Ermöglichung einer angstfreien, offenen Selbstbegegnung sowie korrigierenden Neuerfahrungen im zwischenmenschlichen Bereich kommen. Das Auftreten ekstaseartiger Zustände ist eher randständig; es dominieren biographisch bezogene Erlebnisinhalte. Für den Einsatz von psychoaktiven Substanzen in psycholytischen Psychotherapien, bei denen geringe bis mittlere Dosierungen eingesetzt werden, sind Halluzinogene wie LSD und Psilocybin sowie Entaktogene wie MDMA und MDE („Herzöffnungsdrogen") die bedeutendsten (Tabelle 1).

Es ist zu berücksichtigen, dass die Entaktogene – im Unterschied zu den Halluzinogenen – typischerweise die Ich-Funktionen bzw. das Ich-Erleben nur unwesentlich verändern. Das bedeutet, dass die Erfahrungen in einem noch weitgehend regulär konfigurierten Ich bei weitgehend erhaltener Ich-Struktur ablaufen. Dies ist bei den Halluzinogenen anders, da unter deren Wirkung die Ich-Struktur geschwächt wird. Ist das Ich als zentrale integrierende psychische Instanz verändert, so kann es leichter zu einem „ichlosen" Erleben und damit auch zu ekstatischen Zuständen des Außer-sich-Seins kommen. Allerdings sollte dies nicht zu der trügerischen Schlussfolgerung verleiten, dass ein schwaches Ich eine gute Voraussetzung zum Erleben ekstatischer Zustände sei.

Dies ist nicht der Fall. Vielmehr ist eine Voraussetzung für das Erleben der temporären Ich-Losigkeit im ekstatischen Einheitserleben ein starkes Ich, das in der Lage ist, auch das Ich stärker alterierende Erfahrungen zuzulassen und diese nicht als ungewollte Fragmentierung im Sinne einer „angstvollen Ich-Auflösung" (DITTRICH 1985) zu erleben.

Substanz	Geringe Dosis	Mittlere Dosis	Hohe Dosis	Wirkdauer
Halluzinogene				
LSD	50–100 µg	100–200 µg	200–500 µg	6–10 Std.
Meskalin	200–300 mg	300–450 mg	450–600 mg	7–12 Std.
Psilocybin	10–15 mg	15–25 mg	25–35 mg	3–5 Std.
Entaktogene				
MDMA	75–100 mg	100–125 mg	125–150 mg	3–5 Std.
MDEA	100–130 mg	130–150 mg	150–180 mg	3–5 Std.
MDA	60–80 mg	80–120 mg	120–150 mg	6–8 Std.

Tabelle 1: Typische Dosierung und Wirkdauer einiger psychoaktiver Substanzen bei oraler Einnahme (nach BRIMBLECOMBE und PINDER 1975 und KRAEMER und MAURER 2002)

Ekstatische Erfahrungen bei Psychotherapien mit psychoaktiven Substanzen

Für das Auftreten von ekstaseähnlichen Bewusstseinszuständen während der psycholytischen Therapie mit Substanzen wie LSD oder MDMA sind die Variablen von Set und Setting (Räumlichkeit, Atmosphäre, einzeln, Gruppen, Leiter, Einnahmeabsicht, therapeutischer Kontext etc.) von großer Bedeutung. Ein bedeutender Faktor für das Auftreten ekstatischer Erfahrungen ist auch die Dosierung. Liegt diese im unteren Bereich, so kommt es kaum einmal zu deren Auftreten, im mittleren Dosisbereich kommen sie ab und zu vor, im hohen Dosisbereich – der in der psycholytischen Therapie allerdings kaum Anwendung findet – sind diese Erfahrungen dagegen häufiger (vgl. z.b. SHERWOOD et al. 1962, GRIFFITH et al. 2006, McGLOTHLIN et al. 1967). Allerdings werden heute von Psycholyse-Therapeuten typischerweise Dosierungen im mittleren Bereich verwendet (siehe Tabelle 1) (PASSIE 2007a). Diese können, da die Ansprechbarkeit der Menschen auf die Substanzen sehr unterschiedlich ist, auch bei mittleren Dosierungen ausgeprägtere makroekstatische Zustände auslösen.

Treten ekstatische Zustände auf, so werden sie meist zunächst recht unauffällig erlebt und sind den Therapeuten nicht gleich offenbar, da der Klient typischerweise auf innere Prozesse fokussiert und von diesen absorbiert ist. Erst im integrativen Nachgespräch erfährt der Therapeut mehr von derartigen Erfahrungen. Sie werden von den Klienten fast immer spontan geschildert. Das Spektrum kann von sehr intensiv und bereichernd bis – in seltenen Fällen – ängstigend und irritierend reichen. Die Schilderungen der Klienten können sowohl realistisches Gepräge haben als auch von Ausschmückung und Selbstüberhöhung („Gott ist mit mir", Sich-auserwählt-Fühlen u.a.) geprägt sein. Es können aber auch nach außen auffällige ekstatische Zustände auftreten, die mit körperlicher Exzitation und vermehrter Bewegung einhergehen und in Gruppentherapien manchmal eine zeitweilige Herausnahme der Person aus dem Gruppenkontext erforderlich machen. In solchen Fällen kommt es meist zu einer Verringerung der Körperbeherrschung und einem visionär veränderten inneren Erleben von solchem Ausprägungsgrad, dass ein Mensch darin völlig aufzugehen scheint, d.h. den Kontakt mit der äußeren Welt zeitweilig verliert. Auch solche intensiven Erfahrungen sind jedoch ungefährlich und bedürfen lediglich einer besonders beschützenden Umgebung und Betreuung. Dies bestätigen auch Untersuchungen unter kontrollierten Bedingungen (z.B. GRIFFITHS et al. 2006, GROF 1983, KURLAND et al. 1971, ALNAES 1965).

Von Interesse ist die Tatsache, dass ekstatische bzw. mystische Erfahrungen häufiger bei Menschen auftreten, die über keine oder nur geringe Vorerfahrung mit psychoaktiven Substanzen verfügen. Bei diesen scheint das psychische und kognitive System „offener" für solche Erfahrungen zu sein. Diese Personen sind noch weniger von Erwartungen und vorgefassten Konzepten bezüglich der Erfahrung geprägt. Kommen Erwartungen und Absicht dazu, so verringert sich offenbar die Wahrscheinlichkeit, dass solche Erfahrungen auftreten. Doch ist einmal eine ekstatische Erfahrung aufgetreten, so wird nicht selten versucht, das Erlebte „wiederzuerlangen", das Erleben gezielt wieder in eine solche Richtung zu treiben. Genau dies verhindert jedoch das Auftreten einer solchen Erfahrung. Auch eine häufigere Einnahme kann die Anzahl erlebter ekstatischer Erfahrungen nicht vermehren; obgleich es Hinweise gibt, dass bei einigen Menschen erst nach der „Durcharbeitung" innerer Spannungen und Disharmonien ekstatische Erfahrungen aufzutreten scheinen (GROF 1983). Darauf weist diese Patientin hin: „Später hatte ich den Eindruck, als wenn Wissen in mir aufstieg, und das war sehr beglückend. Ich hatte das sichere Gefühl, viel von den Zusammenhängen der Welt verstanden zu haben. Plötzlich habe ich gewusst, was wirklich Liebe ist ... als wenn ich ein schlaues Buch gelesen hätte, aber ich habe es dann auch gefühlt. Ja, das sind Zusammenhänge, die ich dann verstanden habe. Das Universum, das Leben, Sterben, Krieg, Freiheit, so große Begriffe, die ich plötzlich verstanden habe oder fühlen konnte. Das Tolle war, dass ich wußte, was es ist, was Liebe ist oder Freiheit ist. Aber ich konnte es nicht formulieren, und das war genau das großartige Erlebnis. Es war nicht in Worte zu fassen und trotzdem ganz klar da, fühlbar und sichtbar. Das waren tolle Erlebnisse. Dies ist erst in den letzten Sitzungen passiert, als ... meine Belange nicht mehr so im Vordergrund waren, also erst nach der Entrümpelung" (aus PASSIE und DÜRST 2009).

Versucht man die Häufigkeit des Auftretens ekstatischer Erfahrungen in der Psychotherapie mit psychoaktiven Substanzen einzuschätzen, so kann in Bezug auf die zuvor charakterisierten Makroekstasen im Sinne mystischer Erfahrungen gesagt werden, dass diese in „psychedelischen" Therapien (Einzelsetting, besondere Vorbereitung, Halluzinogene wie LSD und Psilocybin in hohen Dosen, besondere Musik) in professionellem Rahmen bei 60 bis 80 Prozent der Patienten auftreten (PAHNKE et al. 1970, GROF 1983). Im psycholytischen Setting (zumeist Gruppenrahmen, Vorbereitung durch psychodynamische Psychotherapie, Musik nur als Hintergrund, geringe bis mittlere Dosis) treten sie dagegen vermutlich nur in 1 bis 5 Prozent der Fälle auf. Hierbei handelt es sich allerdings um Schätzungen, da verlässliche Daten zur psycholytischen Therapie diesbezüglich bisher nicht vorliegen (vgl. JUNGABERLE et al. 2008, GASSER 1997, WIDMER 1989, LEUNER 1981). Häufiger sind in psycholytischen Therapien dagegen Mikroekstasen wie kathartische Reaktionen und Makroekstasen im Sinne von Personalisations-Ekstasen, insbesondere unter der Wirkung von Entaktogenen.

Über die Wirkung von Ekstasen

Über die Wirkung von Ekstasen im weiten Sinne – besonders der religiösen – außerhalb von Psychotherapien weiß man wenig Genaues. Gewiss ist die religionspsychologische

Literatur dazu groß, aber es ist nicht klar, welcher Mensch durch seine Ekstase Bestätigung, Erhöhung, Begnadung, selige Verzückung, Erleuchtung, Glaubensstärkung erfährt und diese dann im weiteren Leben umsetzt in Predigt, Mission, Sektengründung, Intensivierung des eigenen religiösen Lebens mit Auswirkungen auf die Ethik seiner Lebensführung, wer gar (wie Saulus) zur Konversion kommt. Gibt es Persönlichkeiten, die ekstase-begabt sind, welche leichter „aus dem Häuschen" ihres Selbst geraten, und solche, die in wiederholten Ekstasen zu größerer Fassung, Besonnenheit, nonegoistischer Liebe und Toleranz wachsen? Von den profanen Ekstasen weiß man dazu noch weniger. Beglückende Ekstasen rufen nach Wiederholung, also nach kultischen oder idiosynkratischen „Techniken" (Ritualen, Strategien) der Induktion solcher Bewusstseinszustände. Die Trennung in religiös-„spirituelle" und profane Ekstase ist kulturabhängig und beruht auf jeweiliger Zuschreibung. Ob Orgasmen als „profane" Ekstasen bewertet werden oder – als Repetition des Hierós Gamós – als „spirituelle" kosmische Vereinigung, ist eine Frage der Attribution.

Die „Wirkung" bleibt eher in der Suche nach Repetition oder Steigerung (Kamasutra, tantrische Sexualpraktiken) als bei im engeren Sinn religiösen Erlebnissen, die das Leben in eine andere Bahn bringen können. Nebst den die Entwicklung und Entfaltung der Persönlichkeit fördernden Effekten dürfen auch die problematischen Wirkungen makroekstatischer Erfahrungen nicht unerwähnt bleiben. So können Erfahrungen, die in die Tiefen der Persönlichkeit eindringen und somit zu tiefgreifenden Wandlungsprozessen führen, ja sogar Persönlichkeitsmerkmale beeinflussen können, naturgemäß auch Irritationen hervorrufen. Diese können sich auf die akute oder subakute Nachsituation beziehen, wo es zu psychischen Irritationen, Anspannungen, Schlaflosigkeit, Größen-, aber auch Kleinheitsempfindungen usw. kommen kann.

Sie können auch mit ihren längerfristigen Nachwirkungen zu Problemen führen. Dies etwa, wenn die Person sich mit den weltanschaulichen Implikationen auseinandersetzen muss. So wird ein Atheist vielleicht erhebliche Mühe haben, eine tiefe mystische Erfahrung mit seinem bisherigen Weltbild zu vereinbaren. Oder wie wird es einem Menschen ergehen, der immer von einem tiefen Misstrauen sich selbst und der Welt gegenüber beherrscht war? Er muss sich womöglich in einer „veränderten Welt" neu zurechtfinden und wird vielleicht nicht wenig Mühe haben, sich auf eine Vielzahl ihm begegnender Situationen neu einstellen, sie anders aufnehmen und aufgreifen zu müssen. Nicht zuletzt kann es auch zu Problemen mit der Einordnung des Erlebten dahingehend kommen, dass der Betroffene sich „von Gott berührt" , „begünstigt" , ja „auserwählt" empfinden mag. Und wer solchermaßen auserwählt wurde, braucht der sich noch um verhältnismäßig langweilige Alltagsprobleme und eigene Entwicklungs- und Beziehungsprobleme kümmern? Treten ekstatische Erfahrungen – womöglich unabhängig von der eigentlichen Psychotherapie – einmal auf, so können sie möglicherweise persönlichkeitswandelnde Wirkungen entfalten

(DÜRCKHEIM 1956). Dafür ist es jedoch erforderlich, dass der Therapeut eine Offenheit diesen Erfahrungen gegenüber zeigt, sie sorgfältig eruiert und wertschätzt und nicht als „Regression", Rückfall oder Ausweichen in einen „primären Narzissmus" o.ä. abtut.

Zur Frage der Regression

Es ist immer wieder – wenn auch nicht häufig – kritisch diskutiert worden, inwieweit es sich bei ekstaseartigen oder auch mystischen Erfahrungen um Regressionsphänomene handeln könnte, die aus einer Rückbildung des psychischen Erlebens auf primitivere Organisationsstufen resultieren (PRINCE und SAVAGE 1966). Diese Frage ist nicht einfach beantwortbar, da beide Möglichkeiten bestehen – die der progressiven, den Horizont des individuellen Welterlebens überschreitenden Transzendenzerfahrung im Sinne der Unio mystica (SCHARFSTEIN 1973) und die der regressiven, der Rückbildung oder des simplen Entfalls von organisiertem Ich-Erleben und einem dadurch bedingten „Einheitserlebens" (HOOD 1976). Zudem erscheinen auch Mischformen gut vorstellbar. Dies gilt selbstverständlich nicht nur für den Fall der Induktion durch psychoaktive Substanzen, sondern kann naturgemäß alle Induktionsmethoden bzw. Entstehungskontexte betreffen. Warum sollte nicht auch im Rahmen eines intensiven Gebetes oder eines gemeinschaftlichen Gospelsingens eine psychische Regression, eine anormale Alteration des Ich-Erlebens, eine mystische Erfahrung oder auch eine Mischung davon auftreten? Psycholytische Stoffe wie die Halluzinogene LSD und Psilocybin sind dafür bekannt, dass sie einen gewissen Grad von psychischer Regression, insbesondere in Bezug auf kognitive Leistungen (LIENERT 1964), hervorrufen. Von daher kann auch ein primitiviertes psychisches Erleben zustande kommen (LEUNER 1962). Allerdings ist es offenbar auch möglich, dass authentische mystische Erlebnisse einschließlich werteverändernder und läuternder Nachwirkungen auftreten können (GRIFFITH et al. 2006, 2008, McGLOTHLIN et al. 1971, PAHNKE 1963).

Zwei Studien konnten demonstrieren, dass durch „natürliche" Ursachen zustande gekommene und drogeninduzierte mystische Erfahrungen sich von ihrer Erlebnischarakteristik her nicht unterscheiden lassen. In den Studien wurden Experten (Religionswissenschaftler, Theologen, Psychologen) Beschreibungen von „natürlichen" und von durch Psychedelika (LSD, Psilocybin) hervorgerufenen mystischen Erfahrungen durchmischt vorgelegt und sollten von ihnen den zwei Induktionsbedingungen zugeordnet werden. Die Experten konnten in beiden Studien die Erfahrungen nicht über die Zufallstrefferquote hinaus korrekt zuordnen (HEIGL 1980, SMITH 2000). Dies belegt, dass die Erlebnischarakteristik der auf unterschiedliche Weise zustande gekommenen Erfahrungen quasi identisch ist. Allerdings impliziert das keine Aussage über ihren Wert für den betreffenden Menschen. Dieser Wert ergibt sich erst aus ihrer weiteren Verarbeitung (oder Verdrängung).

Wird die Tatsache berücksichtigt, dass auch die Folgewirkungen in beiden Gruppen ähnlichen Charakter aufweisen, so ist zu schlussfolgern, dass unter der Wirkung von bestimmten psychoaktiven Substanzen authentische mystische Erfahrungen vorkommen können, die sich in ihren komplexen Erlebnischarakteristiken und Folgewirkungen nicht als Regressionsphänomene erklären lassen. Trotzdem sind natürlich auch regressive Phänomene bei der Psychotherapie mit psychoaktiven Substanzen beobachtbar, die ekstaseartiges Erleben begleiten können.

Akutwirkungen ekstatischer Erfahrungen

Grundsätzlich können zwei Aspekte der Akutwirkung von Ekstasen betrachtet werden: die Abfuhr und der Gewinn. Diese schließen sich gegenseitig nicht aus.

1. Abfuhr – Katharsis

Die Abfuhr von Affekten, ungeklärten, belastenden Emotionen, insbesondere Ärger, Wut, Angst, aber auch Beziehungskonflikten (im Sinne der Offenlegung, Ablehnung oder Versöhnung) ist befreiend. Die zumindest partielle Desegoifizierung in der Ekstase entlastet von Scham, Schuld, Selbstverantwortung. Grundsätzlich ist es ein essentieller Bestandteil von erlebnisorientierten oder gefühlintensivierenden Psychotherapiemethoden, dass Affekte konfrontiert und abgeführt werden sollen. Nicht selten sind für neurotische Fehlentwicklungen „verbotene" Gefühle oder auch ein insgesamt unausgelebtes, „gehemmtes" Gefühlsleben verantwortlich. Auch können, wie Freud sich dies vorstellte, bei Erlebnissen, durch welche die Verarbeitungskapazität des psychischen Systems überschritten wird (traumatische Erlebnisse), „eingeklemmte Affekte" zurückbleiben, die den psychischen Haushalt durch Blockaden, Verhaltenseinengungen und energiekonsumierende innerpsychische Abwehr beeinträchtigen. Diese sollen in derartigen Psychotherapien zutage gefördert und in geschütztem Rahmen ausagiert, d.h. abgeführt werden (NICHOLS und ZAX 1977). Dies ist auch bei der Psychotherapie mit psychoaktiven Substanzen der Fall. Die psychische Aktivierung durch diese Stoffe bringt ein intensiviertes Gefühlserleben mit sich, das sich mit Erinnerungen und aktuellen wie unbewussten Konflikten assoziiert und häufig zu starken emotionalen Abreaktionen führt. Diese Art von Abreaktionen und verstärktem inneren Erleben kann auch zu einem regelrechten Außer-sich-Sein führen, kann den Betroffenen „die Fassung verlieren" lassen. Diese Formen des Außer-sich-Seins wäre jedoch als Mikroekstasen anzusprechen, da sie in der Regel kein ekstatisches (mystisches oder vulkanisches) Erleben beinhalten.

2. Gewinn von kognitiven und emotionalen Einsichten

Auch in den oben angesprochenen Erfahrungen kommt es nicht selten zu besonderen Einsichten in den Hintergrund und die Dynamik eigenen Erlebens und Verhaltens. Etwas anders verhält es sich mit den Einsichten, wie sie durch das Erleben makroekstatischer Zustände, insbesondere mystischer Erfahrungen, zustande kommen können. Diese Erfahrungen und Einsichten können die Position des Selbst im Kosmos verändern, die ein Aufgehobensein im All – anstelle des Ausgesetztseins –, gar kosmisches Einssein (mystische Union) bedeuten: Sie sind beglückend, bereichernd, erhebend, stärkend. Eine Erfahrung liebevoller Geborgenheit im Kosmos relativiert, befreit vom bisherigen Schmerz des Vereinzeltseins, der Isolation, Alienation, der Last des Egos mit seiner unter Umständen traumatischen Geschichte, Obsession vom eigenen Leid. Ähnliche Erfahrungen können eine Idee von Leidbefreiung, Heilung, Erlösung bringen – und auf dem weiteren Weg hilfreich sein.

Nicht immer handelt es sich bei makroekstatischen Erlebnissen um mystische Erfahrungen, wie die folgenden zwei Beschreibungen von Personalisations-Ekstasen zeigen. „Das Zentrale, Verändernde an diesen Erfahrungen … ist schwer auszudrücken. Es ist ja ganz vielschichtig. Da waren Erlebnisse dabei, die sich auf ganz vielen Ebenen abgespielt haben. … Das Zentrale ist sicherlich …, dass alles, was mir problematisch, unlösbar, verwehrt vorkam, auf eine ganz eigenartig geschlossene Art und Weise Sinn machte. Ohne Trennung zwischen Geist, Körper, Seele. Diese drei Ebenen kamen miteinander in Einklang und schienen plötzlich an einem Strang zu ziehen; was Ideen betrifft, was Erfahrung betrifft, auch was das Der-Wahrheit-ins-Auge-Sehen betrifft. … Diese Einheit von bei mir doch immer getrennt agierenden Schichten war sehr bedeutsam … Vorher wurden da immer Kompromisse gemacht. Was soll man denn auch sonst mit drei so zerstrittenen Geschwistern machen, die man irgendwie ein bisschen ruhig halten muss? Plötzlich waren die drei vereint und waren sich einig … plötzlich das Gefühl, wir sind jetzt eine Macht; zusammen sind wir viel besser" (aus Passie und Dürst 2009: 39).

„In der ersten Sitzung, in der ich diese körperliche Lösung und Erlösung erlebt habe, habe ich auch eine Liebe zu mir selbst gespürt, wie ich sie in dieser Art und Weise nie erfahren hatte. Das kann man sicher auch als eine Art spirituelle Erfahrung sehen. Das war ganz herznah und ganz gefühlsnah und mit körperlich spürbarer Gewissheit; dass ich von irgendeiner Form von Liebe getragen bin, die in mir ist, und die durch mich durchfließt, wenn ich mich öffne … Aber die Liebe ist eben auch in mir, sodass die Frage, haben mich meine Eltern auch so richtig schön lieb gehabt, wie ich das immer haben wollte, und was haben sie denn alles falsch gemacht, plötzlich unglaublich langweilig wurde. Also dieses Sündenregister, das ich bis dahin akribisch wie ein Finanzbeamter durchforstet hatte, war nicht mehr spannend …" (aus Passie und Dürst 2009: 49). Aus den Beschreibungen wird deutlich, dass die Betreffenden tiefe Einsichten auf Erfahrungsebenen gemacht haben, die über ihren alltäglichen Horizont hinausgehen. Solche außergewöhnlichen Erfahrungen stellen für den Betreffenden stets etwas ganz Besonderes dar. Sie beinhalten kumulativ-synoptische Formen von Einsicht, Empfinden und Selbst- und Weltannahme in einer stark verdichteten und in die Tiefen der Person dringenden Form, so dass sie stark in Erinnerung bleiben und bleibende Wirkungen hinterlassen können, wie dies in der folgenden Beschreibung anklingt: „Diese Sitzungen bewirken Dinge, ... die tief in einem schlummern, die sonst verdeckt sind. ... Es kommt an meine Grundsubstanz ran. ... Das Schöne war bei einer dieser Sitzungen, dass ich mich hinterher total wohlgefühlt habe. Das wirkt bis heute nach. Diese Erfahrung gemacht zu haben, hat weder mit Prestige noch mit Geld noch mit sonstwas zu tun. Das ist – für mich jedenfalls – der Sinn des Lebens: Zu sein, einfach nur zu sein" (aus PASSIE und DÜRST 2009: 49).

Nicht selten bilden diese Erfahrungen einen Ausgangs- und Angelpunkt, von dem aus sich die Person in verschiedener Hinsicht verändern kann. Kommt es etwa zu einer vermehrten Selbstannahme und vermehrtem Vertrauen in andere Menschen, so können sich dadurch auf der Verhaltensebene und im menschlichen Verkehr ganz neue Erfahrungsräume im Alltagsleben auftun. Diese sind nicht selten als „heilende" Folgewirkungen tatsächlich bei Patienten beobachtbar, da solcherart Erfahrungen einen dynamischen Prozess von für den Patienten neuen Möglichkeiten anstoßen können – und es sich durch eine dynamische Verschränkung des Prozesses mit der Umwelt und den Mitmenschen zu einem die psychische Homöostase (in einigen Fällen sogar die Persönlichkeit) verändernden Verlauf „aufschaukeln" kann. Bei transpersonalen Erfahrungen mit Entaktogenen steht ein gesamthaftes Vertrauensempfinden im Vordergrund. Nicht selten kommt es zu einem Erleben der „Einheit mit sich selbst" („Personalisation") (NARANJO 1979, ADAMSON und METZNER 1988). Seltener ist dagegen ein mystisches Einheitserleben, wie es vor allem unter Halluzinogenen vorkommt. Für LSD wurde schon früh das Auftreten von „Peak-Experiences" (Maslow) oder „integralen Erfahrungen" (MASTERS und HOUSTON 1966) beschrieben. Gelegentlich wird von der Gewinnung von Einsichten in archetypische Zusammenhänge oder grundlegende Menschheitsfragen berichtet. Die Betroffenen erleben dabei eine Art subjektiven „Aufstieg" in eine neue Wahrnehmungsebene im Sinne intensiver Erfahrungen von oftmals überwältigendem Charakter. Die emotionale Ladung dieser Erlebnisse ist ausgesprochen hoch, auch wenn sich das Erleben äußerlich meist in einem Zustand der Ruhe vollzieht. Der Betreffende nimmt auf intensivste Weise und mit Gewissheit wahr, sich auf der tiefsten Ebene menschlichen Erlebens zu bewegen, verstanden als Essenz, existenzieller Urgrund oder Gott. Dabei erscheint das eigene Ich als Illusion und verliert seine Begrenzungen, indem es sich in einem Größeren, Umfassenderen aufzulösen scheint. In eine solche Richtung weist auch die folgende Beschreibung: „Ich hatte auf MDE/MDMA Gefühle, dass ich mich auflöse, in nichts oder in andere

Leben, oder dass ich einfach irgendwo war, dass ich einfach in so einer Farbenwelt war. Es war wunderbar und es war schön und ich war einfach nichts. Das war eine wunderbare Erfahrung, ein sehr schönes Gefühl, einfach mal nichts zu sein …" (aus PASSIE und DÜRST 2009: 49). SHERWOOD et al. (1962) haben als Erste die persönlichkeitswandelnden Wirkungen solcher „psychedelic experiences" beschrieben, die später in das Konzept einer „psychedelischen Therapie" mündeten. Diese versuchte, durch eine spezifische Vorbereitung und die Gabe hoher Dosen bei den Patienten eine „psychedelic peak experience" (psychedelische Gipfelerfahrung) im Sinne einer mystischen Erfahrung hervorzurufen, die dann zu einer Persönlichkeitswandlung führen sollte. Diese Methode war vor allem in den USA verbreitet und es wurden auch einige erfolgreiche kontrollierte Studien dazu durchgeführt (vgl. KURLAND et al. 1971). PAHNKE und RICHARDS (1966) haben sich in diesem Zusammenhang explizit mit der Phänomenologie substanzinduzierter mystischer Erfahrungen und deren Implikationen auseinandergesetzt.

Langzeitwirkungen ekstatischer Erfahrungen

Mikroekstatische Erfahrungen wie kathartische Reaktionen können Spannungen reduzieren, „eingeklemmte Affekte" (Freud) freisetzen, Blockaden auflösen, Zusammenhänge verklaren, innere Unausgeglichenheiten vermindern, Neubewertungen ermöglichen und das Erleben von Gefühlen erleichtern. Im Rahmen von psycholytischen Psychotherapien können vor allem makroekstatische Personalisations-Ekstasen nachhaltige Folgewirkungen entfalten. Dies verdeutlicht die folgende Beschreibung: „… Danach habe ich viele Dinge gemacht, einfach gemacht. Ich spürte ein kaum beschreibbares Vertrauen in die eigene innere Stärke und Fähigkeit, was immer auch an Folgen, Konflikten, Problemen entsteht, lösen zu können. Ein absolutes Vertrauen, das ich vorher nicht kannte, denn es waren eben immer noch vorsichtig abgecheckte Versuche, die immer noch eine gewisse Absicherung gesucht haben. Ich entwickelte einen viel direkteren Bezug zu den tiefsten Gefühlen. Ich glaube, ich habe von da an erst gespürt, was Liebe ist … Begeisterung und Mut, auch im Beruf, Dinge zu entwickeln und sie nicht nur in meinem Hinterstübchen im Kopf zu haben, sondern sie auch zu leben … Es gab natürlich auch schmerzliche Veränderungen, Risse, Brüche, aber ich war plötzlich sehr, sehr viel angstfreier und sehr viel mutiger" (aus PASSIE und DÜRST 2009: 56). Mystisch-ekstatische Erfahrungen können tiefgehende Einsichten vermitteln, sind von großer Erlebnisintensität und können in einigen Fällen eine durchgreifende Wandlung der Lebensorientierung und Wertewelt nach sich ziehen. Im Rahmen psychotherapeutischer Prozesse stimulieren sie oft neue Wahrnehmungen der eigenen Person, anderer Menschen oder der Welt, verändern Blickwinkel und Perspektiven und können auch darüber triggernde Wirkungen auf psychotherapeutische Veränderungsprozesse entfalten.

Zu beachten sind auch die narrative Ausgestaltung und implizite Deutung derartiger Erfahrungen. Hier hat der Psychotherapeut eine Integrationsarbeit auf verschiedenen Ebenen – kognitive, weltanschauliche, psychische, emotionale und spirituelle – zu begleiten. An der Frage der Integration in die vorbestehende Persönlichkeit und ihre Weltinterpretation entscheidet sich, ob makroekstatische Erfahrungen tatsächlich die Persönlichkeit bereichern und entwicklungsbegünstigend wirken können. Oder ob sie die Persönlichkeit negativ erschüttern, verunsichern, beängstigen, labilisieren, irritieren und auf ihre Entwicklung hindernd wirken. Inwieweit Menschen aufgrund ihrer Grundpersönlichkeit eher zu einer produktiven oder die Irritation vermehrenden oder verdrängenden Verarbeitung tendieren, kann nicht generell beantwortet werden. Sicher erscheint dagegen, dass die Einbettung in den psychotherapeutischen Prozess – eine adäquate offene Einstellung des Psychotherapeuten vorausgesetzt – zu einer Beschleunigung des therapeutischen Prozesses einen Beitrag leisten kann. Dies allerdings nur, wenn dem Betreffenden sowohl während des Erlebens als auch in der folgenden Integrationsarbeit ein „sicherer Raum" (im übertragenen Sinne von Geborgenheit, Sicherheit, Verstehen) und eine weitgehend weltanschauungsfreie individualisierte Interpretation und Unterstützung zuteil wird.

Zum Ende möchten wir noch einmal auf einige Aspekte eingehen, die Wirkungen makroekstatischer mystischer Erfahrungen ausmachen können und an denen etwaig auch beurteilbar wird, ob die Erfahrung „gefruchtet hat", d.h. sich in positiver Weise auf die Entwicklung der Persönlichkeit ausgewirkt hat. Es ist jedoch zu beachten, dass das Erleben mystischer bzw. makroekstatischer Zustände ein ganz individuelles Geschehen ist und auch auf eine vorgeprägte Persönlichkeit trifft. Von daher sind auch Verarbeitung und Auswirkungen in der Person unterschiedlich. Schon deshalb können keine allgemeinverbindlichen Kriterien für eine „richtige" oder „falsche" Erfahrung, Verarbeitung oder Auswirkung angegeben werden. Aus diesem Grund sind die im Folgenden angeführten Aspekte nur Bestandteile einer Matrix, in der sich Veränderungen durch das Auftreten solcher Zustände abspielen bzw. auswirken können.

- Sich grundlegend anders empfinden
- Akzeptanz seiner selbst, des eigenen Lebens, der eigenen Vergangenheit
- Vertrauen in sich selbst, in die eigenen Gefühle, in andere, in die Welt, in die Zukunft
- Annahme eigener Schwächen und Defizite
- Korrektur der Gewichtung des eigenen In-der-Welt-Stehens: z.B. von der Obsession als Opfer (mit Selbstmitleid) zu freierer Entfaltung der Identität
- Situationen und Verhalten anderer anders bewerten
- Vermehrte Offenheit und Gelassenheit
- Demütige Grundhaltung
- Toleranz und Mitgefühl
- Wertewandel, z.B. Beziehungsaspekt statt Materialismus

Zentral scheint uns als eine gesamthafte Auswirkung mystischer Erfahrungen etwas, das „Proportionenkorrektur" genannt werden könnte. Es geht dabei um die Relativierung des eigenen Ichs, um seine Einordnung in einen übergreifenden Zusammenhang (transpersonale Orientierung) sowie die Akzeptanz des Eigenseins in all seinen Idiosynkrasien („Ich bin wie ich bin, so nimm mich denn hin"). Letzteres nicht im Sinne einer bewussten Festigung oder Ignoranz eigener bestehender neurotischer Muster. Das verweist nochmals auf die schwierig zu beantwortende Frage des Persönlichkeitswandels durch Ekstasen. Es ist zu warnen vor der leichtfertigen Rede von „tiefgreifender Persönlichkeitstransformation", wie sie bei einigen Modalitäten der so genannten „transpersonalen Psychotherapie" gelegentlich auftritt. Auch ist darauf hinzuweisen, dass eine Veränderung von Zielen und Ausrichtungen der Person für sich genommen noch keine Persönlichkeitsänderung bedeutet – bleibt der Saulus der Paulus, nur mit anderem Ziel? Wenn in der psychotherapeutischen Gemeinschaftsarbeit an der Persönlichkeit des Klienten mit mystisch-ekstatischen Erfahrungen eine nachwirkende Integration solcher Erfahrungen, eine Proportionsveränderung im Sinne besserer Abstimmung, Harmonisierung eigener Persönlichkeitsanteile gelingt, so wäre viel für eine heilsame Wandlung erreicht.

Literatur

Adamson S, Metzner R (1988): The nature of the MDMA experience and its role in healing, psychotherapy, and spiritual practice. ReVision 10: 59–72

Albrecht C (1951): Psychologie des mystischen Bewusstseins. Bremen

Alnaes R (1965): Therapeutic application of the change in consciousness produced by psycholytica (LSD, Psilocybin, etc.). Acta Psychiatrica Scandinavica 40 (Suppl. 180): 397–409

Benz E (1989): Halluzinogen-unterstützte Psychotherapie. Zürich: Diss. med.

Brimblecombe RW, Pinder (1975): Hallucinogenic Agents. Bristol

Dittrich A (1985): Ätiologie-unabhängige Strukturen veränderter Wachbewusstseinszustände. Stuttgart

Dürckheim K (1956): Erlebnis und Wandlung. Zürich

Eliade M (1975): Schamanismus und archaische Ekstasetechnik. Frankfurt am Main

Eliade M (1977): Yoga. Frankfurt am Main

Gasser P (1997): Die psycholytische Psychotherapie in der Schweiz von 1988–1993. Eine katamnestische Erhebung. Schweizer Archiv für Neurologie und Psychiatrie 147: 59–65

Griffiths RR, Richards WA, McCann U, Jesse R (2006): Psilocybin can occasion mystical-type experiences having substantial and sustained personal meaning and spiritual significance. Psychopharmacology (Berl.) 187: 268–83

Griffiths RR, Richards WA, Johnson MW, McCann U, Jesse R (2008): Mystical-type experiences occasioned by psilocybin mediate the attribution of personal meaning and spiritual significance 14 months later. Journal of Psychopharmacology 22: 621–632

Grof S (1978): Topographie des Unbewussten. Stuttgart

Grof S (1983): LSD-Psychotherapie. Stuttgart

Heigl P (1980): Mystik und Drogenmystik. Düsseldorf

Hood RW (1976): Conceptual criticisms of regressive eplanations of mysticism. Review of Religious Research 17: 179–188

Josuttis M, Leuner H (Hrsg.) (1972): Religion und die Droge. Stuttgart, Berlin, Köln, Mainz

Jungaberle H, Gasser P, Weinhold J, Verres R (Hrsg.) (2008): Therapie mit psychoaktiven Substanzen. Bern

Kraemer T, Maurer HH (2002): Toxicokinetics of amphetamines: metabolism and toxicokinetic data of designer drugs, amphetamine, methamphetamine, and their N-alkyl derivatives. Therapeutic Drug Monitoring 24: 277–289

Kurland AA, Pahnke WN, Unger S, Savage CC, Grof S (1971): Psychedelic LSD research. In: Evans O, Kline NS. (eds.): Psychotropic Drugs in the Year 2000. Springfield, Ill., pp. 86–108.

Lamparter D, Dittrich A (1995): Intraindividuelle Stabilität von APZ unter sensorischer Deprivation, N,N;-Dimethyltryptamin (DMT) und Stickoxydul. Jahrbuch des Europäischen Collegiums für Bewusstseinsstudien 1995: 33–43

Leary T, Litwin GH, Metzner R (1963): Reactions to psilocybin in a supportive environment. Journal of Nervous and Mental Disease 137: 561–573

Leuner H (1962): Die experimentelle Psychose. Berlin, Göttingen Heidelberg

Leuner H (1971): Halluzinogene in der Psychotherapie. Pharmakopsychiatrie Neuropsychopharmakologie 4: 333–351

Lienert GA (1964): Belastung und Regression. Meisenheim

Mantegazza P (1888): Die Ekstasen des Menschen. Jena

Masters REL, Houston J (1966): Varieties of psychedelic experience. New York

McGlothlin W, Cohen S, McGlothlin MS (1967): Long lasting effects of LSD on normals. Archives of General Psychiatry 17: 521–532

Mithoefer M (2008): MDMA bei der Behandlung posttraumatischer Belastungsstörungen (PTBS). In: Jungaberle H, Gasser P, Weinhold J, Verres R (Hrsg.): Therapie mit psychoaktiven Substanzen. Bern, S. 195–222

Naranjo C (1979): Die Reise zum Ich. Frankfurt am Main

Nichols MP, Zax M (1977): Catharsis in psychotherapy. New York

Pahnke WN (1963): Drugs and mysticism: an analysis of the relationship between psychedelic drugs and the mystical consciousness. Boston: Harvard University Dissertation

Pahnke WN, Kurland AA, Unger S, Savage C, Grof S (1970): The experimental use of psychedelic (LSD) psychotherapy. Journal of the American Medical Association 212: 1856–1863

Pahnke WN, Richards WA (1966): Implications of LSD and experimental mysticism. Journal of Religion and Health 5: 175–208

Passie T (1997): Psycholytic and psychedelic therapy research 1931–1995: a complete international bibliography. Hannover

Passie T (2007a): Contemporary psychedelic therapy: an overview. In: Winkelman M, Roberts T (eds.): Psychedelic medicine – new evidence for hallucinogenic substances as treatments. Vol. 1. Westport, London, pp. 45–68

Passie T, Dürst T (2009): Heilungsprozesse im veränderten Bewusstsein. Berlin

Passie T, Hartmann U, Schneider U, Emrich HM (2005): Was sind Entaktogene? Pharmakologische und psychopharmakologische Aspekte einer Substanzgruppe. Suchtmedizin 7: 235–245

Passie T, Pleske R (2011): Wirkungen therapeutischen Atmens. Berlin

Prince RH, Savage C (1966): Mystical states and the concept of regression. Psychedelic Review 8: 59–75

Scharfstein B-A (1973): Mystical experience. Oxford, London, Southampton

Scotton BW, Chinen AB, Battista JR (eds.) (1996): Textbook of transpersonal psychiatry and psychotherapy. New York

Sherwood JN, Stolaroff MJ, Harman WW (1962): The psychedelic experience – a new concept in psychotherapy. Journal of Neuropsychiatry 4: 69–80

Smith H (2000): Cleansing the doors of perception. New York

Styk J (1994): Rückblick auf die letzten sieben Jahre der Schweizerischen Ärztegesellschaft für Psycholytische Therapie (SÄPT). In: Dittrich A, Hofmann A, Leuner H (Hrsg.): Welten des Bewusstseins. Bd. 4, Berlin, S. 149–154.

Tart, C (Ed.) (1969): Altered states of consciousness. New York, London.

Tart CT (1975): States of consciousness. New York

Widmer S (1989): Ins Herz der Dinge lauschen. Solothurn

Zundel E, Loomans P (Hrsg.) (1994): Psychotherapie und religiöse Erfahrung. Freiburg

Zundel E, Fittkau B (Hrsg.) (1989): Spirituelle Wege und Transpersonale Psychotherapie. Paderborn

Ekstatische Erfahrungen in einer LSD-unterstützten Psychotherapie
Torsten Passie und Peter Gasser

Einleitung

Eine gängige psychische Reaktion auf die Diagnose einer lebensbedrohlichen Erkrankung ist die Tendenz, sich zu isolieren und in eine Art „inneren Rückzug" zu gehen. Es handelt sich um eine durch Angst getriggerte Einengung des intrapsychischen, aber auch interpersonalen Erlebens. Diese Reaktionsweise, aber auch die Behandlung von Ängsten mit Tranquilizern, ist kontraproduktiv, da sie das Bewusstsein vermindert oder einengt und es dadurch dem Patienten erschwert oder gar verunmöglicht, die erforderlichen Klärungsprozesse im Inneren und seiner Beziehungswelt anzugehen.

Der Gebrauch bewusstseinsverändernder Drogen für religiöse und heilende Zwecke ist seit Jahrtausenden bekannt. So wurden und werden meskalinhaltige Kakteen oder psilocybinhaltige Pilze seit Jahrtausenden dafür eingesetzt (SCHULTES und HOFMANN 1980). Als die intensiven psychischen Wirkungen von LSD (Lysergsäurediäthylamid) 1943 entdeckt wurden, folgte eine Periode wissenschaftlicher und therapeutischer Untersuchungen. LSD wurde zur Behandlung von Angst, Depressionen, psychosomatischen Erkrankungen und Süchten eingesetzt („psycholytische" und „psychedelische" Therapie) (ABRAMSON 1967, LEUNER 1981). Nach Kasts zufälliger Entdeckung der Wirkungen von LSD auf das psychische Wohlbefinden bei terminalen Krebspatienten (KAST 1967) wurden auch dazu Studien unternommen (z.B. PAHNKE et al. 1970; GROF und HALIFAX 1979).

Nach einer Unterbrechung der Humanforschung mit LSD für über 40 Jahre sollten in der hier beschriebenen Studie zwei medizinisch supervidierte LSD-Sitzungen, eingebunden in eine mehrmonatige Psychotherapie, bei Patienten mit existenzieller Angst durch die Diagnose einer lebensbedrohlichen Erkrankung untersucht werden. Methodik und Aufbau der Studie können anderen Publikationen entnommen werden (GASSER et al. 2014, 2015).

In diesem Artikel wollen wir einige der von den Patienten gemachten subjektiven Erfahrungen und deren Langzeitwirkungen darstellen. In einer qualitativen Studie wurden die Patienten mit halbstrukturierten Interviews untersucht und diese nach inhaltsanalytischer Methode ausgewertet (MAYRING und GLAESER-ZIKUDA 2008; GASSER et al. 2015).

Wirkungen von LSD

LSD ruft in mittlerer Dosierung (150–200 Mikrogramm per os) einen traumartig veränderten Bewusstseinszustand hervor. Gefühlserleben und Imaginationstätigkeit sind gesteigert. Auch das sensorische Erleben ist intensiviert, mit illusionären Veränderungen gesehener Objekte bis zu Trugwahrnehmungen. Die gedankliche Tätigkeit ist beschleunigt, ihr Gegenstandsbereich geweitet und angereichert mit neuen Assoziationen und Bedeutungszuschreibungen. Auch gesteigerte Erinnerungsprozesse (Hypermnesien) kommen vor. Die Identifikation mit den Ich-Grenzen ist geschwächt, die seelische Verfassung insgesamt gelockert („Psycholyse" = Seelenlösung). Das veränderte Erleben vollzieht sich bei klarem Bewusstsein und gutem Erinnerungsvermögen. Die Wirkungen von LSD dauern für 6–9 Stunden an (PASSIE et al. 2008).

LSD wurde aus psychotherapeutischer Sicht beschrieben als ein „unspezifischer Verstärker des Unbewussten" (GROF 1978, LEUNER 1962), da es die latente Psychodynamik der Patienten aktiviert und Zugang zu „unbewussten" Gedanken, Assoziationen, Gefühlen und inneren Prozessen gewährt. Diese können dann in der begleitenden Psychotherapie bearbeitet bzw. integriert werden. Einige Personen berichten auch über perspektivenändernde und tief berührende religiös-mystische Erfahrungen während der LSD-Wirkung (PAHNKE 1969).

Es ist hier nicht der Ort, um auf die (neuro-)biologischen Wirkungen von LSD detaillierter einzugehen. LSD vermittelt seine Wirkungen hauptsächlich über das Neurotransmittersystem mit dem Botenstoff Serotonin. Verschiedene Rezeptoren dieses Systems werden durch LSD aktiviert, wodurch eine Veränderung in der Funktions-Matrix des menschlichen Gehirns verursacht wird. Grob gesprochen kommt es zu einer verstärkten Aktivität im limbischen System (dem „Zentrum des Gefühlslebens") und im Vorderhirn (dem Zentrum von Selbststeuerung und Situations-Eruierung) (VOLLENWEIDER et al. 1997; GOUZOULIS-MAYFRANK et al. 1999). Daher ist es plausibel, dass emotionales Erleben verstärkt wird, während das epikritische Wachbewusstsein in den Hintergrund tritt. Außerdem scheinen seelische Umstrukturierungsprozesse begünstigt zu werden (GROF 1983, LEUNER 1962).

Eine Studie zur LSD-unterstützten Psychotherapie

In der vorliegenden Studie wurden 12 Patienten mit der Diagnose einer lebensbedrohlichen Erkrankung im Rahmen einer doppelblinden und placebo-kontrollierte Studie nach modernen methodischen Standards behandelt.

In der hier gegebenen Darstellung sollen aus der Patientenperspektive essentielle Elemente der subjektiven Erfahrungen und jener Veränderungen, welche die Patienten bezüglich Selbstwahrnehmung und Weltsicht erfahren haben, dargelegt werden.

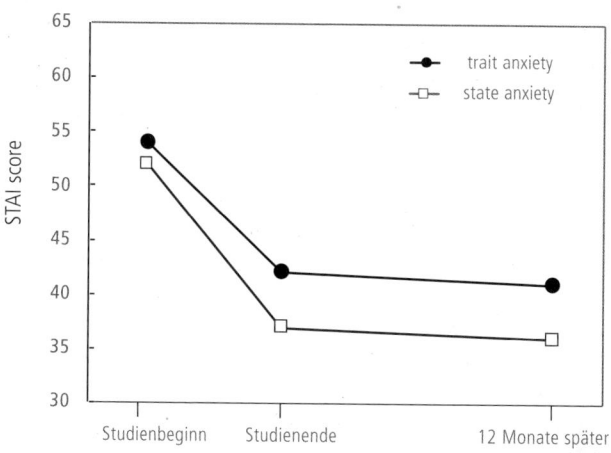

Abb. 1: Studienresultate im Bezug auf das Symptom Angst, wie sie mit dem Fragebogen STAI (Spielberger State Trait Anxiety Inventory) erhoben wurden, einschließlich der Resultate der Nachuntersuchung 12 Monate nach Ende der Behandlung (Gasser et al. 2014).

Lediglich ein Diagramm zu quantitativen Veränderungen sei hier aus der Studie angeführt. In diesem sind die unter der Behandlung aufgetretenen Veränderungen in Bezug auf das „Symptom Angst", welches auch der primäre Outcome-Messfaktor war, dargestellt (Abb. 1). Das benutzte Messinstrument war das Spielberger State Trait Anxiety Inventory (STAI) (Spielberger et al. 1970). Dieses misst sowohl die Zustandsangst (State-Anxiety), wie sie z. B. am Tag der Untersuchung bei der Person vorhanden war, als auch jene Angst, die der Persönlichkeit dauerhaft inhärent ist (Trait-Anxiety). Klar wird anhand des Diagramms, dass die erzielten Verbesserungen dauerhaft sind, da die Patienten noch ein Jahr später ein gleichermaßen abgesenktes Angstniveau hatten. Wie es scheint, kann mit LSD-unterstützter Psychotherapie – im Unterschied zu konventionellen Psychotherapie-Verfahren – nicht nur die Zustandsangst verbessert, sondern tiefer in die Person hinein entängstigend gewirkt und auch die Trait-Angst vermindert werden. Dies ist jedoch nicht auf das Pharmakon zurückzuführen, sondern auf die Erfahrungen, die unter LSD-Wirkung gemacht werden.

Ergebnisse einer Studie zum subjektiven Erleben

In den Interviews berichteten etwa 80 Prozent der Patienten über eine starke Verminderung von Ängsten, etwa zwei Drittel auch über eine deutlich verringerte Angst vor dem Tod und eine verbesserte Lebensqualität. Die meisten Patienten berichteten über

„positive Persönlichkeitsveränderungen" wie eine Zunahme von Offenheit und eine vertiefte Wahrnehmung. Sie fühlten sich entspannter und empfanden sich als geduldiger im Umgang mit sich selbst und anderen (vgl. GASSER et al. 2015).

Es ist hier selbstverständlich nicht möglich, die vielfältigen Erlebnisbeschreibungen und Statements wiederzugeben, wie sie in den Interviews gegeben wurden. Die ausgewählten Zitate sollen dazu dienen, Kernelemente der subjektiven Erfahrung zu illustrieren und – wenn möglich – deren Beziehungen zu den dauerhaften Veränderungen aufzuzeigen. Wir haben die Zitate unter Überschriften versammelt, die den wesentlichen Inhalten der Statements entsprechen.

1. Verstärkter Zugang zu Gefühlen und Katharsis

LSD verstärkt das Gefühlserleben. Dabei gibt es keine Bevorzugung von positiven oder negativen Emotionen. Die ausgewählten Zitate zeigen, dass LSD die Patienten für gefühlsbetonte Erfahrungen öffnet, auch gegenüber solchen, die gewöhnlich von der bewussten Wahrnehmung ausgeschlossen sind. Eine Intensivierung der Gefühle führt oft zu deren kathartischem Ausdruck (z.B. Lachen, Weinen, Sich-Bewegen).

Patient 7 berichtet: „Was für mich sehr, sehr wichtig gewesen ist, dass ich wirklich Zugang zu meinen Gefühlen bekommen habe, die relativ weit innen gewesen sind. Verdrängt, verdrückt, also wie eine Spannung. Ich bin zwar durch eine Schwere und Traurigkeit durch, aber ich habe alle Gefühle sehr intensiv erlebt. Geräusche, Musik, und eben Gefühle. Das hat sich nachher gelöst".

Patient 12 schildert das Auftauchen lange verborgener Gefühle. „Ich hatte stark den Eindruck, dass Dinge gesehen werden können, die gewöhnlich unter der Oberfläche liegen. … Eine Menge von Gefühlen waren für lange Zeit verborgen gewesen und wurden überhaupt nicht mehr wahrgenommen. Die wurden dann unglaublich präsent in dem Zustand, der eine Art Durchbruch bedeutete".

Ähnliches schildert auch Patient 5: „… Dass die LSD-Sitzung mit der Dosis selbst eben halt bestimmte Dinge in meinem Körper freisetzt. Und auch in meinem Geist freisetzt, die vielleicht unter normalen Umständen gar nicht zum Vorschein gekommen wären, weil sie eventuell unterdrückt worden wären oder waren. Und ich meine, ich hab schon bestimmte befreiende Momente für mich gespürt. Dass ich die Last der Angst und des Körpers etwas loslassen konnte".

Auch Patient 1 spricht von einer stark intensivierten Gefühlserfahrung, die er durchleben musste. „… in der Therapie hat man mich gut aufgefangen. Körperlich dicht, in dem Moment hab ich das auch gebraucht. Aufgefangen und gehalten. Das hat mich auch bestärkt, den Gefühlen freien Lauf zu lassen. Es war erleichternd. Nachher konnte ich wieder lachen drüber. Das ist halt auch eine schwankende Gefühlswelt in den acht Stunden, die man da durchlebt".

Die Zitate suggerieren, dass die Patienten von den intensiven Erfahrungen profitiert haben.

2. Das Erleben von Erfahrungen in veränderter Perspektive

LSD ist bekannt für seine Eigenschaft, den gewöhnlichen Referenzrahmen, insbesondere im Hinblick auf kognitive Konzepte und Haltungen, stark zu verändern. Dies führt zu veränderter Kontextualisierung und Bewertung von Erfahrungen und Personen. Ein besonders relevanter Aspekt eines solchen Sich-Lösens von vorgefassten Schemata des Denkens und Erlebens („De-Schematisierung") ist ein Wechsel der Perspektive, d.h. des Rahmens, in welchem eine Person sich selbst, die Anderen und vergangene Erfahrungen betrachtet.

Patient 6 berichtet über einen strukturell veränderten Zugang zur eigenen Erfahrungswelt. „Ich glaube, ... dass die Amygdala [das Furchtzentrum in Gehirn] außer Kraft gesetzt wird. Diese Weiche, die sofort beurteilt: gut oder schlechte Erfahrung; dass die einfach mal außen vor gelassen wird. Dass die Sachen einfach erst mal auf mich zurauschen und dann schauen, was ich damit mache".

Patient 10 erlebte eine Perspektiven-Änderung: „[In den LSD-Erfahrungen] konnte [ich] nicht in meinen Keller gehen, wie ich es eigentlich gewünscht habe, sondern ich war oben bei diesem Licht. Dann hab ich so ein Bild gesehen: Ich bin der Kapitän auf dem Schiff und bin ein bisschen verwirrt und da sagt der Steuermann: ‚Der Alte, der weiß auch nicht, was er will. Was für einen Kurs soll ich denn jetzt steuern?' Und der Alte weiß nicht so recht. ... In der Sitzung hat er gesagt: ‚Ja, oben im Ausguck sitzt ja die Sophia, die Weisheit'. Die könnte ich ja mal fragen: ‚Wie siehts denn aus? Wo sind wir eigentlich?' Und dann hat das Zusammenwirken von Sophia, der Weisheit, und dem Kapitän einfach das Steuer übernommen und der Steuermann hat gesagt: ‚Uff, Gott sei Dank' ".

Eine gute Metapher für diese unter LSD-Wirkung möglichen Perspektivänderungen ist ein fotografisches Linsenobjektiv, welches sowohl fokussieren und Dinge näher bringen kann als auch Beobachtungen aus einer distanzierteren Perspektive ermöglicht. Die bewusste Erfahrung kann sich auch verbreitern. Sie ermöglicht dann – einem Weitwinkel-Objektiv vergleichbar – eine erweiterte Sicht auf ein umfassenderes Bild; mit neuen Aspekten und Zusammenhängen, das neue Deutungen erlaubt. Die folgenden Zitate geben Beispiele für Veränderungen von Perspektiven und konzeptuellen Sichtweisen.

Patient 1 erlebt eine erweiterte Sicht auf sich selbst und die Erkrankung. „... dann könnte ich mich auch ganz gut fallen lassen. Ich hatte dann auch Gelegenheit, mich zu entspannen. Wir mussten da jetzt nicht ständig im Gespräch bleiben. Das war ganz gut.

Ich hab dann eher meine Innenwelt angeschlossen. Die Augen geschlossen ... es ging da weniger um meine Erkrankung. Das konnte ich da relativieren. Was meine Person anbelangte, das war in dem Moment nicht mehr so wichtig. Es ging dann eher so um weltumspannende Themen ... die Menschheitsentwicklung. Die ganze Evolution ist so an mir vorbeigerauscht ... Hab dann gesehen, dass der Mensch eine geistige Entwicklung eingeleitet hat. Das erste Wesen, das eine neue Sphäre entwickelt hat".

Patient 10 erkannte den Tod in veränderter Perspektive, denn „... das Sterben [ist] genauso gewöhnlich oder ungewöhnlich ist wie das Leben selbst. Man kann es nicht trennen. Muss ich mich einfach mit der Idee oder mit dem Vorgang vertraut machen. Und das ist zum Beispiel eine Sache, die eine LSD-Sitzung unbezahlbar macht".

3. Veränderung des Grundgefühls während der LSD-Erfahrung

Praktisch alle interviewten Patienten berichten über dramatische Zuspitzungen und Veränderungen des Gefühlszustandes während der LSD-Erfahrungen.

So berichtet Patient 6: „Emotional war das eine Berg- und Talfahrt. ... Das erste Mal war es schon brutal, emotional sehr schmerzhaft. Ich konnte nicht mal sagen was [und] in welche Richtung – es tat einfach nur weh, so wie Liebeskummer, so wie Enttäuschtsein, so alles was man an negativen Gefühlen schon mal hatte. ... Es war einfach nur purer Schmerz. Erinnerungsschmerz ... Es war ziemlich hart. Die 2. Phase war dann super schön ... traumhaft, also wirklich – Liebe, Ausfahren, Halten; und ich wusste, dass Probanden von ‚spirituellen Erfahrungen' sprechen ... damit meinen sie einfach: Alles ist in Ordnung, alles ist prima ...".

Patient 6 beschreibt eine Erfahrung, die einem mystischen Erlebnis mit der Auflösung des persönlichen Ichs zu ähneln scheint. „[Das Bedeutendste ist] dieses Sich-Auflösen. In dem Film ‚Matrix' ... ist eine schöne Szene, wo sich ein Mensch auserkoren hat, in diese Welt einzusteigen und sagt: ‚Alles, was du jetzt siehst, ist eigentlich überhaupt nicht vorhanden, das sind eigentlich nur Algorithmen. ... Alles um ihn rum löst sich auf, alles weiß, nichts mehr da, alles, was sie normalerweise glauben, die Realität ist nicht mehr so, wie sie normalerweise erscheint ... So ein Gefühl war das. Es hat sich einfach alles ... in einem Glücksgefühl aufgelöst. Das war angenehm, sehr angenehm. ... Ich hab jetzt nicht mehr soviel Angst ... eine gewisse Kardinalangst, die ist verändert".

Patient 8 erlebte in der zweiten Sitzung einen lang anhaltenden Zustand der völligen inneren Gelöstheit. [„Manche haben gefragt], ... ob mir der Teufel begegnet sei oder etwas Göttliches. Doch das ist mir gar nicht passiert. Ich bin einfach sechs Stunden am Schweben gewesen, aber hatte eine totale Sicherheit gespürt mit mir; dass alles, was ich mache, eigentlich gut ist".

Ein ähnlich fundamentales Empfinden von Sicherheit berichtet auch Patient 10. „Die LSD-Erfahrung war auf jeden Fall wichtig… das Geschenk war … eine Sicherheit, eine Bestätigung; Selbstvertrauen kann man nicht sagen, weil das Selbst ja aufgehoben wird. Aber ein Vertrauen in den kosmischen, menschlichen [Bezugsrahmen] … Die Unsicherheit, die man teilweise während der LSD-Sitzung erlebt, die ist nachher weg, wenn man dem Hellen, dem Licht, nicht ausweicht".

Patient 3 schildert den Gesamtzusammenhang der aufeinander folgenden Phasen der Erfahrung. „Der erste Trip war ein Panik-Trip. Mit fast reiner Angst vor dem Tod. Es war Agonie … Wirklich, ich hatte das Gefühl, ‚dass ich sterben werde'. Ja, es war alles wirklich nur schwarz, die dunkle Seite. Ich war voller Furcht; es schüttelte mich … Es war die totale Erschöpfung, ohne einen Ausweg, ohne Fluchtmöglichkeit. Es erschien mir wie ein endloser Marathon … Das war ein großer Teil von dem Trip, bis es sich endlich in Entspannung löste … Während des zweiten Trips zeigte sich die dunkle Seite am Anfang erneut, aber nur für eine kurzen Moment. Ich war etwas angespannt, schwitzte, aber nicht lange bevor die Entspannungsphase kam. Vollständig gelöst. Es wurde hell. Alles war Licht. Es war ein erhebendes Gefühl, ein warmes Gefühl. Keinerlei Schmerz. Wie ein Schweben, klar, getragen und geborgen mit der Musik … Das war großartig. … Die Schlüsselerfahrung ist, wenn man vom Dunkel ins Licht kommt, von der Anspannung in die totale Entspannung".

Den Zitaten zufolge scheint es, dass die Patienten am Anfang mit Aspekten ihrer Situation konfrontiert werden, eine Konfrontation mit ihrer prekären Situation und den dazugehörigen „negativen" Emotionen (z.B. Angst, Depression, Hoffnungslosigkeit) erleben. Später während der Erfahrung verwandelt sich dies ziemlich abrupt in einen fundamental positives Grundgefühl. Die Patienten beschrieben dies als eine Intensität, die sie niemals vorher erfahren haben und die ihnen eine neue Ausgangsbasis („new baseline") für das „Wie-sich-fühlen-in-einer-solchen-Situation" vermittelt habe. Andere der Interviewten sprachen davon, dass es eine Transformation des „inneren Grundmusters", in welchem die gesamte Situation erfahren werde, gegeben habe. Diese Transformation mündete in ein dauerhaftes Sicherheitsgefühl und Vertrauen. Existenzphilosophisch wäre von basalen, über die Stimmung vermittelten Veränderungen des „In-der Welt-Seins" (Heidegger) zu sprechen (BOLLNOW 1941).

4. Langzeit-Wirkungen: Veränderung von Perspektive, Haltungen und Werten

In den Studien aus den 1960er Jahren fanden sich bei Patienten regelmäßig tiefgehende Wandlungen in den Bereichen von Haltungen und Wertewelt (PAHNKE 1970; SAVAGE et al., RICHARDS et al. 1977). Auch in den Interviews kamen die Patienten auf einige dauerhafte Veränderungen von Einstellungen und Wertewelt zu sprechen.

Patient 3 erfuhr dies recht konkret: „Ich denke, nach den LSD-Sitzungen haben schon gewisse Veränderungen stattgefunden. … Die gleichen Dinge waren nicht mehr gleich wichtig. Eine Verschiebung von Werten … Sich Zeit zu nehmen für das Hören von Musik, der Musik bewusster zuzuhören. Materielle Werte erschienen nicht mehr so wichtig; andere Werte wurden vorrangiger: Gesundheit, Familie und solche Sachen. … Wenn du einen Job hast und der Job Priorität hat und die Familie zuletzt kommt – und du das nicht mal mehr merkst. Dann zu realisieren: Stopp – was ist eigentlich das Wichtige? Dass es der Familie gut geht, dass es den Kindern gut geht …".

Auch die Bewertung von lebensgeschichtlichen Zusammenhängen oder Personen kann dauerhaft verändert werden. So berichtet Patient 8: „Bei meiner Mutter in der Familie gibt es eine Nazi-Vergangenheit … Da hab ich das erste Mal richtig drüber nachgedacht. Hab es dann aber loslassen können … Dass ich merke, … dass ich da meine Familie, meinen Grossvater nicht verurteilen darf und dass ich gar nichts dafür kann. … [In der zweiten Sitzung] hat sich das noch intensiviert und wirklich alle Gedanken, die ich da hatte, hab ich einfach mitnehmen und umsetzen können und hatte kein Problem mehr. Ich konnte wieder gut schlafen … Ich musste am Abend nicht mehr über Sachen nachdenken, sondern konnte einfach ins Bett und einschlafen und ich wusste, es ist alles gut". Patient 8 bemerkte auch, dass er wieder schlafen konnte; und dies ohne ein ständiges Grübeln über seine bedrohliche Situation. Er berichtete, es habe „… sich die Lebensqualität extrem verändert. Es ist ein Unterschied, ob ich mit Stress in den Tod schaue oder mit Gelassenheit … das ist ein riesiger Unterschied in der Lebensqualität. Also dass ich nicht mehr jeden Abend weinen muss, wie im ersten Vierteljahr, sondern ich lachen kann … Und die Krankheit, der Schmerz, wenn ich aufstehe und laufe wie eine alte Großmutter, da muss ich oft kichern …".

Diskussion

Die Studie zeigt, dass eine dreimonatige Periode von LSD-unterstützter Psychotherapie Besserungen des psychischen Befindens erzeugen kann, die über zwölf Monate stabil bleiben.

Die Resultate der qualitativen Studie zeigen, dass die Besserungen, wie sie die verminderten STAI-Werte abbilden, auch in persönlichen Äußerungen dargestellt werden (Abb. 1). Es zeigt sich außerdem, dass die Verbesserungen psychopathologischer Symptome von *positiven* psychologischen Veränderungen (Zunahme an Entspannung, Gleichmut, Selbstsicherheit und mentaler Stärke) begleitet waren.

Mögliche Wirkmechanismen auf psychologischer Ebene

Trotz einer Vielzahl von Studien zur LSD-unterstützten Psychotherapie (mehr als 500 zwischen 1950 und 1970, vgl. PASSIE 1997), sind die Wirkmechanismen von LSD in der Psychotherapie nicht ganz aufgeklärt.

Die bedeutendsten Elemente der Wirkung von LSD in psychotherapeutischem Kontext können so beschrieben werden:

1. Die kognitiven Erfahrungen mit erstaunlich luziden Gedanken und veränderten Assoziationen, einer veränderten Sichtweise auf Probleme, neuen Perspektiven und der Betrachtung von Erfahrungen und Beziehungen auf verschiedenen Ebenen zugleich, verbunden mit neuen und vertieften Einsichten in innere Prozesse, Motivationen und Konflikte;

2. Die psychodynamischen Erfahrungen, charakterisiert durch das Auftauchen von Erinnerungen und Konflikten im Bewusstsein, die vorher ausgeschlossen waren. Die symbolische Darstellung wichtiger Konflikte wie auch die Abreaktion und Katharsis sind Elemente dieses (manchmal hypermnestischen) Wiedererlebens bedeutsamer Erfahrungen;

3. Die psychedelischen Gipfelerlebnisse mit (a) einem Verlust des Sinnes für das Selbst/Ego und positiver Ich-Transzendenz; (b) der Transzendenz von Zeit und Raum; (c) einem Empfinden von Ehrfurcht und Offenbarung und (d) bedeutsamen neuen Einsichten.

All diese Aspekte von LSD-Erfahrungen können zu den Behandlungswirkungen beitragen. Wie es scheint, waren die von den Patienten beschriebenen Veränderungen weniger von kognitiven oder psychodynamischen Erfahrungen abhängig, obgleich solche regelmäßig berichtet wurden. Praktisch alle Patienten berichteten, dass die zentralen und bewegendsten Erfahrungen intensive emotionale Erfahrungen waren.

Die Patienten durchliefen während der LSD-Erfahrung eine erste Phase intensiver Gefühle mit Anspannung und Angst während der Konfrontation mit Aspekten ihrer aktuellen Situation. Diese „schwierige" Erfahrung wandelte sich in einer zweiten Phase zu einer durchgreifend emotional positiven Erfahrung. Kennzeichnend für diese ist ein spannungsfreier Zustand von Wohlbefinden, eine positive Erfahrung von „reiner Existenz im Hier und Jetzt"; befreit von Sorgen über die Vergangenheit und von Schuld, Depression und Angst. Die Beschreibungen der Patienten zeigen, was diese Erfahrungen an Zugewinn von „innerer Sicherheit" und Vertrauen bedeuten.

Diese tiefen Erfahrungen können von großer, „umwälzender" Intensität und Wirkungsmacht sein; was sie in die Nähe mystischer Erfahrungen rückt. Die erlebten Erfahrungen erfüllen aber nur einige der Kriterien für „mystische Erfahrungen". Dies ergaben die Messungen mit der Pahnke/Richards Mystical Experience Scale (GRIFFITHS et al. 2006). Demnach handelt es sich um „inkomplette" mystische Erfahrungen (GAS-SER et al. 2015; DIESCH 2014) . Diese lassen sich – so meinen wir – besser in Über-einstimmung bringen mit der von Abraham Maslow, dem Urheber des Konzepts der „Peak-Experiences" (Gipfelerfahrungen), gegebenen Definition als „Momente von rei-ner positiver Glückseligkeit, wenn wir alle Zweifel, alle Furcht, alle Hemmungen, alle Spannungen, alle Schwächen hinter uns lassen … Alle Separiertheit und Distanz von der Welt verschwindet, wenn man sich eins fühlt mit der Welt, mit ihr verschmilzt, wirklich zu ihr gehört, anstatt außerhalb von ihr zu sein und in sie hineinzusehen" (MASLOW 1962: 9; Übersetzung T.P.). Maslow unterscheidet ganz bewusst zwischen mystischen Erfahrungen und Peak-Experiences (Gipfelerfahrungen) (MASLOW 1970: 75), die einige Features mystischer Erfahrungen nicht aufweisen.

Der prominente amerikanische Religionspsychologe William James hat das mystische Erfahren und Erkennen als eine dem Gefühlten nahestehende Erkenntnisform charakte-risiert (JAMES 1914, 323). Er geht von einem Spektrum von Zuständen aus: „Man geht aus dem gewöhnlichen Bewusstsein in mystische Zustände über wie aus einem Weniger in ein Mehr, aus einer Enge in eine Weite und zugleich aus Unfrieden in den Frieden. Sie werden als versöhnende, einigende Zustände empfunden; sie fördern das Gefühl der Lebensbejahung, nicht das der Lebensverneinung …" (JAMES 1914: 333).

Überblickt man die Aussagen unserer Patienten, so wird deutlich, dass von ihnen Ähn-liches empfunden wurde, doch dass die Ich-Grenzen zwar gelockert, aber nicht aufgelöst waren wie bei einer mystischen Erfahrung. Einige Patienten berichteten über ein Freiwer-den von fixierten Denk-, Assoziations- und Verhaltensmustern, was – nach einer Phase der „Turbulenzen" – zur Zunahme von Entspannung, Ruhe und Akzeptanz geführt habe.

Bezüglich der dauerhafteren Veränderungen in der mentalen Sphäre durch Peak-Ex-periences gibt James eine bedenkenswerte Idee. „Das Bewußtsein ist ein Komplex von Vorstellungen, von denen jede eine bestimmte Erregung hervorruft und sowohl trei-bende als hemmende Motive auslöst, die sich gegenseitig zurückdrängen oder fördern … Eine neue Vorstellung, eine plötzliche Gefühlserregung … kann das gesamte Gefüge zusammenstürzen lassen. Dann wird der Schwerpunkt an eine tiefere Stelle verlegt; denn die neuen Vorstellungen, die bei der Neugruppierung in die Mitte rücken, scheinen jetzt dort verankert zu sein, und so bleibt der neue Bau bestehen" (JAMES 1914: 161).

Mögliche neurobiologische Wirkmechanismen

Studien mit bildgebenden Instrumenten wie Positronen-Emissions-Tomographie (PET) und funktioneller Magnetresonanztomographie (fMRT) weisen darauf hin, dass LSD-artige Halluzinogene ein größeres Repertoires an funktionaler Konnektivität in den Netzwerken des Gehirns verfügbar machen als im normalen Wachbewusstsein (CARHART-HARRIS et al. 2012a). Mit anderen Worten: Es können mehr oder weniger und andere Gehirnteile zusammengeschaltet werden, die unterschiedliche Muster von Hirnaktivität ergeben. Dies könnte Perspektivenwandel und Neubewertungsprozesse erklären.

Bei Depressionen und Angststörungen wurden übermäßig fixierte und „eingeengte" Funktionsmuster auf psychischer und neurobiologischer Ebene beschrieben, mit emotionalem Bias, reduzierter emotional-kognitiver Responsivität und Flexibilität (NORTHOFF 2007; STUHRMANN et al. 2011). Es lässt sich die Hypothese ableiten, dass LSD die Fähigkeit der Patienten verstärkt, fixierte und in ihrer Dynamik verminderte neurobiologische Funktionsmuster temporär zu „unterlaufen" oder „aufzuheben" und damit seelische Transformation zu begünstigen.

Mögliche negative Aspekte der Behandlung

Keiner der Teilnehmer berichtete über andauernde negative Wirkungen, was für die Sicherheit der Behandlung spricht. Diese bestätigen auch Umfragen zur Sicherheit der LSD-unterstützten Psychotherapie bei über 5000 Patienten (COHEN 1960; MALLESON 1971; GASSER 1996).

Literatur

Abramson H (Ed) (1967): The Use of LSD in Psychotherapy and Alcoholism. New York

Bollnow O. F. (1941): Das Wesen der Stimmungen. Frankfurt/Main

Carhart-Harris RL, Erritzoe D, Williams T, et al. (2012a): Neural correlates of the psychedelic state as determined by fMRI studies with psilocybin. Proc Natl Acad Sci U S A 109: 2138–2143

Cohen J (1960): Lysergic acid diethylamide: Side effects and complications. J Nerv Ment Dis 130, 30–40

Diesch M (2014): LSD: Rückkehr in die klinische Forschung. Solothurn

Gasser P (1996): Die Psycholytische Therapie in der Schweiz von 1988–1993. Schweiz Arch Neurol Psych 147: 59–65

Gasser P, Holstein D, Michel Y, et al. (2014): Safety and efficacy of LSD-assisted psychotherapy for anxiety associated with life-threatening diseases. J Nerv Ment Dis 202: 513–520

Gasser P, Kirchner K, Passie T (2015): LSD-assisted psychotherapy for anxiety associated with a life-threatening disease: A qualitative study of acute and sustained subjective effects. J Psychopharmacol 29: 1-12

Gouzoulis-Mayfrank E, Schreckenberger M, Sabri O, Arning C, Thelen B, Spitzer M, Kovar KA, Hermle L, Büll U, Sass H (1999): Neurometabolic effects of psilocybin, 3,4-methylenedioxyethylamphetamine (MDE) and d-methamphetamine in healthy volunteers. A double-blind, placebo-controlled PET study with [18F] FDG. Neuropsychopharmacology 20: 565–581

Griffiths RR, Richards WA, McCann U, Jesse R (2006): Psilocybin can occasion mystical-type experiences having substantial and sustained personal meaning and spiritual significance. Psychopharmacology 187: 268–283

Grof S (1978): Topographie des Unbewussten. Stuttgart

Grof S, Halifax J (1979): Die Begegnung mit dem Tod. Stuttgart

Grof S (1983): LSD-Psychotherapie. Stuttgart

James W (1914): Die religiöse Erfahrung in ihrer Mannigfaltigkeit. Leipzig

Kast E (1967): Attenuation and anticipation: A therapeutic use of lysergic acid diethylamide. Psychiatric Quarterly 41: 646–657

Kurland AA (1985): LSD in the supportive care of the terminally ill cancer patient. J Psychoactive Drugs 17: 279–290

Leuner H (1962): Die experimentelle Psychose. Berlin, Göttingen, Heidelberg

Leuner H (1967): Present state of psycholytic therapy and its possibilities. In: Abramson HA (Ed): The use of LSD in Psychotherapy and Alcoholism. New York et al., pp. 101–116

Leuner H (1981): Halluzinogene. Bern

McGlothlin W, Cohen S, McGlothlin MS (1967): Long lasting effects of LSD on normals. Arch Gen Psychiat 17: 521–532

MacLean KA, Johnson MW, Griffiths RR (2011): Mystical experiences occasioned by the hallucinogen psilocybin lead to increases in the personality domain of openness. J Psychopharmacol 25: 1453–1461

Malleson N (1971): Acute adverse reactions to LSD in clinical and experimental use in the United Kingdom. Brit J Psychiatry 118: 229–230

Maslow A (1962): Lessons from the peak experience. J Humanistic Psychol 2: 9–18

Maslow A (1970): Religions, values, and Peak-Experiences. New York

Mayring P and Glaeser-Zikuda M (Hg) (2008): Die Praxis der qualitativen Inhaltsanalyse. Weinheim

Northoff G (2007): Psychopathology and pathophysiology of the self in depression – neuropsychiatric hypothesis. J Affect Disord 104: 1–14

Pahnke WN (1969): The psychedelic mystical experience in the human encounter with death. Harvard Theol Rev 62:1–21

Pahnke WN, Kurland AA, Unger S, Savage C, Grof S (1970): The experimental use of psychedelic (LSD) psychotherapy. JAMA 212: 1856–1863

Passie T (1997): Psycholytic and psychedelic therapy research: A complete international bibliography. Hannover

Passie T, Halpern JH, Stichtenoth DO, Emrich HM, Hintzen A (2008): The pharmacology of lysergic acid diethylamide: A review. CNS Neurosci Ther 14: 295–314

Richards WA, Rhead JC, DiLeo FB, Yensen R, Kurland AA(1977): The peak experience variable in DPT-assisted psychotherapy with cancer patients. J Psychoactive Drugs 9, 1–10

Savage C, Fadiman J, Mogar R, Hughes AM (1966): The effects of psychedelic (LSD) therapy on values, personality, and behavior. Int J Neuropsychiatry 2: 241–254

Schultes RE and Hofmann A (1980): Pflanzen der Götter. Bern

Spielberger CS, Gorsuch RL and Lushene RE (1970): Manual for the State Trait Anxiety Inventory. Palo Alto, CA

Stuhrmann A, Suslow T and Dannlowski U (2011): Facial emotion processing in major depression: A systematic review of neuroimaging findings. Biol Mood Anxiety Disord 1:10

Vollenweider FX, Leenders KL, Scharfetter C, Maguire P, Stadelmann O, Angst J (1997): Positron emission tomography and fluorodeoxyglucose studies of metabolic hyperfrontality and psychopathology in the psilocybin model of psychosis. Neuropsychopharmacology 16: 357–372

Psychedelika, religiöse Erfahrungen und Spiritualität

Torsten Passie

> *Es gibt ein großes Außen und ein ebenso großes Innen, und zwischen diesen Polen*
> *steht mir der Mensch, bald dem einen, bald dem anderen zugewandt,*
> *um … bald das eine, bald das andere für die absolute Wahrheit zu halten*
> *und je nachdem das eine für das andere zu leugnen oder zu opfern.*
> C. G. Jung

Einführung

Schon vor mehr als 5000 Jahren haben Menschen psychedelische Substanzen in religiösen Ritualen benutzt: das Meskalin aus dem mexikanischen Peyote-Kaktus, das Psilocybin in den magischen Pilzen Mittelamerikas, aber auch LSD-artige Stoffe in den eleusinischen Mysterien des alten Griechenlands. Mit Hilfe dieser psychoaktiven Wirkstoffe lässt sich das Gehirn so beeinflussen, dass, den richtigen Rahmen und die richtige Dosis vorausgesetzt, die Entstehung tief beeindruckender religiöser Erfahrungen gefördert werden kann. Für die Menschen der Vorzeit und einige Naturvölker von heute war diese Praxis zur Hervorrufung religiöser Erfahrungen eine heilig gehaltene und zu besonderen Anlässen zelebrierte, natürliche Form des Umgangs mit diesen Substanzen.

Die christlichen Missionare versuchten seit dem Mittelalter, diese Gebräuche als „Teufelswerk" zu brandmarken und zu unterbinden, da sie von der Zuwendung zu christlichen Glaubensidealen abhalten würden. Trotz ihrer unverkennbaren hochkulturellen Leistungen (Maya, Inkas) verstand man die ursprünglichen Amerikaner als „Primitive", die erst mittels unserer zivilisatorischen Ideale und des christlichen Glaubens auf den rechten Weg zu führen wären. Von daher wurde dieses rituelle Brauchtum in den Untergrund abgedrängt, wo es bis heute fortgeführt wurde.

Den angesprochenen Vorurteilen begegnen wir noch heute, wenn es um eine sachliche Diskussion über die psychedelischen Drogen und ihre Wirkungen geht. Bis in die Gegenwart ist hier eine verzerrte Wahrnehmung und Darstellung die Regel.

Diese Arbeit soll gemäß dem aktuellen Forschungsstand die potentielle Bedeutung psychedelischer Substanzen für die Hervorrufung religiöser Erfahrungen und die Beeinflussung von Lebensauffassung, Wertewelt und Spiritualität beleuchten. Unter Spiritualität wird dabei die bewusste persönliche Weiterentwicklung des Menschen in Richtung auf die Entfaltung von innerer Freiheit, liebender Wirklichkeitsauffassung und Mitgefühl mit einem Bezug zum Transzendenten verstanden.

Durch die Berichte der frühen Missionare, aber auch durch die spätere Dokumentation von Völkerkundlern wurden europäische Wissenschaftler auf die Möglichkeit der Hervorrufung religiöser Erfahrungen durch psychedelische Substanzen aufmerksam. Zudem beschäftigten sich Wissenschaftler diverser Disziplinen seit dem Ende des 19. Jahrhunderts mit den Wirkungen des meskalinhaltigen Peyote-Kaktus (PASSIE O.J. [2005]). Vor allem Psychiater beforschten die „psychopathologischen" Phänomene, wie sie durch Meskalin entstehen können. Sie betrachteten die durch Meskalin erzeugten Zustände als „Modellpsychose". Doch gab es auch vereinzelte Studien, die eine Erzeugung visionärer und mystischer Erfahrungen untersuchten. So hat der Religionspsychologe Siegfried Behn an der Universität Bonn schon in den 1930er Jahren eine genaue psychologische Beschreibung des Meskalinrausches veranlasst, wie er typischerweise in einem angenehmen und ungestörten Rahmen erlebt wird. Sein Doktorand Hans Friedrichs trug erheblich zur Ausleuchtung religionspsychologisch relevanter Phänomene unter Meskalinwirkung bei (FRIEDRICHS [1940] 2009).

Die moderne Erforschung psychedelischer Erfahrungen

Die moderne Erforschung der Bedeutung psychedelischer Substanzen für religiöses Erleben setzte gegen Ende der 1950er Jahre ein. Dies hatte zwei unvermutete Anlässe. Zunächst hatte der amerikanische Anästhesist Erik Kast im Rahmen von Studien über verschiedene Schmerzmittel bei Schwerkranken auch LSD untersucht. Eine Dosis von einem 100 Mikrogramm LSD reduzierte den Bedarf an Schmerzmitteln ganz erheblich. Dies erschien zunächst rätselhaft, da LSD für Schmerzempfindungen *sensibilisiert*. Als er genauer mit den Patienten sprach, stellte Kast fest, dass diese über ausgeprägte religiös-mystische Erfahrungen berichteten, die ihnen eine veränderte Perspektive auf ihre Erkrankung bzw. den bevorstehenden Tod vermittelt hatten. Über diese Erfahrungen vermittelt war das Erleben der Bedeutung von Krankheit und Tod offenbar so verändert worden, dass Anspannung und Angst (und damit der Bedarf an Beruhigungs- und Schmerzmitteln) erheblich reduziert wurden.

Mitte der 1960er Jahre dachten einige Suchtforscher über die Effektivitätssteigerung von Behandlungen bei chronischem Alkoholismus nach. Sie vergegenwärtigten sich die Tatsache, dass viele Trinker nach dem Durchleben eines schreckenerregenden Delirium tremens abstinent werden. Weiterführend überlegten sie, wie man künstlich solch ein Delirium herbeiführen könnte, um dadurch eine Abstinenz zu erreichen. Damals gehörte ja auch der Elektroschock (ohne Anästhesie) zum Behandlungsalltag in der Psychiatrie, so dass solche rohen Behandlungsansätze nicht verwundern müssen. Über die damals viel beforschte Substanz LSD war bekannt, dass sie eine Palette von Symptomen erzeugte, die dem Delirium stark zu ähneln schienen. 1957 entschieden sich die amerikanischen Psychiater Sidney Cohen und Keith S. Ditman dafür, mit LSD bei Alkoholikern ein künstliches Delirium zu erzeugen. Ihre Versuche ergaben, dass tatsächlich einige Patienten anschließend dauerhaft abstinent lebten. Dies war jedoch nicht etwa auf die Schreckenserfahrung eines Delirium tremens zurückzuführen, sondern auf starke religiöse Erlebnisse, die ihren Patienten tiefreichende Einsichten in ihr Verhalten (und seine Auswirkungen auf andere) sowie eine neue Werteordnung vermittelt hatten (COHEN 1964).

Der dritte Ansatz zur Erforschung spiritueller bzw. religiöser Erfahrungen durch Psychedelika stammt von dem amerikanischen Psychiater und Theologen Walter Pahnke. Dieser führte Anfang der 1960er Jahre eine methodisch aufwändige Doppelblindstudie mit dem Psychedelikum Psilocybin durch, um Aufschluss über dadurch hervorgerufene religiöse Erfahrungen zu gewinnen. Bei seinem Experiment wurde den Teilnehmern eines Karfreitags-Gottesdienstes in einer Kapelle der Harvard-Universität Psilocybin verabreicht. Die in Pahnkes Arbeiten veröffentlichten Ergebnisse sind ein klarer Beleg dafür, dass Psilocybin tiefgehende religiöse Erfahrungen erzeugen und auch einen entsprechenden Wertewandel nach sich ziehen kann, wie er bei religiös-mystischen Erfahrungen typisch ist (PAHNKE 1966).

Psychedelische Therapie

Schon zu Beginn des 20. Jahrhunderts wurde von Völkerkundlern festgestellt, dass die Mitglieder von Eingeborenen-Kirchen, die psychedelische Substanzen verwenden, besonders religiös sind und durch Alkoholabstinenz auffielen. Diese Tatsache und die Ergebnisse der Arbeiten von Kast, Cohen und Pahnke führten dazu, dass man die Hervorrufung von religiös-mystischen Erfahrungen in ein therapeutisches Verfahren umzusetzen suchte. Hierbei spielten auch die Forschergruppen um Stolaroff, Harman und Mogar sowie die Kanadier Osmond, Blewett und Hoffer eine bedeutende Rolle. Das von dem US-amerikanischen LSD-Proselyten Al Hubbard inspirierte Verfahren basiert auf der Induktion religiös-mystischer Erlebnisse durch hohe Dosen von Psychedelika in einem geschützten und inspirierenden Ambiente, um dadurch therapeutische Persönlichkeitsveränderungen zu erzielen. Es wurde in den 1960er Jahren in Nordamerika und Kanada entwickelt und vielfach bei der Behandlung von Alkoholikern, neurotisch Kranken und terminalen Krebspatienten angewendet. Der LSD-Therapeut Stanislav Grof hat darüber ein aufschlussreiches Buch verfasst (GROF und HALIFAX 1979). Derzeit werden wieder Studien an der Harvard-Universität und in der Schweiz durchgeführt, welche die Anwendung von MDMA („Ecstasy") bzw. LSD in der Psychotherapie (bei Traumatisierten und zur Angstminderung bei Krebskranken im Endstadium) untersuchen (vgl. JUNGABERLE et al. 2008).

Vergleich von substanzinduzierten und anderen mystischen Erfahrungen

Schon zu Beginn der oben nachgezeichneten Untersuchungen wurden Stimmen laut, die eine Ähnlichkeit von substanzinduzierten und „natürlichen", d.h. auf anderem Weg erreichten oder spontan auftretenden religiös-mystischen Erfahrungen bezweifelten. Folgestudien untersuchten hierzu die schriftlichen Beschreibungen des Erlebten durch Teilnehmer der obigen Studien und Aufzeichnungen von Mystikern bzw. Menschen, die solche Erfahrungen ohnSubstanzeinnahme gemacht hatten, und verglichen sie mit den Ergebnissen der LSD/Psilocybin-Untersuchungen.

Bei beiden Studien (HEIGL 1980, SMITH 2000) wurden diese Erfahrungsberichte dann Experten (Theologen, Religionspsychologen) vorgelegt, die entscheiden sollten, bei welchen Erfahrungen es sich um substanzinduzierte und bei welchen es sich um „natürlich" entstandene Erfahrungen handelte. In beiden Untersuchungen konnten die Experten die Erfahrungen nicht unterscheiden. Von daher ist anzunehmen, dass die Art der Erlebnisse quasi identisch ist. Doch gilt dies auch für die Nachwirkungen im Sinne etwa einer sittlichen Läuterung und des Wertewandels, die solche Erfahrungen nach sich ziehen können? Im Jahre 2005 wurde eine diesbezügliche Studie mit enorm hohem methodischen Aufwand durchgeführt (GRIFFITH et al. 2006). Diese bestätigte die Erzeugbarkeit religiös-mystischer Erlebnisse durch Psilocybin-Gabe und hat auch die Nachwirkungen auf Lebensauffassung und Wertewelt der Teilnehmer über einen Zeitraum von 14 Monaten nachverfolgt. Letztere entsprechen genau dem Muster, wie es typischerweise auch nach „natürlich" entstandenen mystischen Erfahrungen vorkommt (GRIFFITH et al. 2008).

Auch bei soviel Gleichartigkeit bleibt zu berücksichtigen, dass religiöse Erfahrungen immer in einem bestimmten Kontext gemacht werden. Ein religiöses Erlebnis kann eine bestimmte äußere Bedingung (Gebet, Ritual, belastendes Lebensereignis, Naturerlebnis usw.) zum Anlass haben, aber auch unvermittelt spontan auftreten. Von wesentlicher Bedeutung ist aber der Gesamtrahmen, in den das Erlebnis eingebettet ist. Handelt

| Transzendieren der Subjekt-Objekt-Relation |
| Transzendenz von Raum und Zeit |
| Tief empfundene positive Stimmung |
| Gefühl der Heiligkeit |
| Empfinden der Gewissheit |
| Paradoxie |
| Unaussprechlichkeit |

Abb. 1: Merkmale mystischen Erlebens nach STACE (1960)

es sich etwa um einen tief religiösen Menschen mit langjähriger Gebets- oder Meditationspraxis, der darin endlich seine Erfüllung findet, oder handelt es sich um einen neugierigen Studenten, der eine solche Erfahrung quasi zufällig auf einem LSD-Trip macht? Beide bringen unterschiedliche Voraussetzungen mit, um ein solches Erlebnis zu verarbeiten und umzusetzen. Für den einen erfüllt sich etwas, was er nach langem Streben durch Bemühung und Reifung endlich erlangt hat, für den anderen stellt sich vielleicht das Problem, wie er das Erlebte in seine persönliche Welt einordnen soll; wie er daraus womöglich entstehende Widersprüche aushalten und integrieren oder Erschütterungen seiner bisherigen Weltsicht verarbeiten soll. Ist bei dem einen vielleicht eine integrierte Persönlichkeit die Voraussetzung, auf deren Boden sich die religiöse Erfahrung erst ereignen kann, so ist sie für den anderen vielleicht erster Anlass, sich mit den tieferen Ebenen menschlichen Existierens wie auch der eigenen bewussten Entwicklung und deren Orientierung auseinanderzusetzen (JOSUTTIS und LEUNER 1971).

Psychedelika und spirituelle Entwicklung

Nachdem sich während der 1960er Jahre der Gebrauch psychoaktiver Substanzen immer weiter ausbreitete, wurden die Probleme bei der sinnvollen Integration psychedelischer Erfahrungen zunehmend offenbar. Hinzu kam, dass unter ungeeigneten Rahmenbedingungen von unreifen oder psychisch labilen Personen eine Reihe von problematischen Erfahrungen, ja sogar schädigenden Horror-Trips gemacht wurden. Betrachtet man die Entwicklung seit den 1960er Jahren, so ist davon auszugehen, dass sich zwar der Gebrauch psychedelischer Substanzen bis heute kaum verringert hat, aber die Menschen kundiger und vorsichtiger bei deren Anwendung geworden sind. Heute hat man zudem ein realistischeres Bild von dem Potential dieser Stoffe für die individuelle und gesellschaftliche Entwicklung. Es gibt sicher ein Potential dieser Substanzen für die Förderung der psychischen und geistigen Entwicklung, aber dieses ist, so scheint mir, nur wenigen Menschen – über die Wirkung einer Anregung hinausgehend – nutzbar (vgl. BADINER 2000). Dies hat seine Begründung nicht zuletzt darin, dass vor allem adoleszente Jugendliche (und weniger Erwachsene) weltweit altersgemäß interessiert sind an neuartigen, ja auch irritierenden Erfahrungen, die in ihre Identitätsentwicklung eingehen können. Durch diese Altersspezifität ist die Berührung mit Erfahrungen in veränderten Bewusstseinszuständen zumeist ein ein- oder mehrmaliges Geschehen, mündet jedoch fast nie in eine Art längerfristigen Schulungsweg mit geordneter spiritueller Praxis (wie regelmäßiger Meditation o.ä.).

Für diese vereinzelten Begegnungen mit Psychedelika gibt es in der einschlägigen Literatur zwei Metaphern. Die eine betrachtet die Psychedelika als Mittel, die eine Seilbahn zum Erlangen eines Gipfelerlebnisses („Peak-Experience" nach MASLOW) bereitstellen, welches sonst nur durch einen mühsamen und langwierigen Aufstieg zu erreichen ist. Dies kann eine sehr starke Anregung darstellen, solche Erfahrungen auf systematischem Wege zu erreichen und eine spirituelle Lebenshaltung zu entwickeln. Sinngemäß fasste dies der Zen-Meister und Mystiker Alan Watts so zusammen: Hebe den Hörer ab, vernimm die Botschaft, hänge wieder ein und finde deinen Weg.

Die zweite Metapher beschreibt einen Sucher auf dem Weg zur Erleuchtung. Dieser Suchende ist nicht selten der Unsicherheit ausgesetzt, ob das Erstrebte vielleicht gar nicht wirklich existiert und er womöglich einem Phantom hinterherjagt. Die Psychedelika können als ein Hubschrauber dienen, mit dem man einen kurzen Flug bis zum Ziel unternehmen kann. Dieser vermittelt zwar nur einen kurzen Einblick in die Welt religiöser Erfahrungen, kann den Suchenden aber mit einer großen Gewissheit ausstatten, dass es das von ihm erstrebte Ziel tatsächlich gibt – und es auch erreichbar ist. Es kann den Suchenden sehr ermutigen und seinem Bemühen besondere Ausdauer verleihen.

Erfahrungen mit Psychedelika als spiritueller Weg?

Kommt es zu einem längerfristigen Weg, der von Substanzgebrauch bzw. von den durch Substanzen induzierten Bewusstseinserweiterungen begleitet wird, so wird ihr Potential deutlicher. Tabelle 2 gibt einen Überblick über die psychischen Wirkungen, die für Spiritualität relevant sein können.

Besonderer Erwähnung bedarf vielleicht noch die oft tief beeindruckende Art der Wahrnehmungsveränderung, wie sie durch Psychedelika verursacht wird. Der berühmte Schriftsteller Aldous Huxley hat diese in seiner Schrift *Die Pforten der Wahrnehmung* sehr eindrucksvoll beschrieben. Er spricht davon, dass die Dinge in ihrer wundervollen „Istigkeit" erscheinen würden – ohne die stets zweckgelenkte Strukturierung der

Aufhebung von Wahrnehmungsgewohnheiten – Deschematisierung
Stimulation des Gefühlslebens
Entängstigung
Versunkenheit
Bewusstwerden unbewusster Inhalte
Erleben einer übergeordneten Perspektive auf sich selbst
Zeitlosigkeitserleben
Religiöse Erfahrungen
Mystisches Erleben des All-Eins-Seins

Abb. 2: Spirituell relevante Aspekte psychedelischer Erfahrungen

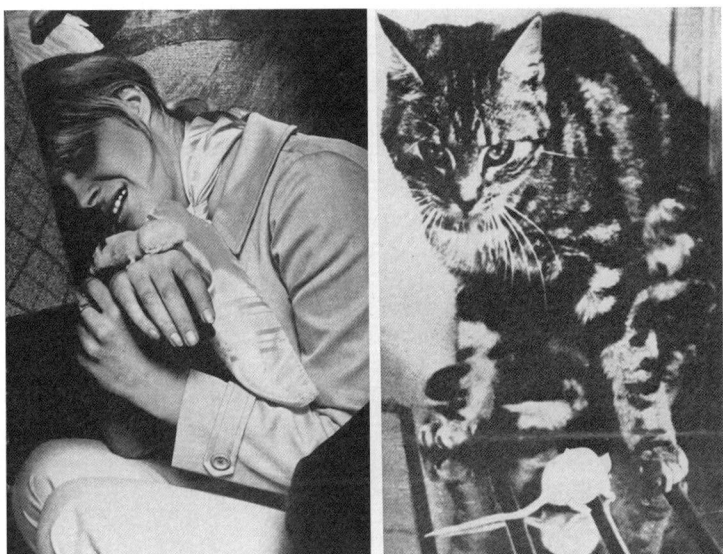

Abb. 3: Aufgehobene Konzepte: Frau unter LSD erlebt eine Maus;
Katze unter LSD ängstigt sich vor einer Maus.

gewöhnlichen Alltagswahrnehmung, die einem „Reduktionsventil" gleiche. Regelmäßig kommt es nämlich unter Psychedelika zu einer Aufhebung von gelernten Mustern der Aufmerksamkeitssteuerung, einer „Dekonditionierung des Wahrnehmungsapparates". In unserem Alltagsleben wird die Aufmerksamkeit ganz unmittelbar durch unsere Interessen gesteuert. Wir erleben somit die Aspekte der Umwelt (und innerer Prozesse) immer konform der interessengeleiteten Struktur unserer Wahrnehmung. Eine entkonditionierende Wirkung zeigt sich auch in Tierversuchen, wo vorher gelernte Konditionierungen aufgehoben werden. Spektakuläres Beispiel sind Versuche mit Katzen, die unter der Wirkung von LSD Befremden oder gar Angst vor Mäusen verspüren (Abb. 3).

Huxley schreibt: „Es gibt eine transzendente Spontaneität des Lebens, eine ‚schöpferische Wirklichkeit', … die sich einzig als immanent offenbart, wenn sich der Verstand des Wahrnehmenden in einem Zustand ‚aufmerksamer Passivität' oder eines ‚urteilsfreien Bewusstseins' befindet. Urteil und Vergleich bringen uns unwiderruflich in den Zustand der Dualität. Nur ein urteilsfreies Bewusstsein kann zur Nichtdualität, zur Versöhnung von Gegensätzen in einem absoluten Verständnis und einer vollkommenen Liebe führen … Dieses urteilsfreie Bewusstsein, das die unterschiedlichen Schichten des Egos durchdringt, wird Liebe und Verständnis erwecken … Das urteilsfreie Bewusstsein ist … die einzig wirksame Form der Meditation" (HUXLEY 1983).

Neben der Aufmerksamkeitssteuerung, die die aufzunehmenden Sinnesdaten bestimmt, spielen auch Verarbeitungsprozesse im Gehirn eine Rolle. Gewöhnlich setzen sich unsere Wahrnehmungen aus den Sinnesdaten und Verarbeitungsprozessen im Gehirn zusammen. Dazu gehört insbesondere der ständige Abgleich der eintreffenden Sinnesdaten mit unseren Vorerfahrungen und den daraus gebildeten Konzepten. Dieser Abgleich ermöglicht es, mit einer sehr geringen Zahl von tatsächlich ins Bewusstsein gelangenden Daten unser Verhalten realitätsgerecht zu steuern. Psychedelika verändern nun den Bewusstseinsrahmen und lassen erheblich größere Datenmengen in das Bewusstsein fließen. Das ermöglicht weniger vorgefasste Wahrnehmungen, fasziniert und kann übergeordnete Perspektiven und neue Bedeutungen erschließen. Dies gilt insbesondere im Bezug auf die Wahrnehmung der Natur, wo die Ausstrahlungen, die von den Dingen selbst ausgehen, ihr „Urduft" (Stefan George), wahrnehmbarer werden. Gelegentlich wurde dies auch als eine Wiederkehr des „unbefangenen Staunens der Kindheit" beschrieben; wogegen die alltagsbezogene Wahrnehmungssteuerung eher eine instrumentell eingeengte Wirklichkeitsschau repräsentiert. Allerdings macht uns diese Öffnung auch unfähiger, unser Verhalten mit Konzepten zu steuern, was klar macht, warum Menschen in psychedelischen Zuständen einer geschützten Umgebung bedürfen.

Der unkonfessionelle Weise Jiddu Krishnamurti hat die Implikationen eines entkonditionierten, erweiterten Bewusstseins so beschrieben: „Die Wahrheit oder Gott ist vollkommen unbekannt. Du magst darüber nachdenken, magst darüber spekulieren, aber die Wahrheit bleibt doch immer unbekannt. Das Bewusstsein muss erst die Vergangenheit abstreifen, muss frei werden von allen Dingen, die es gewusst hat, und das Gewusste besteht aus den akkumulierten Erinnerungen und Problemen der täglichen Existenz. Wenn also eine radikale Veränderung, eine fundamentale Transformation entstehen soll, muss das Bewusstsein das Gewusste hinter sich lassen" (KRISHNAMURTI in BLAU 1995: 170).

Einmal traf ich einige mir bekannte Personen wieder, die ich in den 1980er Jahren bei psychedelischen Ritualen beobachtet hatte. Diese hatten sich damals von den Substanzen – nach initialen Inspirationen – verabschiedet und waren systematischere Wege (Meditation, Sufi-Praktiken usw.) zur Erlangung religiöser Erfahrungen und Weisheiten gegangen. Ich blickte stets etwas neidisch auf diese Freunde, da sie einen geordneten und zielorientierten Weg zu gehen schienen. Das erschien mir lange Zeit erfolgversprechender als der etwas „chaotische" Weg, der mir beschieden war. Auf Nachfrage erfuhr ich, dass sich bei ihnen inzwischen ein Sinneswandel ereignet hatte. Sie stellten fest, dass sie sich bei ihrem gezielten Bemühen sehr mit einer „typisch männlichen" Zielgerichtetheit und Einengung identifiziert hatten; nicht zuletzt, um „möglichst schnell und effektiv" ans Ziel zu gelangen. Was dabei zu kurz kam, war sowohl die Beziehung zur Natur als auch die unbefangene – aus immer wieder neuen Perspektiven sich gestaltende – tiefe Reflexion auf sich selbst und die eigene (bewusste wie unbewusste) Lebenspraxis. Eine regelmäßige Erscheinung bei der meditativen Nutzung von psychedelischen Bewusstseinszuständen (durch psychisch gesunde Personen) ist die Vermittlung einer Art Meta-Perspektive auf sich selbst. Aus einer dem Alltagsleben und der momentanen Verfassung übergeordneten Sicht kann man sein Leben, seine Beziehungen und sein Verhalten betrachten. Es wird wahrnehmbar, wo sich ungute Entwicklungen abspielen und wo Möglichkeiten zum Besseren bereitliegen. Mit anderen Worten: Es kommt zu einer geschärften Wahrnehmung von Inkongruenzen der Beziehungs- und Lebensgestaltung einer Persönlichkeit mit den in ihr vorhandenen Möglichkeiten und Entwicklungspotentialen. Eine Beschreibung dieses Wirkungsgefüges mit den Begriffen falsches, wahres und höheres Selbst soll hier vermieden werden.

Unsere Selbstwahrnehmung ist ja oft dadurch begrenzt, dass die Wahrnehmung problematischer Bereiche der eigenen Persönlichkeit bzw. des eigenen Verhaltens durch Gewöhnung ausgeblendet wird. Durch die Unmöglichkeit einer solchen Ausblendung unter der Wirkung von Psychedelika gestaltet sich der durch sie begleitete Weg schwieriger, ist aber womöglich auch freier von solchen Beschränkungen der schleichenden Gewöhnung. Anscheinend kann sich die Abwehr gegen dem Selbstbild zuwiderlaufende Aspekte von Selbst und Wirklichkeit den Einflüssen eines systematischen Schulungsweges besser anpassen, als dies bei den oft drastischen Wahrnehmungsveränderungen unter Psychedelika möglich ist. In der gemeinsamen Diskussion mit den besagten Freunden kamen wir zu dem Schluss, dass von ihnen „das Weibliche", zum einen als eigenseelischer Anteil (Anima) als auch als das umfassende Ganze (der Natur), zu sehr vernachlässigt worden sei. Einen darum erweiterten Zugang zur Natur, zu sich selbst und zum Weiblichen – das war es, was sie suchten.

Die Auffassung Carl Gustav Jungs und Gefahren auf dem Weg

Sich mit der gelegentlichen Einnahme von Psychedelika spirituell zu entwickeln, ist, wie schon oben erwähnt, ein eher selten begangener Weg. Er hat seine schwierigen Seiten etwa darin, dass *illegale* Substanzen zu sich genommen werden müssen und dass die erzeugten Erfahrungen stark variieren können (auch bei derselben Person unter denselben Umständen), so dass sie immer eine Ungewissheit über das zu erwartende Ergebnis mit sich bringen. Es wirken sich die aktuellen Umstände, die Absicht der Einnahme sowie insbesondere auch die aktuelle Lebenssituation der Person auf die Ausformung der jeweiligen Erfahrungen aus.

Typischerweise werden durch die Wirkungen von Psychedelika Inhalte und Konflikte aus dem Unbewussten freigesetzt bzw. bewusst. Dies hat man in der Psychotherapie dahingehend genutzt, dass man mit niedrigen Dosen LSD oder Psilocybin einen traumartig veränderten Bewusstseinszustand erzeugte, der in der Dynamik seiner Erlebnisinhalte weitgehend dem Traum entspricht und von daher einen Zugang zu unbewusstem Material – auch bei sehr verschlossenen Patienten – versprach (Psycholytische Therapie). Auch an der nach C.G. Jung arbeitenden Klinik am Zürichberg wurden Ende der 1960er Jahre einige psycholytische Behandlungen mit LSD durchgeführt (BAKER 1970). Ist diese Freilegung des Unbewussten jedoch nicht mit einer psychotherapeutischen Aufarbeitung verbunden, so kann daraus das Problem resultieren, dass Inhalte frei werden, die sich nicht ohne Weiteres in die Persönlichkeit integrieren lassen und ihre Entwicklung sogar stören können.

Nach Aussagen von Aniela Jaffe brachte Jung „den wissenschaftlichen Meskalinexperimenten großes Interesse entgegen. Er fand in ihnen Bestätigung seiner Forschungen über die Erscheinungen des Unbewussten und deren Numinosität" (JAFFE 1978, S. 82). Nach der Auffassung Jungs eröffnen Psychedelika durch Schwächung des Bewusstseins den Zugang zum Unbewussten. Beim Absinken der Bewusstseinsschwelle bleibe aber die wahrnehmende, erlebende und unterscheidende Funktion des Ichs erhalten. Es komme zu einer „Erniedrigung der Bewusstseinsschwelle, [welche] die normalerweise unbewussten Perzeptionsvarianten (d.h. die zahlreichen Form-, Sinn- und Wertnuancen) wahrnehmbar macht und dadurch die Apperzeption einerseits erstaunlich bereichert, andererseits aber auch der Integration in die allgemeine Bewusstseinsorientierung entzieht …" (JUNG, Ges. Werke Bd. 3, S. 303). Aufgrund der Numinosität des Unbewussten könne es dann zu religiösen oder pseudoreligiösen Erfahrungen kommen. Doch stellt sich für Jung die Frage, ob eine künstlich hervorgerufene Erfahrung des Unbewussten mit der Entwicklung und Reife der Person übereinstimmt, welche diese Erfahrung macht. „Ich weiß nur, es ist zwecklos, über das kollektive Unbewusste mehr wissen zu wollen als Träume und Intuitionen vermitteln. Je mehr man darüber weiß, desto größer wird die moralische Belastung, denn sobald Inhalte aus dem Unbewussten bewusst zu werden beginnen, wandeln sie sich in individuelle Aufgaben und Pflichten". Doch kann Jung sich auch eine positive und bereichernde Wirkung vorstellen: „Ist man zu unbewusst, dann bedeutet etwas mehr Wissen über das kollektive Unbewusste eine große Erleichterung. Aber das vermehrte Wissen wird rasch zur Gefahr, wenn man nicht zugleich lernt, ihm ein bewusstes Äquivalent entgegenzusetzen." (JUNG 1954, Brief an einen katholischen Priester).

Zusätzliche Probleme stellen sich dann, wenn die Einnahme von Psychedelika mit Regelmäßigkeit und in einem kirchlichen Rahmen stattfindet. So haben durch eine seit den 1990er Jahren aufkommende missionarische Verbreitung von zwei brasilianischen Religionsgemeinschaften namens *Santo Daime* und *União de Vegetal* auch in Mitteleuropa nicht wenige Menschen einen regelmäßigen Zugang zu religiösen psychedelischen

Ritualen bekommen. Der pflanzliche Ayahuasca-Trank, der bei diesen Gottesdiensten verabreicht wird, enthält ein starkes psychedelisches Mittel (Dimethyltryptamin), welches in Brasilien als Heilmittel angesehen wird. Durch die äußere Strukturierung der Erfahrung ist im kirchlichen Rahmen zwar ein gewisser Schutz vor Störungen gegeben, aber es bestehen auch Gefahren. Dazu zählen die Entwicklung einer Sektenstruktur in den Gruppen wie auch die (narzisstische Fantasien nährende) Annahme, aufgrund der besonderen Erlebnisse zu einem Kreis von „Auserwählten" zu gehören. Überdies darf die Gruppenwirkung nicht unterschätzt werden. Diese vermittelt – nicht zuletzt aufgrund der besonderen Eindrücklichkeit der Erlebnisse – ein Zugehörigkeits- und Gemeinschaftsgefühl, welches ein Ausweichen vor den eigenen, ganz persönlichen Problemen ermöglichen oder fördern kann. Außerdem kann die Erwartung begünstigt werden, dass psychedelische Erfahrungen eine „Hilfe aus dem Inneren" anbieten und man sich ohne die Hilfe und Liebe anderer heilen könne. Obgleich es solche Selbstheilungen manchmal durchaus geben kann, mag es Menschen mit Schwierigkeiten, sich anderen gegenüber wirklich zu öffnen, verführen anzunehmen, eine solche Öffnung zum anderen hin sei gar nicht mehr nötig. Eine religiöse Inspiration oder Erfahrung ist jedoch noch lange kein Beleg für eine gelungene Heilung, sondern kann auch Verblendung bedeuten. Eine Gefahr aus psychotherapeutischer/spiritueller Sicht kann demnach auch darin bestehen, dass, aufgrund der besonderen Eindrücklichkeit, Tiefe und etwaig auch Gottesnähe der Erfahrungen, der Eindruck bzw. die Haltung entsteht, man sei so etwas Besonderes, dass man sich um die schwierigen Probleme in der Alltagswirklichkeit nicht mehr wirklich zu kümmern bräuchte. Hier besteht somit die Gefahr, dass der Bezug zu Inhalten des kollektiven Unbewussten in unzuträglicher Weise die Oberhand über die „Kleinarbeit am Ich" (Freud) gewinnt.

Ich schließe mit einem Wort von Sidney Cohen, einem der bedeutendsten Erforscher des LSD: „[LSD] erschafft keinen Charakter, erzieht nicht das Gefühl oder verbessert die Intelligenz. Es ist kein Werkzeug zur spirituellen Arbeitsersparnis und Läuterung, keine Instant-Weisheit oder eine Abkürzung zu menschlicher Reife. Es kann jedoch eine Möglichkeit sein, sich selbst und die Welt auf neue Weise zu erfahren – und davon zu lernen" (Cohen 1964).

Literatur

Badiner AH (ed.) (2002): Zig Zag Zen – Buddhism and Psychedelics. San Francisco

Baker IF (1970): LSD and analytical psychology. Zürich: Clinical and Research Center for Jungian Psychology

Blau E (Hrsg.) (1995): Krishnamurti – 100 Jahre. Grafing

Cohen S (1964): The beyond within. New York

Friedrichs H (2009): Die Psychologie des Meskalinrausches [1940]. Berlin

Griffiths RR, Richards W, Johnson M, McCann U, Jesse R (2008): Mystical-type experiences occasioned by psilocybin mediate the attribution of personal meaning and spiritual significance 14 months later. Journal of Psychopharmacology 22: 621–32

Griffiths RR, Richards WA, McCann U, Jesse R (2006): Psilocybin can occasion mystical-type experiences having substantial and sustained personal meaning and spiritual significance. Psychopharmacology 187: 268–83

Grof S, Halifax J (1979): Die Begegnung mit dem Tod. Stuttgart

Heigl, P (1980): Mystik und Drogenmystik – Ein kritischer Vergleich. Düsseldorf

Huxley A (1956): Die Pforten der Wahrnehmung. München

Huxley A (1983): Moksha. Auf der Suche nach der Wunderdroge. München

Jaffe, Aniela (1978): Der Mythus vom Sinn im Werk von C. G. Jung. Olten, Freiburg i. Br.

Josuttis M, Leuner H (Hrsg.) (1972): Religion und die Droge. Stuttgart

Jung CG (1968): Die Schizophrenie. In: Gesammelte Werke Bd. 3. Olten, Freiburg i. Br., S. 553–584

Jungaberle H, Gasser P, Weinhold J, Verres R (Hrsg.) (2008): Therapie mit psychoaktiven Substanzen. Bern, Stuttgart

Leuner H (1981): Halluzinogene. Bern

Pahnke WN (1966): Psychopharmaka und mystische Erfahrung. Zeitschrift für Parapsychologie und Grenzgebiete der Psychologie 9: 85–106

Passie T (o. J. [2005]): Meskalin in Deuschland 1912–1945: Grundlagenforschung, Selbstversuche und Missbrauch. In: Pieper, W. (Hrsg.): Nazis on Speed Bd. 1. Löhrbach, S. 234–244

Smith H (2000): Cleansing the Doors of Perception. New York

Stace WT (1960): Mysticism and Philosophy. London

Formen ekstatischen Erlebens beim verstärkten Atmen (Hyperventilation)

Torsten Passie, Randolph Pleske und Hannah Binder

Einleitung

Das verstärkte Atmen ist eine uralte Methode zur Tranceerzeugung bzw. Veränderung des Bewusstseinszustandes, die im Schamanismus und bei religiösen Praktiken verwendet wird. Verstärktes Atmen wird in der Schulmedizin als Überatmung oder Hyperventilation (HV) bezeichnet. Hyperventilation ist so definiert, dass ein Mensch mehr bzw. stärker atmet als es seine körperlichen Bedürfnisse erfordern. Dadurch kommt es zu verschiedenen Wirkungen auf die Physiologie des Organismus. In der medizinischen Literatur wird HV ausschließlich als krankhafter physiologischer Vorgang bzw. als psychopathologische Erfahrung beschrieben (z. B. Spinhoven 1992, Fried 1973, Weimann 1968).

In den 1970er Jahren wurde das verstärkte Atmen durch den amerikanischen Laientherapeuten Leonard Orr „wiederentdeckt" und als „Selbsthilfemethode" verbreitet. Unter den Bezeichnungen „Rebirthing" (Orr und Ray 1979) und „Holotropes Atmen" (Grof 1987, Grof und Grof 2013) sind solche Methoden heutzutage praktisch weltweit als (psycho-)therapeutische Methoden verbreitet. Trotz dieser Verbreitung wurden bisher die subjektiven Erlebnisveränderungen durch eine längerdauernde (therapeutisch) intendierte HV nicht systematisch untersucht.

Diese Lücke in der wissenschaftlichen Forschung versuchten wir mit unseren Untersuchungen zu schließen. Zusammen mit Kollegen an der Medizinischen Hochschule Hannover und dem Bender Institute für Neuroimaging an der Universität Gießen hat unsere Gruppe seit mehr als zehn Jahren Forschungen zum „therapeutischen Atmen" auf praktisch allen Ebenen betrieben: Wir haben eine Reihe von

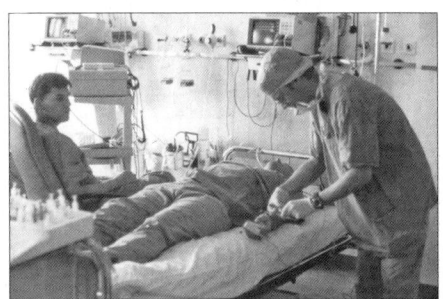

Abb. 1: Der Autor mit Dr. Frank Logemann an der Medizinischen Hochschule Hannover bei den ersten Versuchen zur Physiologie des verstärkten Atmens (1998) Foto: B. Panning

Blutwerten gemessen, Herzfunktion und Blutdruckwerte erfasst sowie Sauerstoff- und Kohlendioxidwerte erhoben. Außerdem haben wir Veränderungen der Hirndurchblutung, des Bewusstseinszustandes und des Gefühlserlebens untersucht. Das hat uns ein relativ vollständiges Bild dieser Zustände vermittelt.

Die der vorliegenden Darstellung zugrundeliegenden Untersuchungen hatten zum Ziel, die unter einer willentlich forcierten HV auftretenden psychischen Veränderungen mit Fragebögen psychometrisch zu objektivieren (Studie 1) und die sich aus den subjektiven Erlebnisbeschreibungen ergebenden Erfahrungsmuster und Erlebnisweisen zu systematisieren und darzustellen (Studie 2). Ausschnitte aus diesen beiden Untersuchungen werden im Folgenden dargestellt, mit einem Schwerpunkt auf den ekstaseartigen Erlebnisphänomenen. Außerdem wird ein plausibler hirnphysiologischer Wirkmechanismus für das veränderte Erleben beim verstärkten Atmen vorgestellt.

Physiologische Veränderungen durch verstärktes Atmen

Es erscheint uns angebracht, zunächst in einfachen Worten die Auswirkungen von HV auf den menschlichen Organismus zu skizzieren.

Im Körper wird Sauerstoff zu Kohlendioxid (CO_2) „verbrannt", um den Muskeln, aber auch dem Gehirn und anderen Geweben Energie zur Verfügung zu stellen. Da CO_2 als Endprodukt beim Stoffwechsel anfällt, zeigt der CO_2-Gehalt das Ausmaß des Stoffwechsels in einem Körpergewebe an. Daher nutzt der Körper den CO_2-Gehalt, um den Stoffwechsel eines Gewebes festzustellen und das Maß der Durchblutung darauf einzustellen. Mit anderen Worten: Wo mehr Stoffwechsel stattfindet, fällt mehr CO_2 an und die Blutgefäße erweitern sich.

Beim verstärkten Atmen wird vermehrt CO_2 abgeatmet und der CO_2-Spiegel in den Geweben sinkt ab (vgl. Abb. 4, S. 214). Daher nimmt der Körper an, dass weniger Stoffwechsel stattfindet, und verengt die Gefäße. Demnach „blufft" man beim verstärkten Atmen den Körper. Denn obwohl während des verstärkten Atmens mehr Sauerstoff verbraucht wird, wird durch den verringerten CO_2-Gehalt vorgetäuscht, die Gewebe bräuchten kaum Sauerstoff. Somit verengen sich die Blutgefäße und es findet weniger Blutdurchfluss statt.

Für das therapeutische Atmen sind vor allem die Wirkungen auf die Hirndurchblutung von Bedeutung. Schon 1946 hat man festgestellt, dass bei verringertem Kohlendioxidgehalt durch verstärktes Atmen die Hirndurchblutung um bis zu 30 Prozent absinkt (KETY et al. 1946). Neuere Untersuchungen mit bildgebenden Methoden („Neuroimaging") haben gezeigt, dass die Durchblutung in der äußeren Schicht des Gehirns, also der Hirnrinde, am stärksten vermindert ist. In der Mitte des Gehirns, wo die Zentren des Gefühlslebens liegen, fällt die Durchblutung dagegen nicht so stark ab (BEDNARCZYK et al. 1990, POSSE et al. 1997). Das bedeutet, dass die Schicht der „grauen Zellen", das Denk- und Kontrollorgan sozusagen, stärker in ihrer Funktion geschwächt wird als die tieferliegenden Hirnstrukturen. Daher kommt es zu einer Verminderung von Kontrollmechanismen und einer Verstärkung des Gefühlserlebens, aber auch zu Schwindel und geistigen Veränderungen. Im Anschluss an die HV-Phase, also die Phase des aktiven Atmens, steigt der CO_2-Gehalt wieder an und die Blutgefäße weiten sich. Bei vielen unserer Probanden fiel in der Nachphase der Sauerstoffgehalt zeitweilig ab, weil der „Atemantrieb" durch den erhöhten CO_2-Spiegel fehlte, was aber unproblematisch ist, da der Körper das gut toleriert. Es gibt noch einige weitere körperliche und biochemische Veränderungen, doch das sind die wichtigsten.

Als Begleiterscheinungen oder „Nebenwirkungen" des verstärkten Atmens treten Verkrampfungen der Hände und manchmal Empfinden von erschwertem Atmen auf. Gesunden Menschen kann im Stehen schwindelig werden; im Sitzen oder Liegen ist das aber kein Problem. Diese Nebenwirkungen sind harmlos und medizinisch unbedenklich (WEIMANN 1968).

Verstärktes Atmen ist für gesunde Menschen ungefährlich. Nicht so atmen sollten schwer herzkranke Menschen, bei denen sich die ohnehin schon verringerte Durchblutung des Herzens weiter verringern kann. Bei Menschen mit einer Epilepsie, also mit vom Hirn ausgehenden Krampfanfällen, kann das verstärkte Atmen das Gehirn „reizen" und einen Krampfanfall auslösen. Dass es beim verstärkten Atmen bei gesunden Menschen nicht zu gefährlichen oder bleibenden Schädigungen kommt, ist durch wissenschaftliche Untersuchungen belegt (vgl. BROWN 1953, GARDNER 1996).

Verstärktes Atmen zur Tranceerzeugung und in der Psychotherapie

Man könnte vermuten, dass die bewusstseinsverändernde Wirkung des verstärkten Atmens von Urmenschen beim Feueranblasen entdeckt wurde. Schamanen, die urtümlichen Medizinmänner, haben das Atmen wahrscheinlich seit Jahrtausenden zur Tranceerzeugung angewandt (LOMMEL 1965). Noch heute gibt es bei Buschleuten in der Sahara einen Heilungs-Trancetanz, bei dem im Kreis gehend bis zum Eintreten einer Trance verstärkt geatmet wird (Abb. 2) (KATZ 1985, PFEIFFER 1973).

Die islamischen Mystiker, die Sufis, verwenden das verstärkte Atmen zur Hervorrufung religiöser Trancezustände. Auch im Yoga gibt es zwei Techniken, bei denen eine verstärkte Atmung angewendet wird (LYSEBETH 1977). Unse-

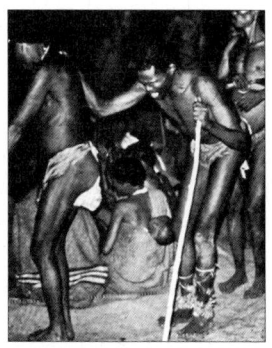

Abb. 2: !Kung-Buschleute in der Sahara bei einem Heiltanzritual mit verstärktem Atmen

re Arbeitsgruppe an der Medizinischen Hochschule Hannover konnte plausibel machen, dass auch in der Sexualität verstärktes Atmen in Form des „Stöhnens" eine Rolle bei der Vertiefung sexuellen Erlebens spielt (PASSIE et al. 2003, 2004). Doch die ursprüngliche

Archaisch	Feueranblasen	Sexualität	Schluchzen
Vorgeschichtlich	Schamanen	Afrikanische Buschleute	
Religiöse Tradition	Sufis	Yoga	
Neuzeitliche Mystik	Swedenborg	Ouspensky	

Abb. 3: Übersicht zur Herkunft des verstärkten Atmens

kathartische, reinigende Wirkung ist beim Schluchzen verwirklicht, wo es sowohl zum verstärkten Atmen als auch zur Freisetzung von Gefühlen kommt (Abb. 3).

Mitte der 1970er Jahre „entdeckte" Orr die therapeutische Wirkung und begann, es als eine „Selbsthilfemethode" zu verbreiten. Orr wurde in den Folgejahren allerdings immer obskurer in seinen Ansichten und Praktiken. So nutzte er zunehmend autosuggestive Affirmationen, propagierte „spirituelle Reinigung" durch das Atmen und brachte später auch das Erreichen von „Reichtum und Unsterblichkeit" mit dem Atmen in Zusammenhang (ORR und RAY 1979). Um 1980 kam der international bekannte LSD-Forscher und Psychotherapeut Stanislav Grof dazu. Er kombinierte das Atmen mit starker, treibender Musik und forcierte den Ausdruck von Gefühlen und körperlichen Spannungen (GROF 1987).

Von der nachfolgenden Generation wurde das verstärkte Atmen nicht mehr als Mittelpunkt der Therapie gesehen, sondern in der „Integrativen Atemarbeit" (PLATTEEL-DEUR und MENSING 1993) und der von Pleske und Pleske praktizierten „Atemzentrierten Psychotherapie" mit einer längerfristigen Psychotherapie verknüpft. Zur heutigen Verbreitung der Methode ist zu sagen, dass die Methode eher randständig ist, obwohl weltweit sicher Zehntausende diese Atemerfahrungen gemacht haben.

Trotz der Tatsache, dass der Methode ein plausibler Wirkmechanismus zugrunde liegt und die auftretenden psychologischen Phänomene gut zu therapeutischen Prozessen passen, wurden wissenschaftliche Untersuchungen, die eine therapeutische Wirksamkeit unzweifelhaft feststellen könnten, bisher nicht durchgeführt.

Definitionen: Therapeutisches Atmen, HV-Phase, Nachphase

Zur Klärung der im Folgenden verwendeten Begriffe werden hier Definitionen für drei wichtige Begriffe gegeben.

Therapeutisches Atmen (nach Pleske) ist ein verstärktes Atmen in einem psychotherapeutischen Rahmen im Einzel- oder Gruppensetting. Die verstärkte Atmung erfolgt ohne Musik und Körperarbeit. Es werden keine Kopfhörer oder Augenklappen verwendet. Das verstärkte Atmen wird vom Therapeuten begleitet und erstreckt sich über einen Zeitraum von 30 bis max. 60 Minuten, woran sich eine 20- bis 30-minütige Ruhephase (Nachphase) mit sanfter, fließender Musik anschließt. Während der Phase des aktiven Atmens bleibt der Therapeut in ständigem Kontakt mit den/dem Klienten. Verbale psychotherapeutische Interventionen sind Teil der Methode. Das Ausleben von Gefühlen wird nicht forciert, aber zugelassen (vgl. Passie und Pleske 2011).

Als HV-Phase wird hier die Phase des verstärkten Atmens bezeichnet. Während dieser Phase wurde verstärkt geatmet, mit einer Frequenz von 25–30 pro Minute bei einer nach Möglichkeit gleichbleibend erhöhten Atemtiefe. Die HV-Phase im Rahmen der hier geschilderten Versuche war jeweils 30 Minuten lang, die Dauer der Nachphase betrug ebenfalls 30 Minuten.

Als Nachphase wird jene Phase einer Atemsitzung bezeichnet, die sich unmittelbar anschließt, wenn das verstärkte Atmen (=HV) eingestellt wird. Erst nach einer mindestens 20-minütigen Phase verstärkten Atmens ist die Nachphase voll ausgeprägt. Während der Nachphase kommt es zu einer 20 bis 30 Minuten dauernden Rückbildung der durch das verstärkte Atmen im Körper verursachten Veränderungen. Das Erleben ist während dieser Phase von ausgeprägter körperlicher und seelischer Entspannung und einem regressiven Bewusstseinswandel geprägt.

Veränderungen des Bewusstseins und Gefühlserlebens bei verstärktem Atmen

Es wurde von uns eine Untersuchung durchgeführt, welche die Frage verfolgte, ob sich unter der Wirkung einer HV objektiv messbare Veränderungen des Bewusstseins und der Affektivität ereignen. Dafür wurde ein wissenschaftliches Experiment an der Medizinischen Hochschule Hannover durchgeführt.

Da bisher keine wissenschaftliche Studie dieser Art durchgeführt wurde, war eine statistische Power-Analyse vorab nicht möglich, so dass von einem „gewöhnlichen Stichprobenumfang" auszugehen war. An der Studie nahmen insgesamt 26 Personen teil. Die HV-Gruppe bestand aus 15 Teilnehmern, davon 4 Frauen und 11 Männer (mittleres Alter 36.2 ± 5.16 Jahre). Die Kontrollgruppe bestand aus 5 Frauen und 6 Männern (mittleres Alter 31.6 ± 6.65 Jahre). Bei keinem der Teilnehmer wurden bei den Voruntersuchungen körperliche oder psychische Erkrankungen festgestellt. Alle Teilnehmer hatten Abitur.

Die Blutgasanalyse wurde mit einem Messgerät durchgeführt, welches keine Hautverletzung nötig machte. Es wurde lediglich ein Sensor auf den Unterarm geklebt. Mit dem Gerät (TINA® TCM3/TCC3 der Firma Radiometer, Kopenhagen) wurden dann Sauerstoff und CO_2 kontinuierlich online und computerkompatibel gemessen.

Die Teilnehmer der HV-Gruppe wurden angehalten, mit höherer Frequenz und tiefer als gewöhnlich zu atmen, wobei die HV-Gruppe während der 30-minütigen HV-Phase auf Atemfrequenzen von 25–30 pro Minute und eine gleichbleibende Atemtiefe kontrolliert wurde. Nach 30 Minuten wurden die Teilnehmer der HV-Gruppe angewiesen, die verstärkte Atmung einzustellen. Die Blutgas-Messungen wurden während der folgenden 30 Minuten (hier als „Nachphase" bezeichnet) fortgesetzt, so dass der Messzeitraum insgesamt 60 Minuten umfasste. Im Anschluss an die Messung füllten die Versuchspersonen die bereitliegenden Fragebögen aus. Der Ablauf war bei der Kontrollgruppe identisch. Auch diese lagen auf der gleichen Liegefläche in der gleichen Position, wurden aber angewiesen, mit normaler Frequenz und Tiefe zu atmen.

Zur Messung veränderter Bewusstseinszustände wurde der 5D-APZ-Fragebogen eingesetzt, der aus 94 Items besteht. In dem Fragebogen werden generelle Statements bezüglich eigenen Empfindens mithilfe einer visuellen Analog-Skala (1–100 mm lang) zwischen den Polen „nicht mehr als gewöhnlich" und „sehr viel mehr als gewöhnlich" bewertet. Es können mit dem Fragebogen fünf Hauptdimensionen veränderter Bewusstseinszustände festgestellt werden. Die fünf Hauptdimensionen sind: 1. Ozeanische Selbstentgrenzung (OSE); 2. Angstvolle Ichauflösung (AIA); 3. Visionäre Umstrukturierung (VUS); 4. Vigilanz-Reduktion (VIR) und 5. Auditive Veränderungen (AWV) (Tabelle 1). Der 5-D-APZ ist ein international validierter Standardfragebogen zur Messung von veränderten Bewusstseinszuständen (DITTRICH 1998).

Bei unserer Untersuchung wurden noch weitere Fragebögen eingesetzt. Doch für das hier behandelte Thema ist neben dem 5D-APZ nur noch das *Phenomenology of Consciousness Inventory* (PCI) in der deutschen Version (RUX 2002) von Interesse. Dieser Fragebogen hat 56 Items, die verbal zwei Pole des Erlebens charakterisieren und jeweils mit einer 7-stufigen numerischen Analog-Skala versehen sind. Die Fragen erfassen verschiedene Aspekte bewussten Erlebens, insbesondere des Gefühlserlebens. Der PCI-Fragebogen wurde in umfangreichen Studien validiert und gilt als Standardinstrument zur Erfassung veränderter Bewusstseinszustände (PEKALA 1991).

Statistische Auswertung

Für die statistische Analyse der Daten wurde das Programm SPSS (Statistical Package for the Social Sciences) verwendet. Die zwei Gruppen wurden miteinander verglichen, um statistisch signifikante Unterschiede bestimmen zu können. Ein Two-tailed Mann-Whitney U Test wurde angewandt. Als signifikant werden Unterschiede bezeichnet, wenn p kleiner als 0,05 war und als hochsignifikant, wenn ein p kleiner als 00,1 gegeben war.

1. Ozeanische Selbstentgrenzung (OSE)

Diese Skala misst strukturelle Erlebnisveränderungen des Selbsts und des Körpers, der Beziehung zur Umwelt, Veränderungen des Zeiterlebens und positive Stimmungsveränderungen. Der Begriff „ozeanische Selbstentgrenzung" ist angelehnt an den Begriff des „ozeanischen Gefühls" von Sigmund Freud, welcher zum Terminus technicus für Ekstase oder „kosmisch-mystische" Erfahrungen in der Psychoanalyse geworden ist. Im Kern beschreibt er eine positiv erlebte Erfahrung der Ich-Auflösung mit begleitenden Glücksgefühlen. Die Ichgrenzen erscheinen aufgelöst und die Unterscheidung von Individuum und Umwelt verschwimmt bzw. wird aufgehoben.

Repräsentative Items für die OSE-Skala:
• Es schien mir, dass ich und die Umwelt eins waren.
• Ich fühlte mich sehr glücklich ohne äußeren Anlass.

2. Angstvolle Ich-Auflösung (AIA)

Diese Skala beschreibt eine unangenehme Erfahrung. Das Ich wird mit Pein und Angst erlebt. Die Kontrolle über die Ich-Funktionen, die desintegriert oder fragmentiert sein können, ist stark geschwächt. Das Ich droht sich aufzulösen, was als entmächtigend und bedrohlich erlebt wird. Die Selbstkontrolle ist vermindert oder aufgehoben. Die Denkprozesse sind beschleunigt oder verlangsamt, nicht selten fragmentiert; inhaltlich besetzt von ängstigenden Themen. Zeit kann als quälend langsam erlebt werden.

Repräsentative Items für die AIA-Skala:
• Es schien mir, als wenn da eine unsichtbare Wand zwischen mir und der umgebenden Welt war.
• Ich fürchtete, die Kontrolle über mich zu verlieren

3. Visionäre Umstrukturierung (VUS)

Bei vielen veränderten Bewusstseinszuständen sind visionär-halluzinatorische Phänomene ein typischer Aspekt. Diese lassen sich in drei Formen unterteilen:
1. elementare, „primitive" optische Phänomene;
2. organisierte szenische halluzinatorische Phänomene, die komplex strukturiert und meist mit dazugehörigen Affekten integriert sind;
3. Veränderungen der Erscheinung und Bedeutung von in der Außenwelt wahrgenommenen Objekten.
Auch hypnagoge Imaginationen und Synästhesien gehören zum Messbereich dieser Skala.

Repräsentative Items für die VUS-Skala:
• Ich sah Lichter oder Lichtblitze in totaler Dunkelheit oder mit geschlossenen Augen.
• Die Dinge in meiner Umgebung hatten eine neue, fremdartige Bedeutung für mich.

4. Vigilanz-Reduktion (VIR)

Items dieser Skala charakterisieren verringerte Wachheit und eine mögliche Trübung des Bewusstseins. Dies geht typischerweise mit einer Vigilanzminderung oder -fluktuation einher und ist meist mit einer reduzierten kognitiven Performanz und Selbstkontrolle assoziiert.

Repräsentative Items für die VIR-Skala:
• Ich fühlte mich dösig.
• Meine Wahrnehmung war getrübt.

5. Auditive Wahrnehmungsveränderung (AWV)

Diese Skala erfasst akustische halluzinatorische Phänomene und besteht aus Items, die subtilere Veränderungen wie das Hören von Klicks oder amorphen Tönen beinhalten, bis hin zum Hören von Musik oder Stimmen. Manchmal kommentieren diese Stimmen das Denken oder die Handlungen der betreffenden Person.

Repräsentative Items für die AWV-Skala sind:
• Ich hörte diffuse Geräusche, ohne zu wissen, woher diese kamen.
• Ich schien meine eigenen Gedanken zu hören, als ob ich sie ausgesprochen hätte.

Tabelle 1: Beschreibung der Messdimensionen des 5-D APZ-Fragebogens
(nach Passie und Scharfetter 2003)

Allgemeine Beobachtungen

Bei den Probanden der HV-Gruppe wurden erhebliche Veränderungen des Befindens beobachtet. Diese bestanden neben einer körperlichen Unruhe während der HV-Phase in einer psychischen Enthemmtheit, einem veränderten Körperempfinden und einem intensivierten Gefühlserleben. Diese Veränderungen sind bei keinem der Probanden in der Kontrollgruppe aufgetreten. Außerdem berichteten alle Teilnehmer der HV-Gruppe über das Gefühl einer sehr tiefen körperlichen und psychischen Entspannung im Anschluss an die HV-Phase, also während der Nachphase; während die Probanden der Kontrollgruppe lediglich eine leichte Entspannung, manchmal mit Einschlaftendenz, zeigten.

Blutgasmessungen

Die Blutgasmessungen zeigten in der HV-Gruppe praktisch während der gesamten HV-Phase eine erhebliche Minderung des CO_2-Spiegels im Blut, während der

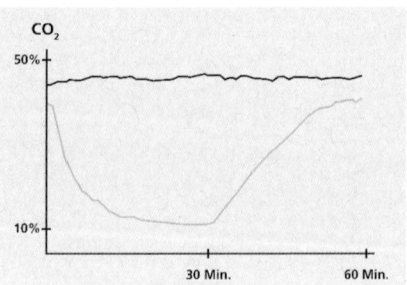

Abb. 4: Effekte einer 30-minütigen Hyperventilation und einer 30-minütigen Ruhephase nach der HV auf die im Blut gemessenen Kojlendioxid (CO_2)-Werte (HV-Gruppe = grau, Kontrollgruppe = schwarz).

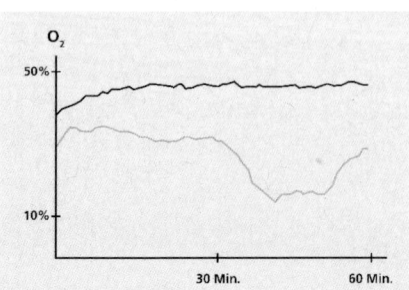

Abb. 5: Effekte einer 30-minütigen Hyperventilation und einer 30-minütigen Ruhephase nach der HV auf die im Blut gemessenen Sauerstoff (O_2)-Werte (HV-Gruppe = grau, Kontrollgruppe = schwarz).

Sauerstoffgehalt unverändert blieb. Erst nach Beendigung der HV-Phase zeigte sich bei den meisten Versuchspersonen eine Abnahme des Sauerstoffspiegels. Die Teilnehmer der Kontrollgruppe zeigten keine solche Veränderungen, bei ihnen bewegten sich CO_2- und Sauerstoffgehalt die gesamte Zeit im physiologischen Normbereich (Abb. 4 und 5).

Aufgrund der Ergebnisse ist festzuhalten, dass eine verstärkte Atmung über einen Zeitraum von 30 Minuten im Verlauf der ersten 10 Minuten zu einem starken Abfall von CO_2 im Blut führt, der während der gesamten HV-Phase erhalten bleibt. Die O_2-Konzentration zeigt ein minimales Absinken nach Beginn der HV. Der stärkste Abfall des Sauerstoffspiegels zeigt sich nach dem Ende der HV-Phase, also zu Beginn der Nachphase. Dies lässt sich vermutlich dadurch erklären, dass viele Probanden nach der HV eher weniger stark atmeten, bedingt durch den verringerten Atemantrieb bei niedriger CO_2-Konzentration. Nach Abschluss der einstündigen Messung erreichten die Werte wieder das Ausgangsniveau.

Veränderungen des Bewusstseinszustandes und der Affektivität

Abb. 6 zeigt die Ergebnisse des 5D-APZ-Fragebogens, vergleichend für beide Gruppen. In den Messdimensionen OSE und VUS sowie dem Gesamtscore gibt es hochsignifikante Unterschiede zwischen der HV- und der Kontrollgruppe, während der Unterschied in Bezug auf die Messdimension AIA signifikant ist. In den Messdimensionen VIR und AWV konnten keine signifikanten Unterschiede zwischen der HV-Gruppe und der Kontrollgruppe festgestellt werden.

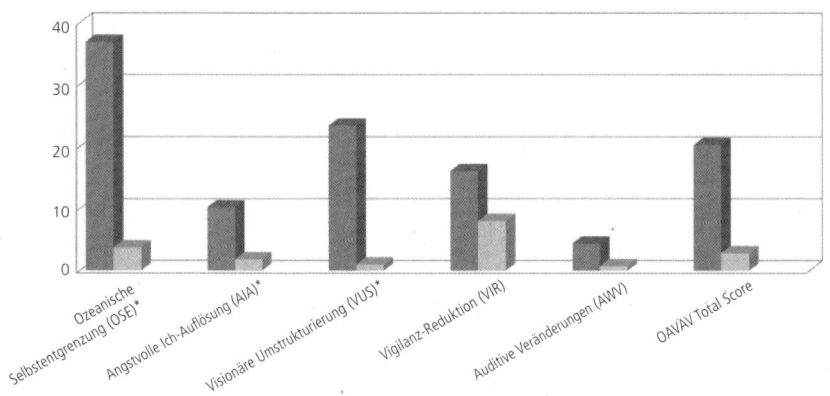

Abb. 6: Resultate des 5-D APZ-Fragebogens der HV-Gruppe (dunkelgrau) und der Kontrollgruppe (hellgrau) im Vergleich. Mittelwerte (* signifikant)

Die Messwerte mit dem zweiten von uns verwendeten Fragebogen, dem PCI, sollen hier nicht detailliert wiedergegeben werden. Sie bestätigen eine Zunahme des positiven Erlebens und eine (schwächere) Verstärkung von negativ erlebten Gefühlsempfindungen. Betrachtet man die drei Subdimensionen der „Positive Affect Dimension" des PCI, so fällt auf, dass zwar Empfindungen von Freude und Liebe verstärkt erlebt werden, das Erleben aber keine sexuellen Aspekte beinhaltet. Eine sexuelle Erlebniskomponente wäre aufgrund des weiter unten geschilderten „körpernahen Glückserlebens" jedoch durchaus zu vermuten gewesen.

Eine signifikante Steigerung des imaginativen Erlebens zeigt sich in der PCI-Messdimension „Imagery" nicht, doch ist die Subdimension „Amount", d.h. die Menge des Imaginierten, im Vergleich zur Kontrollgruppe signifikant erhöht. Außerdem fällt eine Fokussierung auf inneres Erleben auf, wie es in dem hohen Score der Subdimension „Direction of Attention" zum Ausdruck kommt. Auch „Arousal" (Erregung) und Selbstkontrolle sind signifikant verändert. In Bezug auf die Messdimension „Altered States of Awareness", die für den Grad der subjektiven Bewusstseinsveränderung steht, zeigt sich ein hochsignifikanter Unterschied zwischen der HV-Gruppe und der Kontrollgruppe.

Insgesamt weisen die Skalenwerte des 5D-APZ und des PCI, aber auch die Konstellation der gesamten Veränderungen, eindeutig darauf hin, dass es während der HV-Atmung bzw. in der Nachphase zu einem ausgeprägten veränderten Bewusstseinszustand kommt.

Leider war eine Trennung in HV-Phase und Nachphase nicht möglich, da die Fragebögen „danach", also nach Ablauf beider Phasen, angewandt wurden, was eine Zuordnung des Erlebten zu einer der Phasen nicht ermöglicht. Die Ergebnisse eines anderen von unserer Gruppe durchgeführten Experiments weisen allerdings darauf hin, dass sowohl in der aktiven HV-Phase als auch in der Nachphase ekstatisches Erleben auftreten kann (JOAS 2008).

Hyperventilation und veränderte Hirndurchblutung

Im Unterschied zur Forschung zu psychischen Veränderungen sind die physiologischen Wirkungen während der HV wissenschaftlich detailliert untersucht worden. Es sollen hier jedoch nur die Resultate geschildert werden, die für ein Verständnis der psychischen Wirkungen von Bedeutung sind.

Es ist experimentell gesichert, dass sich während einer HV der Gehalt des Blutes an CO_2 verringert; bei stärkerer HV vom Normwert (35–45 mm Hg) auf deutlich unter 20 mm Hg (FRIED 1987). Die Veränderung des CO_2-Gehaltes im Blut hat eine starke Wirkung auf das Gehirn, da – wie schon oben beschrieben –, die Hirndurchblutung über den CO_2-Gehalt des Blutes gesteuert wird (BRIAN 1998). Der Blutfluss im Gehirn kann während einer starken HV um bis zu 50 Prozent im Vergleich zum normalen Hirndurchblutung verringert sein (KETY und SCHMIDT 1946, DUARTE 1995).

Einige der bildgebenden Untersuchungen mit funktioneller Magnetresonanztomographie (POSSE et al. 1997) und Positronen-Emissions-Tomographie (BEDNARCZYK et al. 1990) demonstrieren nicht nur eine generelle Abnahme der Hirndurchblutung, sondern zeigen ein bestimmtes Verteilungsmuster der Durchblutungsveränderungen. So kommt es in der äußeren Hirnrinde (dem Sitz der „grauen Zellen", mit denen wir denken und unser Verhalten steuern) zu einer stärkeren Abnahme der Durchblutung als in den so genannten subkortikalen Strukturen, wie etwa dem limbischen System, wo das „Gefühlszentrum" des Gehirns lokalisiert ist. Das dadurch eintretende „Ungleichgewicht" zwischen dem Einfluss der Hirnrinde und den Gefühlszentren könnte die Erklärung für das intensivierte Gefühlserleben und die Veränderungen des psychischen Gesamtsystems bei der HV darstellen (PASSIE et al. 2003). Auch die euphorischen Gefühlszustände könnten durch eine verminderte Durchblutung der äußeren Hirnschichten mitvermittelt sein, da solcherart Durchblutungsverminderungen als Ursache euphorischer Zustände diskutiert werden (PEARLSON et al. 1993). Mit der Hypothese einer stärker gefühlsgesteuerten Hirnfunktion stimmen auch neuropsychologische Untersuchungen überein, bei denen eine Reduktion der kognitiven Kontrolle während forcierter HV gefunden wurde (GIBSON 1978).

Subjektive Erlebnisphänomene beim therapeutischen Atmen: Eine qualitative Studie

Um eine weiterführende und differenziertere Erforschung der Erlebnisveränderungen zu ermöglichen, wurde von uns eine weitere Studie durchgeführt. Diese sollte das subjektive Erleben während der Atemsitzungen (HV-Phase und Nachphase) detaillierter erschließen, um darüber Anhaltspunkte zu gewinnen, welche Erlebnisweisen auftreten und wie diese im subjektiven Erleben beschaffen sind. Da es sich um die systematische Erhebung qualitativer – nicht quantitativer – subjektiver Erlebnismerkmale handelt, wird diesbezüglich auch von „qualitativer psychologischer Forschung" gesprochen. Solche qualitativen Studien schaffen erst die Voraussetzung für eine objektivierende und quantitative Forschung, da nur so Anhaltspunkte für die Entwicklung von entsprechenden objektivierenden Methoden wie z. B. wissenschaftliche Fragebögen gewonnen werden können.

In der Studie wurden während mehrerer – unter gleichbleibenden Umständen stattfindender – Gruppensitzungen mit therapeutischem Atmen von den Teilnehmern schriftliche Protokolle über das Erlebte angefertigt. Diese wurden dann mit inhaltsanalytischer Methodik ausgewertet (MAYRING 2008). Dies bedeutet, dass die Erlebnisprotokolle im

Bezug auf inhaltliche Merkmale zunächst grob systematisiert werden. In einem nächsten Schritt werden anhand des Materials Kategorien entwickelt, denen die Beschreibungen dann zugeordnet werden. Dann werden die Hauptmerkmale extrahiert, zusammenfassend beschrieben und mit repräsentativen Beschreibungen unterlegt.

Die im folgenden angeführten Zitate von Erlebnisbeschreibungen sind der Dissertation von BINDER (2017) entnommen.

Das Spektrum der Erlebnisveränderungen

Das Gesamtspektrum der möglichen Erlebnisveränderungen unter HV und in der Nachphase ist gemäß den Ergebnissen recht breit. Es konnten folgende regelmäßig auftretende Phänomene beschrieben werden: 1. verstärktes Gefühlserleben; 2. verstärktes Bilderleben; 3. Regression; 4. veränderte Steuerungsfähigkeit; 5. Wiedererleben von Erinnerungen; 6. „affektive Abreaktionen"; 7. körpernahes Glückserleben; 8. mystische Erfahrungen und 9. „Kernerfahrungen". Im Folgenden wird auf die Erlebnisphänomene 1 bis 6 nur kurz eingegangen, während die dem ekstatischen Erleben nahestehenden Erlebnisphänomene 7 bis 9 ausführlicher behandelt werden.

Verstärktes Gefühlserleben

Zu den bedeutendsten und stärksten Wirkungen des verstärkten Atmens dürfte die Intensivierung des Gefühlserlebens gehören, die von vielen Teilnehmern eindrücklich geschildert wurde und die sich in den oben beschriebenen psychometrischen Messungen wiederspiegelte. Obgleich das Erleben von „positiven" Gefühlen anscheinend deutlich stärker ausfällt, ist auch das Erleben von „negativen" Affekten verstärkt, d.h. alle affektiven Erlebnisqualitäten imponieren gesteigert, mit einer Tendenz zu positiv erlebten Qualitäten. Gemäß den Erlebnisprotokollen der Probanden war insbesondere die Nachphase von einem sehr positiven Gefühls- und Körpererleben begleitet.

Ein Proband schilderte seine Erfahrungen folgendermaßen: „Von totaler Verzweiflung und Trauer über Wut, das hab ich bei einer Atemsitzung … gehabt. So eine Wut zu spüren habe ich noch nie in meinem Leben so ausgelebt. Also gespürt hab ich sie vielleicht, aber eben nicht so rausgelassen. Aber auch ganze Glückseligkeit und Freude, also die ganze Palette an Gefühlen" (III, 36).

Verstärktes Bilderleben

Das Auftreten von Bildern, Reminiszenzen oder ganzen Szenen, die „vor einem inneren Auge" wahrgenommen werden, sind häufig geschilderte Phänomene in den untersuchten Atemsitzungen. Während des Bilderlebens tritt das epikritisch-abstrakte Denken zugunsten eines emotional-assoziativ gesteuerten bildhaften „Denkens" zurück. Gemäß den Schilderungen der Probanden kommt es sowohl während der HV-Phase als auch in der Nachphase zu einem verstärkten Bilderleben, was sich in den Fragenbogenmessungen bestätigt hat. So zeigt sich in der Messdimension „visionäre Umstrukturierung" des OAVAV ein gegenüber der Kontrollgruppe um das Mehrfache erhöhter Wert. Folgendes Zitat aus einem Erlebnisprotokoll macht diese Phänomene anschaulich: „Es sind eher Sequenzen. Das kann [aber] wechseln: wenn man ein Bild gesehen hat und man dann vielleicht eine Traurigkeit spürt …. Dann kommt vielleicht ein anderes Bild, was damit nichts zu tun hat … wofür es aber vielleicht wichtig war, sich das vorherige anzugucken. Manchmal kommen die Bilder unaufgefordert und es gibt Sequenzen, wo man … während der ganzen Atemsitzung weitergeht …, die sich auch ergänzen" (IV, 53).

Regression

Die regressiven Prozesse können sowohl auf äußere Merkmale der Situation (liegende Position, geschlossene Augen) als auch auf innere psychophysisch bedingte Mechanismen zurückgeführt werden. Während der Atemsitzungen kommt es aufgrund von Veränderungen der Hirndurchblutung zu einer Schwächung kortikaler Kontrollfunktionen. Darauf verweist auch das verstärkte Gefühlserleben, welches das Erlebnisfeld stark vereinnahmen kann. Auch das verstärkte Bilderleben mit einer Primitivierung des epikritischen Denkens weist auf eine Regression des psychischen Systems hin.

Die Nachphase scheint ebenfalls von einem regressiven Erleben geprägt. Dieses wird von tiefer Entspannung und einer ausgeprägten Introspektionsneigung mit verstärktem Bilderleben bestimmt. Beim Gefühlserleben stehen positive Erfahrungen im Vordergrund. Geschildert wird das Empfinden eines basalen Vertrauens „in die Welt, den eigenen Körper und sich selbst", was zumeist mit einem Empfinden von „Offenheit und Verletzlichkeit" einhergehe. Man fühle sich innerlich „leicht" und könne „sich gehen lassen". Daher bestehe keine Notwendigkeit, das Erleben willentlich zu steuern. Auch diese Erlebnisqualitäten können im Sinne einer Regression verstanden werden.

Veränderte Steuerungsfähigkeit

Fast alle Probanden wiesen auf eine teils erheblich veränderte Steuerungsfähigkeit bzw. Selbstkontrolle während der Atemsitzungen hin. Die auftretenden inneren Prozesse scheinen, insbesondere während der HV-Phase, durch ein nur wenig willentlich gesteuertes „Heraussprudeln" von Empfindungen, Gefühlen, Bildern und Erinnerungen gekennzeichnet zu sein. Im PCI zeigt sich in der „Volitional control dimension" eine gegenüber der Kontrollgruppe erheblich verminderte Selbstkontrolle.

Auch während der Nachphase scheint eine verminderte Selbststeuerung vorzuliegen. Dadurch dominiert das körpernah erlebte „basale Vertrauensempfinden", welches auf einem ausgeprägten körperlichen Entspannungszustand basiert. Auf diesem „Untergrund des Erlebens" wird von den Probanden oft von einem „Sich-dem-Erleben-völlig-Hingeben" berichtet.

Wiedererleben von Erinnerungen

In den meisten Fällen scheint es zu einem über die aktivierten Gefühle initiierten vorwiegend bildhaften Rückerinnern zu kommen. Dieses kann von angedeuteten Reminiszenzen bis zu ausgeprägten hypermnestischen Phänomenen, teils verbunden mit Altersregressionen, reichen. Hierbei können biographische, emotionale, gedankliche und körperliche Phänomene zusammenwirken bzw. gemeinsam auftreten. Neben schwächeren, womöglich fragmentierten Erinnerungsphänomenen können auch eindrückliche szenische Rückerinnerungen vorkommen. Was für Erinnerungen auftreten, scheint individuell verschieden und kaum vorhersehbar. Es scheint eine Häufung von Erinnerungen an besonders prägende und einflussreiche, aber auch an erschütternde, manchmal sogar traumatisierende Ereignisse in den berichteten Erfahrungen zu geben.

Die gelegentlich in psychotherapeutischen Büchern zum Holotropen Atmen (z. B. GROF und GROF 2013) oder Rebirthing (z. B. ORR und RAY 1977) erwähnten „Erinnerungen an die Geburt" waren in dem von uns erhobenen Material praktisch nicht zu finden.

„Affektive Abreaktionen"

Gemäß den Erlebnisberichten und den Interviews treten in den Atemsitzungen häufig starke Gefühle auf, die in der Regel auch zu entsprechenden Verhaltens- bzw. Affekt-Reaktionen (Weinen, Ärger ausdrücken, Schreien, Lachen usw.) führen. Das unmittelbare Erleben und Ausdrücken starker Affekte wird in der psychotherapeutischen Literatur als

„kathartische Abreaktion" bezeichnet (Nichols und Zax 1977), die es dem Subjekt erlaube, „… die traumatischen Ereignisse, an die diese Affekte geknüpft sind, wachzurufen, ja sie wieder zu erleben und abzureagieren" (Laplanche und Pontalis 1986: 247). Zu „Abreaktionen" kommt es gemäß den Erlebnisbeschreibungen und Interviews hauptsächlich während der HV-Phase. In der Nachphase scheinen dagegen nur gelegentlich Abreaktionen aufzutreten. Von einem Probanden wird ein „Abreagieren" von Gefühlen folgendermaßen geschildert: „Ich kann schon sagen, dass ich mindestens bei der Hälfte meiner Atemsitzungen … sehr traurige Empfindungen hatte, die schnell in Weinen übergingen. Dabei habe ich festgestellt, dass, wenn das Weinen tiefer wurde, es in ein Schluchzen überging" (I, 2f).

Formen ekstatischen Erlebens beim verstärkten Atmen

Wir kommen nun in den Bereich von ekstatischen Erlebnisqualitäten. Dies sind beim therapeutischen Atmen aus unserer Sicht die körpernah erlebten Glücksgefühle, die wir den mikroekstatischen Phänomenen zuordnen, die mystikoformen Erfahrungen sowie die Kernerfahrungen, die wir den makroekstatischen Phänomenen zurechnen. Bezüglich der Einteilung in mikro- und makroekstatische Phänomene verweisen wir auf die Arbeit von Passie und Scharfetter im vorliegenden Band. Während die mystisch-ekstatischen Erfahrungen anerkanntermaßen zu den zentralen Erlebnisweisen ekstatischer Art gerechnet werden, sind das körpernahe Glücksempfinden und die Kernerfahrungen bisher nicht als solche beschrieben worden.

Grundsätzlich sind bei diesen drei Formen ekstatischen Erlebens die Wachheit und die Bewusstseinsklarheit nur wenig verändert; womit es sich um „luzide" (gegenüber den „somnambulen") ekstaseartige Zustände gemäß der Definition von Oesterreich (1921) handelt (vgl. auch den Beitrag zu Trance und Besessenheit auf Seite 69).

Körpernahes Glückserleben

An Körperempfindungen werden zu Beginn und während der HV-Phase meist Anspannung und „Verhärtung", Wärme- und Kälteempfinden (teils wechselnd), „körperliche Vibrationen" und motorische Unruhe geschildert. Zu den subjektiv empfundenen Spannungen während der HV-Phase kommen die „realen Verkrampfungen" durch die sich als Nebenwirkung entwickelnden Spasmen der Hände sowie gelegentlichen Kribbel- und Taubheitsempfindungen an den Händen und im Gesichtsbereich. Von außen betrachtet besteht in der HV-Phase eine verstärkte Körperbewegung, während die Personen in der Nachphase meist ruhig daliegen.

Dennoch scheint es, dass in Bezug auf das veränderte Körpererleben die Nachphase bedeutsamer ist. Fast immer wird von einer großen körperlichen Entspannung und „seelischen Gelöstheit" berichtet, die den Erlebnisfluss tragend bestimmt. Die Aufmerksamkeit ist nach innen gewandt – und das so sehr, dass zwar noch Geräusche oder Musik wahrgenommen werden, aber in einem ruhigen Ambiente die Aufmerksamkeit fast vollständig von körpernahen Empfindungen absorbiert ist. Regelmäßig wird das „Empfinden und Erleben von Körper, Geist und Psyche als einer untrennbaren Ganzheit" geschildert. Der Atemtherapeut Pleske beschreibt dies so: „Wir bringen den Klienten durch die Abwehr hindurch und vermitteln ihm, dass es sicher ist, da durchzugehen. Über die Atmung baut sich eine körperlich spürbare Energie auf und wenn wir den Prozess beenden, ist die Energie noch da und löst sich mit der Musik in einer stark intensivierten Körpererfahrung. Typische subjektive Beschreibungen sind ‚aufgeladen sein', ‚strömende Körperenergie' und ‚Energiephänomene'. Manchmal sind die Erfahrungen sogar ekstatisch, so dass Leute sagen ‚oh, ich kann plötzlich Energie abgeben' oder ‚ich möchte dem, der hier neben mir liegt, all meine Liebe geben' oder so etwas" (Passie und Pleske 2011).

In den Berichten der Probanden finden sich folgende Stichworte: Gelöstheit, Ruhe, Entängstigung, Euphorie, körperliche Tiefenentspannung, Zufriedenheit, Ausgeglichenheit, Harmonie, Akzeptanz, Hingegeben-Sein, Glückserleben, Zuversicht, Versöhnung, Zukunftsvertrauen, Aufgehobensein.

Es scheint, dass der „gewöhnliche Rahmen von Anspannungsmustern, mit denen wir im Alltag unterwegs sind" (z. B. um mit den Muskeln ständig der Schwerkraft entgegenzuwirken oder psychische Spannungen auszuhalten), in der Nachphase aufgehoben ist, so dass die Personen sich „auf eine ganz neue Weise spüren können". Die quasi vollständige Aufhebung des gewöhnlichen Rahmens von körperlich-seelischen Spannungsmustern führt gemäß den Erlebnisprotokollen zu einer Zunahme des Vertrauens in den Körper, die Gefühle und das eigene Selbst: „Ich habe die Erfahrung gemacht, dass das Vertrauenfinden in die Gefühlswelt viel mit dem Körpererleben zu tun hat. In der Nachphase erlebt man eine fundamentale Entspannung ... Das ist in erster Linie eine körperliche Erfahrung, in der man den Körper als eine ‚Heimat', als etwas, wo man ‚zuhause' ist, erlebt. Es handelt sich um einen gefühls- und empfindungsgesteigerten Zustand, in dem basales Vertrauen in die Gefühlswelt und Körperlichkeit konkret erlebt wird ... Sich den Gefühlen und dem Körper ganz anvertrauen zu können ist eine tiefgehende existenzielle Erfahrung" (Passie und Pleske 2011: 21 f.). Dieses Erleben scheint unabhängig von der persönlichen Biographie und mit großer Regelmäßigkeit aufzutreten. Zur Illustration dieser Zustände zitieren wir aus den Erlebnisbeschreibungen der Teilnehmer:

„Das hat was von Herz aufgehen. Da durchströmt mich ... eine Energie durch den ganzen Körper. Das wird alles ganz warm und kribbelig. Wirklich so ein kompletter Energiefluss mit einer Offenheit im Bauch- und Brustbereich verbunden. Das ist so ein wohliges Gefühl; so als wenn ich mich selber in den Arm nehme und mich tragen kann" (V, 72).

„Das ist wirklich eine ganz tolle Erfahrung, dass [es] mich total durchströmt und ich denke, ich könnte zerplatzen vor Energie. Das fühlt sich total schön an" (V, 79).

„Die Glücksempfindungen würde ich auf jeden Fall mit dem Körper in Verbindung bringen. Das waren Glücksempfindungen, die sich aber auch auf die Psyche oder auf das seelische Erleben, Gefühlserleben bezogen. Also: Körper war glücklich, Gefühl war glücklich, Seele war glücklich und der Geist eigentlich auch ..." (I, 15).

„[Mein Körper hat] sich wie angespannt angefühlt, dann entladen, dann mit körperlichen Glücksgefühlen angereichert .... So eine Art Ausgeglichenheit zwischen den drei Spannungssystemen Körper, Seele, Geist. Die sind da in einer Art Einklang miteinander verschmolzen, so dass man ein fundamentales Vertrauen in Körperlichkeit und Gefühle erleben kann" (I, 11).

Zur Psychophysiologie der Nachphase

Aus physiologischer Sicht könnte das Erleben in der Nachphase folgendermaßen entstehen: Nachdem die Durchblutung des Gehirns (und anderer Körpergewebe) durch den abgesenkten CO_2-Spiegel während der HV-Phase stark abgenommen hat, tritt in der Nachphase nun eine vermehrte Durchblutung auf. Mit anderen Worten: Die Verknappung der Durchblutung während der HV-Phase führt in der Nachphase dazu, dass sich unter dem steigenden CO_2-Spiegel die Gefäße öffnen und das Gehirn „wieder aufblüht" (so fühlt sich das an!). Dadurch kommt es zu verstärktem Wärmeempfinden, körpernahem Glückserleben und einem sanften Empfinden psychischer Entgrenzung (siehe Abb. 7).

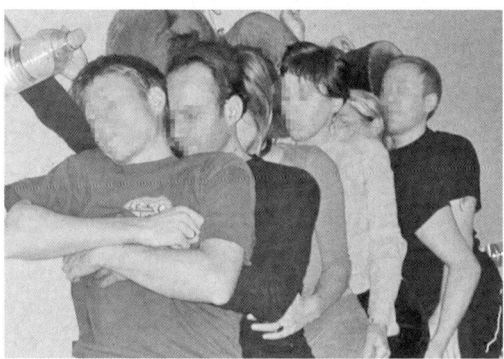

Abb. 7: Nach dem therapeutischen Atmen in einer Gruppe liegen die Teilnehmer entspannt und „psychisch geöffnet" zusammen.

Die Probanden berichten zwar von einem starken Wärmeempfinden, andererseits scheint es ihnen doch auch schnell kalt zu werden, wenn sie nicht zugedeckt sind. Letzteres wäre durch die vermehrte Durchblutung von Haut und Muskeln erklärbar, die zu vermehrter Wärmeabfuhr führt. Das „Wiederaufblühen" der Hirndurchblutung in der Nachphase kann mit einem Phänomen verglichen werden, was jeder kennt, der einmal im Winter mit bloßen Händen einen Schneeball geformt hat. Während sich durch die Kälteeinwirkung auf die Hände die Gefäße zusammenziehen, um einem Wärmeverlust zu verhindern, kommt es danach zu einer verstärkten Durchblutung, so dass man plötzlich ganz warme Hände hat. Die Physiologen nennen das „reaktive Hyperämie" – eine in Bezug auf die vorher verminderte Durchblutung reaktiv stark gesteigerte Durchblutung.

Mystisch-ekstatisches Erleben

Mystisch-ekstatische Erfahrungen wurden in anderen Abschnitten des vorliegenden Buches schon näher charakterisiert. Der Betroffene nimmt intensiv wahr und vermeint sich auf der „tiefsten Ebene menschlichen Erlebens und Erkennens" zu bewegen, das beim mystischen Erleben als existenzieller Urgrund oder gar „Gott" verstanden wird. Er erfährt sich als „grenzenlos" oder wie in etwas Umfassenderem aufgelöst. Solche mystischen Verschmelzungserfahrungen gelten als Kernbestand religiöser Erlebnisweisen (vgl. z. B. SCHARFSTEIN 1973).

Vereinzelt werden auch beim verstärkten Atmen im psychotherapeutischen Kontext Erfahrungen der ekstatischen „Ich-Auflösung" berichtet. Dies ist auch von Autoren, die mit der Methode des Holotropen Atmens gearbeitet haben, beschrieben worden (JAHRSETZ 1999, WALCH 2009, GROF und GROF 2013).

In den folgenden Beschreibungen werden Erfahrungen eines subjektiven Einswerdens mit der Umwelt geschildert. „Wenn ich an die ersten Jahre denke, als ich ganz viel mit Widerständen zu tun hatte und schwer reingekommen bin ins Atmen und es immer anstrengend gewesen [ist] ... Da war das so, dass ich in der Entspannung dann oft in so einen Nirwana-Zustand gekommen bin, [in] so eine Leere, Nichts, traumähnliches Verschwinden; auch kein Denken und eigentlich auch kein Gefühl mehr da ist ... so ganz entspannt, dieses einfach glücklich, zufrieden, Einssein" (VII, 105). „Einssein mit sich und der Umwelt ... das trifft es am ehesten" (VII, 116).

Ein Teilnehmer schildert eine Erfahrung, in der er Gott als präsent und mit ihm verbunden erlebte: „Ich habe auch ein Erlebnis mit Gott gehabt, wo Gott mit mir gewesen ist. Wo ich das Gefühl hatte, da [sind] nur noch Gott und ich. Das war für mich ein ganz tiefes Erlebnis. Es war dieses tiefe Gefühl, mit Gott verbunden zu sein. Eins zu sein ... Es waren nur noch Gott und ich da. Es waren keine Eltern, keine sonstigen Menschen mehr da, sondern es waren Gott und ich … Es war ein tiefes Gefühl, ein schönes Gefühl. Es war dieses Einssein mit Gott, diese Verbindung zu Gott zu haben … Das war ein ganz tiefes inneres Erlebnis" (II, 29).

Etwas abstrakter beschreibt der folgende Teilnehmer seine mystischen Erfahrungen und deren Folgewirkungen: „Ich hatte zwei, drei Erlebnisse, wo ich sagen muss, das hat mich im Innersten bewegt. Das war einmal in einer Einzelsitzung, wo ich eine Sekunde wie eingeschlafen war und plötzlich wieder wach wurde. Da hatte ich das Gefühl, ich bin eins mit allem; und dann hat sich nach und nach mein Ich und meine Identität wiederhergestellt. Das war total eindrücklich, dass die ganze Ich-Konfiguration, die wir normalerweise für unsere Identität nehmen, wie weggeblasen war. Dass ich von dem her ‚nichts' war und mich mit allem eins fühlte. Diese Sitzung werde ich nie vergessen. Das vermittelt auch eine Art Sicherheitsgefühl. Nicht nur Vertrauen in den Körper, sondern auch Vertrauen in die Welt. … im Wesentlichen ist es so etwas, was aus solchen tiefer gehenden Erlebnissen hervorgehen kann" (I, 15f.). Mystische Erlebnisse können bekanntermaßen das gesamte Welt- und Selbsterleben eines Menschen verändern, ihn sich in der Welt anders fühlen lassen.

„Kernerfahrungen" – Eine Sonderform ekstatischen Erlebens

Da während der mystischen Erfahrungen das Ich-Erleben massiv verändert oder aufgehoben ist, hat man in der Psychopathologie auch von einer „Depersonalisation", d.h. einer Aufhebung des Empfindens der personalen Identität, gesprochen. Diese ist definiert als ein erheblich verändertes Erleben der Person, die sich – in unterschiedlichen Graden – nicht mehr als von der Umwelt abgegrenzt erlebt, in sich zu zerfallen scheint und sich selbst als fremd erlebt. Auch wenn der Begriff der Depersonalisation eher auf krankhafte Zustände angewandt wird, ist doch deutlich, warum er auch für die Beschreibung mystischer Erlebnisweisen verwendet worden ist. Von uns wird er hier lediglich als Hilfsbegriff verwendet, um die Unterschiede zwischen einem von NARANJO (1979) als „Depersonalisierung" beschriebenen Phänomen und dem von ihm vorgeschlagenen Begriff der „Personalisation" zu verdeutlichen.

Claudio Naranjo, ein chilenischer Psychiater und Psychotherapeut, der sowohl mit Halluzinogenen als auch mit Entaktogenen in der Psychotherapie gearbeitet hat, kennzeichnet die mystische Ich-Auflösung („Gipfelerfahrung") unter Halluzinogenen wie LSD oder Psilocybin mit dem Begriff der „Depersonalisierung". Dabei erscheint das Ich als Illusion, verliert seine Begrenzungen, und scheint sich in einem Größeren, Umfassenderen aufzulösen. Unter der Wirkung von anders wirkenden psychoaktiven Substanzen wie dem Entaktogen MDMA („Ecstasy") wurden Gipfelerfahrungen beschrieben (NARANJO 1979, PASSIE und DÜRST 2009). Diese haben jedoch ein anderes Gepräge. Es scheint eher ein verstärktes und erweitertes Erleben des „Ichs" der Person aufzutreten, was von Naranjo (1979) als „Personalisation" bezeichnet wurde. Im Anschluss an Naranjo wurden derartige Erfahrungen von Passie und Scharfetter (2013) als „Personalisations-Ekstasen" bezeichnet (vgl. Seite 162 ff.)

Das „erweiterte" dynamische Ich-Erleben bei diesen Erfahrungen wäre als Auflösung einer durch Vorerfahrungen bedingten Einengung des bisherigen Ich-Erlebens zu verstehen. Zentral erscheint eine Affirmation der individuellen Aspekte des Selbst, die sich durch eine von (Selbst-)Akzeptanz getragene Offenheit der subjektiven Erfahrungswelt auszeichnet. Dabei werden die „weltlichen" Dinge und Zusammenhänge angesichts eines umfassenderen Transzendenten nicht bedeutungslos, sondern das Ich-Erleben ist durch Entspanntheit, Entängstigung und innere Ruhe so verändert, dass sich der Eindruck einer basalen Intaktheit des (eigenen) Lebens und Ichs ergibt. Man scheint nichts mehr zu benötigen zum eigenen Glück, denn alles scheint vorhanden. – Gemäß unseren Untersuchungen treten Zustände eines in dieser Weise erweiterten Ich-Erlebens auch beim therapeutischen Atmen auf.

Der Begriff der Kernerfahrungen wurde von den Psychotherapeuten Regina und Randolph Pleske geprägt (Passie und Pleske 2011). Er soll eine spezifische Kategorie von Erfahrungen beschreiben, die beim therapeutischen Atmen ab und zu auftreten und die von den Studienteilnehmern als sehr tiefgehende und bedeutsame Erfahrungen beschrieben werden. Erfahrungsgemäß kommt es im Verlauf von 20 bis 30 Atemsitzungen ein- oder zweimal zu einer solchen Erfahrung (Passie und Pleske 2011).

Passie und Pleske (2011: 45) liefern folgende Definition: „Als Kernerfahrung werden Erfahrungen angesprochen, die durch eine Öffnung im Gefühlsbereich mit meist ausgeprägten positiven Empfindungen und Erkenntnissen bei meist großer körperlicher Entspannung gekennzeichnet sind. Es scheint dabei eine ‚Berührung mit dem innersten Kern der Person' hergestellt zu werden. Häufig wird eine starke Verbundenheit mit sich selbst, seinem Potential, aber auch der umgebenden Welt erlebt". So beschreibt es auch ein Teilnehmer unserer Studie: „Es scheint so, dass man einen Erkenntnisgewinn über seine Ressourcen und sein Potential erfährt. Dies aber nicht im Sinne des gewöhnlichen Denkens. Typisch ist es, dass Menschen in diesem Zustand Eingebungen haben wie ‚ich könnte mich aus dem bisherigen Zustand rausbewegen und Heiler sein' oder ‚ich könnte ein Geschäftsmann werden' oder ‚ich könnte nach Hause gehen und meine Frau wieder in die Arme nehmen', so was in der Art. Es ist nicht einfach zu beschreiben, wie in diesem Zustand Möglichkeiten gesehen und spürend erfahren werden; vieles plötzlich überraschend einfach erscheint" (Passie und Pleske 2011: 33).

Kernerfahrungen implizieren einen besonderen energetischen Zustand, der ein ganzes Spektrum von Erfahrungsmöglichkeiten enthält. In diesem Zustand ist das rationale Denken vermindert bis aufgelöst. Man denkt nicht mehr im herkömmlichen Sinne, sondern man „erfährt". Das ist gekoppelt an tiefe Gefühle, die im Körper erlebt werden.

Es wird eine innerste Gelöstheit und Stärke empfunden. Dieses unverstellte Selbstempfinden scheint aus dem Körperinneren zu stammen, von dort gleichsam „auszustrahlen". Aufgrund des von den gewöhnlichen Spannungsmustern und neurotischen Verstellungen „befreiten" Erlebens scheinen Kernerfahrungen einen Eindruck davon zu vermitteln „wie ich bin, wenn ich nicht so blockiert und gestört bin". Eine Person kann sich dann als in ihrer Kraft befindlich erfahren. Im Kontakt mit diesem inneren Kern findet eine direkte und sehr ganzheitlich empfundene Selbstannahme statt, verbunden mit einem Gefühl von Gesundheit und Intaktheit, von Kraft, Vertrauen und Verbundenheit. Es stellt sich dann nicht die Frage „Wie viel bin ich wert?" oder „Bin ich es überhaupt wert, angenommen und geliebt zu werden?" usw. Denn dieses Empfinden liegt noch vor jedem Fragen und Bewerten. So beschreibt ein Teilnehmer: „[Eine solche Erfahrung] … führt zu einem tiefen Kontakt mit mir selbst. Ich fühle mich mit mir verbunden und fühle Selbstliebe. Kann mich so annehmen wie ich bin. Tränen fließen ohne Ende. Nach der Entspannungsphase großartiges Gefühl der Verbundenheit mit mir selbst" (Bericht 5). Eine Kernerfahrung ist demnach eine Kontaktaufnahme mit einem innersten psychophysischen Kern, einer ganz archaischen Erfahrungsqualität, die – unterhalb aller individualitätsbedingten Auszeugungen – am Grunde des Erlebens liegt. Für dieses Erleben hat die Nachphase einen hohen Stellenwert, da man sich auf einem höheren Energieniveau ganz tief zu spüren und anzunehmen scheint, wie es die folgenden Beschreibung zeigt: „[Nach der Phase der aktiven Atmung] ist es so, dass der Körper fundamental entspannt ist. Wenn man es geschafft hat, länger als 20 Minuten verstärkt zu atmen und hört dann auf, ist es ein unheimlich tolles Erlebnis, sich in einer solchen Gelöstheit zu befinden, sowohl körperlich als auch seelisch, als auch mental … Ich habe auch sehr euphorische Zustände, die 10, 20 Minuten anhielten, erlebt, die mich sehr beeindruckt haben. Man fühlte sich sehr vitalisiert und in einer emotionalen Klarheit und Reinheit, sehr intensiv" (I, 10f.). Das ist nicht bewusst gesteuert, sondern vollzieht sich eher automatisch. Diese tiefe Selbstannahme wird wahrscheinlich auch auf körperlicher Ebene sehr tief gespeichert und vermittelt innere Sicherheit und Vertrauen. „Es war ein sehr wohliges Gefühl und ich war glücklich, einfach nur mit mir sein zu können! Ich genieße es, Zeit mit mir zu verbringen und hier war dieses Gefühl sehr wärmend, sehr im Eins sein mit mir" (Bericht 52).

In diesem Sinne ist auch die folgende Erlebnisbeschreibung zu verstehen: „Es fühlt sich nur schön an. Ich bin mit mir im Reinen, alle Anstrengung ist weg. Ich muss nicht ständig an mir arbeiten und überlegen, ob ich es richtig mache. Ich brauche nur in mich reinhorchen und ich kann mir vertrauen" (Bericht 45).

Mit Kernerfahrungen gehen oft tief berührende Erfahrungen großer Dankbarkeit einher. Dankbarkeit dafür, dass man lebt, für das, was man schon hat, was schon da ist. Das hat eine quasi „archaische" Qualität. Es ist etwas Existentielles, was einen sehr mitnimmt, ergreift und durchwirkt. „Ich hab in mehreren Sitzungen dieses Gefühl bekommen, so eine Urkraft in mir zu haben. Die Heilungsfähigkeit oder die Ressourcen, die ich brauche, um Sachen für mich zu ändern. Das sind total wichtige Erfahrungen. Die gehen mir teilweise, wenn ich im Alltag wieder mal [in] schlechtere Phasen oder schlechtere Gefühlszustände komme, verloren. Aber ich weiß, dass das da ist. Insofern sind das ganz wichtige Erlebnisse für mich, mich da wirklich so komplett zu spüren, wie ich bin und auch mit so einem Urvertrauen: Alles wird gut und alles wird aus mir heraus gut. Das ist eine ganz wichtige Erfahrung, die ich wiederholt gemacht habe." (V, 72).

Je mehr die gewöhnliche Filterung des Erlebens durch individuelle biographische Prägungen entfällt, desto mehr wird der Kern der Gefühlswelt, die Liebe, gespürt. Im Kern gibt es keine Angst; nur das Gefühl der Liebe. „Da hatte ich in der Ruhephase ein richtiges entspanntes Gefühl. So habe ich mich schon ewig nicht mehr gefühlt. Das hing auch ganz lange nach und [war] mit ganz viel Glückseligkeit verbunden. So eine innere Zufriedenheit, was dann auch noch mal dazu beiträgt, dass man sich noch mehr fallen lassen kann" (III, 41).

Wenn in Gruppensitzungen geatmet wird, kommt es in der Nachphase regelmäßig dazu, dass sich die Teilnehmer in einem sehr gelösten, angstfreien Zustand sehr tief begegnen, sich umarmen, einander halten oder sich in die Augen schauen und sich tiefe, echte Dinge sagen, die sie sich noch nie zu sagen getraut haben.

Man könnte also postulieren, dass in dem veränderten Energiezustand während der Nachphase durch ein intensiviertes körpernahes Erleben der Kontakt mit einem inneren Kern hergestellt und empfunden wird. Dieser „Kern" unseres Selbsts liegt vermutlich noch unter all dem, was uns als individuelle Wesen mit unseren biographischen Prägungen ausmacht. Er ist keine anatomische Struktur. Doch die Beschreibungen über einen Kontakt mit diesem „Kern" sind so häufig, dass man seine Existenz zumindest annehmen kann. Wird dies auf ein psychologisches Schichtenmodell bezogen, so befänden sich um diesen innersten Kern diverse Schichten, die durch unsere Erfahrungen geprägt sind und unsere Individualität ausmachen. Aufgrund der klinischen Erfahrungen mit dem therapeutischen Atmen scheint es, als sei der Zugang zu Kernerfahrungen umso versperrter, je mehr an Verspannungen durch Unausgeglichenheiten der oberen Schichten (verursacht durch harmoniestörende biographische Erfahrungen) darüber liegt.

Interessant ist die Vorstellung, dass auf dieser „entindividualisierten" Erfahrungsebene alle Menschen Gleichartiges erleben, egal aus welchem Kulturkreis, unverstellt durch individuelle Prägungen. In dieser „Universalität" gleicht es dem mystischen Erleben.

Es ist beim bisherigen Kenntnisstand nicht ganz klar, inwieweit die „Kernerfahrungen" eine eigenständige Sonderform ekstatischen Erlebens darstellen. Einige Merkmale legen allerdings nahe, dass sie eine solche darstellen könnten.

Literatur

Adamson S, Metzner R (1988): The nature of the MDMA experience and its role in healing, psychotherapy, and spiritual practice. Revision 10: 59–72

Bednarczyk EM, Rutherford WF, Leisure GP, Munger MA, Panacek EA, Miraldi FD, Green JA (1990): Hyperventilation-induced reduction in cerebral blood flow: assessment by positron emission tomography. DICP 24: 456–60

Binder HR (2017): Zur Psychophysiologie hyperventilations-induzierter Trancezustände. Hannover: Medizinische Hochschule Hannover, Diss. med.

Brian JE (1998): Carbon dioxide and the cerebral circulation. Anesthesiology 88: 1365–86

Brown EB (1953): Physiological effects of hyperventilation. Physiological Reviews 33 (1953): 445–471

Dittrich A (1998): Standardized psychometric assessment of altered states of consciousness (ASCs) in humans. Pharmacopsychiatry 31 (Suppl.): 280–284

Duarte J (1995): Changes in cerebral blood flow as monitored by transcranial doppler during voluntary hyperventilation and their effect on the electroencephalogram. Journal of Neuroimaging 5: 209–211

Fried R (1987): The hyperventilation syndrome. Baltimore and London

Gardner WN (1996): The pathophysiology of hyperventilation disorders. Chest 109: 16–34

Gibson TM (1978): Effects of hypocapnia on psychomotor and intellectual performance. Aviation, Space and Environmental Medicine 49: 943–946

Griffiths RR, Richards WA, McCann U, Jesse R (2006): Psilocybin can occasion mystical-type experiences having substantial and sustained personal meaning and spiritual significance. Psychopharmacology 187: 268–283

Grof S (1978): Topographie des Unbewussten. Stuttgart

Grof S (1987): Das Abenteuer der Selbstentdeckung. Stuttgart

Grof S , Grof C (2013): Holotropes Atmen. Solothurn

Hau TF, Schindler S (Hrsg.) (1982): Pränatale und perinatale Psychosomatik. Stuttgart

Hendricks GH, Hendricks K (1991): Radiance. Berkeley, CA 1991 (dt. Berlin: Selbstverlag 1997)

Jahrsetz IB (1999): Holotropes Atmen. Stuttgart

Joas CD (2008): Bewusstseinsveränderungen während lang anhaltender, willkürlicher Hyperventilation unter besonderer Berücksichtigung der Aspekte von Set und Setting. Universität Giessen: Diplomarbeit Psychologie

Katz R (1985): NUM - Heilen in Ekstase. Interlaken

Kety SS, Schmidt CF (1946): The effects of active and passive hyperventilation on cerebral blood flow, cerebral oxygen consumption, cardiac output, and blood pressure of normal young men. Journal of Clinical Investigations 25:107–19

Laplanche J, Pontalis J-B (1996): Das Vokabular der Psychoanalyse. Frankfurt/Main:

Laski M (1961): Ecstasy – A study of some secular and religious experiences. London

Leuner H (1962): Die experimentelle Psychose. Berlin, Göttingen, Heidelberg

Lommel A (1965): Schamanen und Medizinmänner. München

Lysebeth A (1977): Die große Kraft des Atems. Weilheim

Maslow A (1970): Religions, values, Peak-Experiences. New York

Mayring P (2008): Qualitative Inhaltsanalyse: Grundlagen und Techniken (10. Aufl.). Weinheim

McGlothlin W, Cohen S, McGlothlin MS (1967): Long lasting effects of LSD on normals. Archives of General Psychiatry 17: 521–532

Naranjo C (1979): Die Reise zum Ich. Psychotherapie mit heilenden Drogen. Frankfurt/ Main

Nichols MP, Zax M (1977): Catharsis in psychotherapy. New York

Orr L, Ray S (1979): Rebirthing in the new age. Berkeley

Passie T, Dürst T (2009): Heilungsprozesse im veränderten Bewusstsein. Berlin

Passie T, Hartmann U, Schneider U, Emrich HM (2003): On the function of groaning and hyperventilation during sexual intercourse: intensification of sexual experience by altering brain metabolism through hypocapnia. Medical Hypotheses 60 (2003): 660–663

Passie T, Goetzke A, Pleske R, Bruns-Pleske R, Wiese B, Emrich HM, Logemann F (2018): Alterations of consciousness, affectivity and blood gases during and after forced and prolonged voluntary hyperventilation. Neuropsychobiology, eingereicht

Passie T, Petrow E. (2013): Folgewirkungen mystischer Erfahrungen. In: Passie T, Belschner W, Petrow E (Hrsg.): Ekstasen: Kontexte – Formen – Wirkungen. Würzburg, S. 255–276

Passie T, Pleske R (2011): Wirkungen therapeutischen Atmens. Berlin: Verlag für Wissenschaft und Bildung

Passie T, Scharfetter C (2013): Ekstasen im Kontext von Psychotherapien mit psychoaktiven Substanzen. In: Passie T, Belschner W, Petrow E (Hrsg.): Ekstasen: Kontexte – Formen – Wirkungen. Würzburg, S. 289–308

Passie T, Wagner T, Hartmann U, Schneider U, Emrich HM (2004): Acute Hyperventilation syndroms induced by sexual intercourse: evidence of a psychophysical mechanism to intensify sexual experience? Archives of Sexual Behaviour 33: 525–526

Pearlson GD, Jeffery PJ, Harris GJ, Ross CA, Fischman MW, Camargo EE (1993): Correlation of acute cocaine-induced changes in local cerebral blood flow with subjective effects. American Journal of Psychiatry 150: 495–497

Pekala RJ (1991): Quantifying consciousness. New York, London

Pfeiffer WM (1973): Trance. Bild der Wissenschaft 10 (4)

Platteel-Deur T, Mensink H (1993): Atemarbeit und Integration. In: Görner B, Huppertz L (Hrsg.): Rebirthing – Integrative Atemarbeit in Theorie und Praxis. Darmstadt: Dissertations Druck Darmstadt GmbH, S. 66–72

Posse S, Olthoff U, Weckesser M, Jäncke L, Müller-Gärtner HW, Dager SR (1997): Regional dynamic signal changes during controlled hyperventilation assessed with blood oxygen level-dependent functional MR imaging. American Journal of Neuroradiology 18: 1763–1770

Resch A (Hrsg.) (1990): Bewusstseinzustände. Innsbruck

Rux M (2002): Erprobung der deutschen Übersetzung des Phenomenology of Consciousness Inventory von Pekala: Normwerte, Gütekriterien, Änderungsvorschläge [Diplomarbeit]. Gießen: Justus-Liebig-Universität Gießen, Fachbereich Psychologie

Sassinek T (2011): Effekte lang anhaltender, willkürlicher Hyperventilation auf Blutgase, Hirnperfusion und Bewusstsein: Eine funktionelle Magnetresonanztomographie-Studie mit Arterial-Spin-Labeling-Technik. Giessen: Universität Giessen: Med. Diss.

Scharfetter C (1999): Der Schamane. In: Passie T (Hrsg.): Schamanismus: Eine kommentierte Bibliographie 1914–1998. Hannover, S. 9–25

Scharfetter C, Passie T (2003): Beschreibung der Messdimensionen des OAVAVN-Fragebogens. Unveröffentlichtes Manuskript

Scharfstein B-A (1973): Mystical experience. Oxford

Schindler S (Hrsg.) (1982): Geburt - Eintritt in eine neue Welt. Göttingen

Spinhoven P (1992): Hyperventilation provocation test in panic disorder. Behavioral Research and Therapy 30: 453–462

Walch S (2009): Dimensionen der menschlichen Seele. Düsseldorf

Weimann G (1968): Das Hyperventilationssyndrom. München, Berlin, Wien

Quellenverzeichnis

Torsten Passie: Einleitung. Originalbeitrag.

Torsten Passie: Das Verschwinden von Traum und Ekstase in der Kulturgeschichte. Erstpublikation unter dem Titel: Traum, Trance und Ekstase – Ihr Verschwinden in der Kulturgeschichte des Abendlandes. In: Passie T, Belschner W, Petrow E (Hrsg.): Ekstasen: Kontexte – Formen – Wirkungen. Würzburg 2013, S. 51–64

Torsten Passie: Psychophysiologische Modelle ekstatischer Erfahrungen. In: Passie T, Belschner W, Petrow E (Hrsg.): Ekstasen: Kontexte – Formen – Wirkungen. Würzburg 2013, S. 109–136

Torsten Passie: Die Nahtod-Erfahrung als Prototyp ekstatischer Erfahrung. Eine stark abgewandelte Form dieses Beitrages erschien in: Nicolay J (Hrsg.) Nahtoderfahrung und Religion. Goch 2015, S. 21–50.

Torsten Passie: Psychiatrische Aspekte von Trance und Besessenheit. Originalbeitrag.

Torsten Passie: Ist Schamanismus Mystik? In: Scharfetter C, Rätsch C (Hrsg.): Religion – Mystik – Schamanismus. Berlin 1998, S. 121–136

Torsten Passie und Elisabeth Petrow: Die Ekstasen der Teresa von Ávila (1515–1582). Originalbeitrag

Torsten Passie und Elisabeth Petrow: Folgewirkungen mystischer Erfahrungen. In: Passie T, Belschner W, Petrow E (Hrsg.): Ekstasen: Kontexte – Formen – Wirkungen. Würzburg 2013, S. 255–276

Elisabeth Petrow und Torsten Passie: Mystische Erfahrungen bei schwerer Krankheit. Erstpublikation unter dem Titel: Mystische Erfahrungen bei schwerer Krankheit: Ein Gespräch. In: Passie T, Belschner W, Petrow E (Hrsg.): Ekstasen: Kontexte – Formen – Wirkungen. Würzburg 2013, S. 325–343

Torsten Passie und Christian Scharfetter: Ekstasen bei Psychotherapien mit psychoaktiven Substanzen. Erstpublikation unter dem Titel: Ekstasen im Kontext von Psychotherapien mit psychoaktiven Substanzen. In: Passie T, Belschner W, Petrow E (Hrsg.): Ekstasen: Kontexte – Formen – Wirkungen. Würzburg 2013, S. 289–308

Torsten Passie und Peter Gasser: Ekstatische Erfahrungen in einer LSD-unterstützten Psychotherapie. Erstpublikation unter dem Titel: Sich selbst und der Welt wieder vertrauen können: Erfahrungen von Patienten in einer LSD-unterstützten Psychotherapie. Existenzanalyse 33 (2016), S. 79–86

Torsten Passie: Psychedelika, religiöse Erfahrungen und Spiritualität. Originalbeitrag.

Torsten Passie, Randolph Pleske und Hannah Binder: Formen ekstatischen Erlebens beim verstärkten Atmen (Hyperventilation). Originalbeitrag

Der Autor und die Co-Autoren

Prof. Dr. med. Torsten Passie studierte Philosophie, Soziologie (M.A.) und Humanmedizin. Er promovierte über existenzialistische Psychiatrie bei Prof. Karl Peter Kisker. Von 1995–1997 wurde er an der Psychiatrischen Universitätsklinik Zürich und in der Praxis von Prof. Hanscarl Leuner in Göttingen ausgebildet. Seit dieser Zeit arbeitete er mit Prof. Christian Scharfetter († 2012) zusammen. Von 1997–2010 arbeitete er als Wissenschaftler, Psychiater und Psychotherapeut an der Medizinischen Hochschule Hannover und leitete dort das Labor für Neurokognition und Bewusstsein. Er führte Studien zur Psychophysiologie veränderter Bewusstseinszustände, klinische Studien mit Halluzinogenen und zur psycholytischen Therapie durch. International beachtete Arbeiten zur Pharmakologie halluzinogener Substanzen. 2007 habilitierte er sich bei Prof. Hinderk M. Emrich zum Thema „Psychophysische Korrelate veränderter Wachbewusstseinszustände". Von 2012–2015 war Torsten Passie Gastprofessor an der Harvard-Universität in Boston (USA). Dort Entdeckung des LSD-Derivates 2-Bromo-LSD (BOL-148) für die Behandlung von Cluster-Kopfschmerz. Seit 2013 ist er Gastwissenschaftler am Dr. Senckenbergischen Institut für Geschichte und Ethik der Medizin an der Johann Wolfgang Goethe-Universität in Frankfurt/Main. Er ist vielseitig wissenschaftlich tätig und arbeitet in Teilzeit als stellvertretender Chefarzt einer psychotherapeutischen Klinik.

Bücher (Auswahl):
- Phänomenologisch-anthropologische Psychiatrie und Psychologie. Hürtgenwald 1996
- Bewusstseinszustände: Konzeptualisierung und Messung. Münster 2007
- Heilungsprozesse im veränderten Bewusstsein [mit T. Dürst]. Berlin 2009
- The pharmacology of LSD [mit A. Hintzen]. Oxford, New York: 2010
- The history of MDMA (‚Ecstasy'). Erscheint 2019

Dr. med. Peter Gasser (*1960) ist Psychiater und Psychotherapeut. Er ist Präsident der Schweizerischen Ärztegesellschaft für Psycholytische Therapie (SÄPT) und hat eine Praxis in Solothurn (Schweiz), wo er Studien zur LSD-unterstützten Psychotherapie durchführt.

Dr. med. Elisabeth Petrow (*1971) erkrankte kurz nach Beginn ihrer ärztlichen Tätigkeit schwer und durchlebte jahrelange Rehabilitationsbehandlungen. Heute ist sie Logotherapeutin und befasst sich mit der Innenperspektive von Krankheits- und Heilungsprozessen.

Prof. Dr. med. Christian Scharfetter (1936–2012) war Professor für Psychopathologie an der psychiatrischen Universitätsklinik Zürich. Er war ein international bekannter Psychopathologe und Schizophrenieforscher mit Hunderten von Veröffentlichungen.

Randolph Pleske (*1956) ist Diplom-Sozialpädagoge und Heilpraktiker für Psychotherapie. Ausbildung in klientenzentrierter Gesprächstherapie und analytischer Sozialtherapie. Leiter des Instituts für Therapeutisches Atmen und einer Fachstelle für Sucht und Suchtprävention.

Dr. med. Hannah Binder (*1987) ist Ärztin. Sie forschte und promovierte 2017 an der Medizinischen Hochschule Hannover zu dem Thema „Zur Psychophysiologie hyperventilations-induzierter Trancezustände".

Nachtschatten Verlag AG   Kronengasse 11   www.nachtschatten.
CH-4500 Solothurn   info@nachtschatten.c